일잘러의 직장 소통법

talk
똑똑한
talk
대화법

최지혜 배원진 심규정 지미옥 성연주
김현아 이윤희 황윤희 송아라 김용현 지음

Book
Insight 북인사이트

Contents

프롤로그

Prologue

'회사어' 구사력이 업무 능력으로 인정받는 시대

기술문명이 발달하고 세대가 달라졌다. 말보다 이미지나 동영상을 선호하고, 텍스트로 대화를 나누는 것에 익숙하다. 생성형 AI와 대화하는 시대. 요즘 우리의 모습이다. 사람들은 나노 단위로 개인화되었지만, 느슨한 연대를 통해 협력하며 살아간다. 조화로운 삶을 위해서 소통은 필수 불가결하다. 사람과 사람은 협력하기 위해 대화할 수밖에 없다. 특히, 협업과 조율이 필수인 직장에서는 대화를 바탕으로 하는 소통 능력이 업무의 전문성 못지않게 강조된다. 언어는 사람과 사람 사이를 잇는 가교역할을 하며, 마음과 마음을 잇기도 하고, 결속을 다지는 수단이 되기도 한다. 언어적 인간이란 의미의 호모 로퀜스(Homo Loquens)가 내포하고 있듯이 언어로 소통하는 것은 인간의 특성이다.

현대인은 인류 역사상 가장 똑똑한 사람들로 일컬어진다. 그럼에도 불구하고 회사에서 사용하는 언어인 '회사어'를 구사하는 것에 어려움을 겪는 직장인들이 많다. 우리는 왜 소통이 어려울까? 직장의 언어, '회사어'를 잘하기 위해서 무엇을 알아야 하는 것일까?

이러한 고민을 공유하며 우리는 직장인의 소통 방법에 대해 다각적인 관점으로 바라볼 필요가 있다고 판단했고, 직장 생활을 위한 대화법 연구의 필요성을 느꼈다. 따라서 개인의 성장과 발전에 도움이 되는 '회사어'를 통해 성공적인 사회생활을 할 수 있도록 돕는 대화의 기술을 찾고자 연구를 시작하게 되었다.

형용사 '똑똑하다'는 '또렷하고 분명하다'와 '사리에 밝고 총명하다'는 의미이다. 복잡하고 모호하며 다변화되고 있는 현대사회에서는 똑똑한 일잘러가 인정받는다. 그러려면 일의 이치를 알고 자신의 의사를 또렷하고 분명하게 언어로 표현할 수 있어야 한다. 동시에 관계에 있어서 부드러움을 잃지 않는 대화의 총명함은 필수다. 「똑똑(talk-talk)한 대화법」은 이러한 의미를 담아 지어진 제목이다.

「똑똑(talk-talk)한 대화법」은 직장에서 경험하는 다양한 상황을 전제로 대화법을 제시한다. 우리는 독자 스스로 연습할 수 있도록 대화의 사례를 담고자 노력했다. 책을 통해 직장 생활에서 알아야 할 실제적인 대화기술뿐만 아니라 소통법과 관련된 최신 경향과 다양한 이론들을 배울 수 있다.

상황과 역할에 따라 활용 가능한 실용서

이 책의 독자는 이 시대의 모든 직장인이다. 이 책은 언젠가 누구나 겪게 되는 직장 생활의 대화법을 다루고자 노력한 결과물이다. 직장에서 리더의 역할을 해야 하는 경력자에게는 선배이자 리더로서 현명하게 대화할 수 있는 방법을 제공하였다. 또, 사회생활을 막 시작한 사회 초년생에게는 아직은 어렵고 낯선 직장이라는 공동체에서 똑똑하게 말하는 방법에 대해 알려 주는 책이다. 따라서 '일잘러'로 인정받고자 하는 사회인들에게 소통의 바이블이 되어 줄 것이다.

직장은 일을 하기 위해 모인 장소이지만 사람들과의 관계를 무시할 수 없다. 1챕터는 경직된 분위기를 깨고 관계의 깊이를 더하는 스몰토크에 대해 살펴보았다. 2챕터와 3챕터는 선후배 사이를 견고하게 만들어 줄 선배와 후배의 대화법을 구체적인 사례를 들어 설명하였다. 4챕터와 5챕터는 사회생활의 꽃이라 할 수 있는 회의에서 인정받는 대화법과 전문가다워 보일 수 있는 논리적 대화법을 다루었다. 6챕터는 대화 속 숨겨진 비언어적 커뮤니케이션을 통해 대화의 주도권을 가지는 방법을 제공했다. 7챕터에서는 직장인의 대화유형 8가지를 제시하고 유형에 따른 원만한 대화법을 안내하였다. 8챕터는 직장생활 중 마주하게 되는 다양한 협상의 상황을 주도하는 대화법에 대해 설명하였다. 9챕터는 거절이 힘든 사람들에게 현명하게 거절하는 대화 방법을 제공하였다. 마지막으로 10챕터에서는 직장이라는 전쟁터에서 행복한 공존을 위한 공감 대화법을 제시하였다.

「똑똑(talk-talk)한 대화법」은 자신의 상황에 맞는 대화법을 찾아 바로 적용해 볼 수 있도록 구성한 실용서이다. 이 책은 처음부터 차례대로 읽어도 좋지만 직장 생활 가운데 필요한 상황이 생겼을 때 해당 챕터를 읽고 활용하기 좋게 만들었다. 예를 들어, 회의를 주재하거나 프레젠테이션을 하게 되었을 때는 4챕터부터 9챕터까지 읽으면 전문성을 인정받으면서 손해를 보지 않는 대화를 하게 될 것이다.

또한 자신의 현재 지위에 따라 순서를 달리하여 읽을 수도 있다. 먼저, 사회 초년생이나 저연차라면 2챕터를 먼저 읽은 후 1챕터 및 4챕터~ 10챕터까지 읽기를 권한다. 이 순서로 읽으면 회사어를 구사하는 것에 자신감을 가지게 될 것이다. 3챕터는 아껴 두었다가 후배가 생긴 후 읽어도 좋다. 다음으로 직장에서 리더의 역할을 수행하는 사람이라면 3챕터를 먼저 읽고, 1챕터, 4챕터 ~ 10챕터의 순서로 읽기를 권한다.

「똑똑(talk-talk)한 대화법」을 활용하여 직장에서 대화로 인정받고 성공의 기회를 더 자주, 더 많이 얻기를 바란다!

마음을 열어 주는
시작 대화법

스몰토크는 비즈니스 대화의 출발점으로 사회적 네트워킹 기회를 제공하며 업무 기회를 확장시킬 수 있다. 업무 성과를 높여 주고, 좋은 동료 관계를 만들어 주는 작지만 창대한 힘을 가진 스몰토크를 적극적으로 배워 보자.

01

센스 있는
'기'승전결 대화

스몰토크의 힘은
스몰 하지 않다.

스몰토크, 그냥 잡담 아닌가요?

스몰토크는 상대와 나누는 가벼운 대화로, 이야기의 본론으로 들어가기 전 물꼬를 터 주는 역할을 하며 일상적인 주제를 그 소재로 삼는다. 스몰토크를 잘하는 사람은 상대에게 호감을 얻어 비즈니스 결과를 성공적으로 이끌 수 있다. 직장 생활에 있어 꼭 필요한 사회적 상호작용으로 직장인이라면 필수적으로 익혀야 하는 대화다. 스몰토크를 굳이 한국어로 번역하면 '잡담'을 유의어로 볼 수 있다. 그러나 잡담의 사전적 의미는 '쓸데없이 지껄이는 말'로 일상에 도움이 되지 않는 비생산적인 대화의 느낌이 강하다. '시간 없으니, 핵심만 짧게!'를 외치는 효율 중심의 직장인에게는 더욱이 '잡담'은 불필요하고 부정적인 대화로 치부될 수밖에 없다. 이렇듯 '잡담'이라는 단어에는 '스몰토크'가 가진 긍정적인 기능이 반영되지 않아 완벽한 동의어로 보기는 어렵다.

본래 의사소통의 수단인 대화의 기능은 정보 전달을 목적으로 한다. 하지만 인간은 감정의 동물이다. 서로의 감정이 상한 상태에서는 정보 전달이 제대로 되지 않을 수 있다. 한 드라마에서 "회사는 기계가 다니는 데입니까? 인간이 다니는 데입니다."라는 대사가 있다. 직장은 감정 없는 AI들이 모인 곳이 아니다. 기계가 아닌 사람이 모여 일을 하는 공간이기에 업무 중 일상적인 대화로 긍정적인 분위기를 조성하여 소통하는 것은 무엇보다 중요하다.

직장 내 커뮤니케이션에 대해 북미에서 진행한 설문조사가 아주 흥미롭다. 직장 내 동료들과 주말 계획, 날씨, 스포츠 관련 대화 등 업무와 무관한 소소한 이야기를 나누었을 때, 본격적인 업무 대화가 전보다 더 우호적으로 흐를 수 있었다는 것이다. 직장 내 스몰토크가 중요한 업무 대화를 더 효과적으로 수행할 수 있도록 촉매제 역할을 한 것이다[1]. 이에 많은 기업들이 업무 효율을 높여 주는 스몰토크를 적극 권장하고 있다. 구글에서는 원격 미팅 시, 일상 이야기들을 5분 정도 나눈 뒤 회의의 본론으로 들어가도록 그라운드룰을 정해 놓았다. 또 유명 컴퓨터 통신장비 회사인 HP에서도 업무 시작 전에 무조건 15분씩 스몰토크를 하는 시간을 갖도록 하는 규칙이 있다. 웰스파고와 IBM에서는 스몰토크와 관련된 교육을 진행하기도 했다[2]. 이렇듯 스몰토크를 권장하는 기업들이 많아지는 데는 분명 이유가 있다. 만약 아래와 같은 경험이 하나라도 있다면, 스몰토크 대화법을 진지하게 배워 볼 필요가 있다.

- 처음 만나는 사람들과 공통 대화 소재거리를 찾기 어렵고, 대화 도중 말이 뚝뚝 끊기는 순간이 많아 민망한 적이 있다.
- 침묵이 흐르는 자리가 너무 힘들어서 식은땀이 난 적이 있다.
- 상사와 지방 출장을 가는 길, 무슨 말을 꺼내야 할지 몰라서 굉장히 난감했던 적이 있다.
- 후배에게 스몰토크를 시도했는데 오히려 기분 나빠하는 것 같다. 그런데 이유를 모르겠다.
- 계속 단답형으로만 대답하는 상대와의 대화에 어려움을 겪은 적이 있다.

스몰 하지 않은 스몰토크의 힘

성공적인 직장 생활을 위해 업무 지식만큼이나 중요한 것은 커뮤니케이션 능력이다. 직장인에게 커뮤니케이션을 잘한다는 것은 무엇일까? 바로 비즈니스 상황에서 상대에게 호감을 얻어 자신이 원하는 방향으로 대화를 이끌어 업무 목적을 달성하는 것이다. 부서 내, 부서 간, 거래처 미팅에서 효과적인 비즈니스 대화를 하고 싶다면, 챕터 1을 통해 대화의 시작을 어떻게 하는 것이 좋은지 알아볼 필요가 있다.

당신이 자동차를 구매하기 위해 매장에 방문했다고 가정해 보자. 아래 A 판매사원과 B 판매사원의 대화 중 어떤 대화가 조금 더 편안하게 느껴지는가?

〈BAD〉

A 판매사원: 안녕하세요~ 차 보러 오셨어요? 이 차가 새로 나왔는데, 이거부터 먼저 소개해 드릴까요?

고　　　객: 아… 네 뭐 괜찮긴 한데~

A 판매사원: 혹시 차량 구입 예산은 어느 정도 생각하고 계세요? 이 차량이 요즘 제일 인기 있는 차량이라 고객님들이 많이 찾으시거든요. 지금 프로모션도 들어가서 가격 측면에서도 혜택을 많이 보실 수 있을 거예요.

〈GOOD〉

B 판매사원: 고객님, 안녕하세요~ 이제 여름 다 끝났나 봐요. 선선해진 요즘 같은 날씨엔 차로 드라이브를 즐기기에 딱 좋은 것 같아요. 혹시 드라이브 좋아하세요?

고　　　객 : 아, 네. 저는 직장이 좀 멀어져서 출퇴근하면서 드라이브하게 될 것 같아요.

B 판매사원 : 아~ 직장까지 거리가 좀 있으신가 보네요. 그럼, 연비 좋은 차가 좋으시겠어요. 혹시 염두에 두고 계신 차종이 있으실까요?[3]

　　아마도 내가 고객이라면, 자동차의 가격만을 이야기하는 A 판매사원보다는 고객의 상황과 구매 의도를 파악하며 대화를 이끌어 가는 B 판매사원과의 대화가 편하게 느껴졌을 것이다. 두 대화에는 어떤 차이가 있었을까? 바로 스몰토크 없는 대화, 있는 대화다. 그렇다면 스몰토크가 도대체 무엇이기에 이렇듯 대화의 차이가 크게 느껴지는 걸까?

스몰토크, 어렵게 생각하지 말자

대다수 직장인은 스몰토크를 어렵게 느낀다. 왜 스몰토크가 어렵게 느껴지는 걸까? 그 이유 중 하나는 대면이 아닌 비대면 일상에 익숙해졌기 때문이다. 모바일 결제가 활성화되면서 택배, 음식 배달도 비대면 수령이 당연해졌다. 사람을 직접 마주할 일이 현저히 줄어든 것이다. 코로나19 이전부터 혼밥족, 혼술족이 늘어나며 1인 가구의 비중이 높아졌고, 혼자 하는 생활이 익숙해지면서 대면 의사소통의 기회는 더욱 줄었다. 자연스럽게 둘 이상의 대화인 스몰토크는 이전보다 더 어색하고 어렵게 느껴졌을 것이다.

스몰토크가 어렵다고 하는 사람 중에는 의도치 않게 엄한 질문으로 상대의 기분을 상하게 할까 봐 오히려 침묵을 선택하는 경우도 있다. 박 팀장은 친근한 리더가 되고자, 조회 시간에 몇 가지 질문을 건넸다가, 한 신입사원의 예상치 못한 답변에 당황했다.

"부장님 그건 제 사생활입니다. 대답 안 하면 안 될까요?"

그날 이후 박 팀장은 업무 외 사적인 이야기를 시도하지 않겠다고 마음먹었다.

분명 스몰토크의 긍정적인 효과를 알고 있지만, 도대체 어떻게 해야 하는 건지, 또 어디까지가 친밀감을 형성하는 질문인지, 어디까지가 사생활 침범이 아니라는 건지 도무지 그 경계를 알지 못해 답답해하는 사람들이 많다.

내향적인 성격을 가진 사람은 스몰토크가 더 어렵게 느껴질 수 있다. 스몰토크는 상대에게 먼저 대화를 시도하고 주도적으로 이끌어 가야 한다는 부담감을 주기 때문이다. 그러나 너무 스트레스를 받지 않아도 된다. 빅토크가 아니다. 짧은 대화라는 점을 잊지 말자. 주의 깊게 상대를 관찰하며 관심을 두고 대화하다 보면 5분은 어느샌가 훌쩍 흘러 있을 것이다.

신뢰를 만드는 스몰토크, 업무성과도 높아진다!

'직친'은 직장 친구의 줄임말로, '친친(친한 친구)', '찐친(진짜 친구)'처럼 쓰이는 말이다. 갤럽에 따르면 업무 몰입도가 높은 직원일수록 직장에 가까운 친구가 있다고 한다[4]. 미시간대학교 사회심리학 교수 제임스 스티븐 하우스는 직친(친한 직장 상사나 동료)의 지지는 직장에서의 관계 갈등을 완화해 주고 업무 동기를 강화한다고 했다. 팍팍한 직장 생활에 직친을 만들어 줄 수 있는 대화로 스몰토크는 단연코 필요하다.

코로나 19 팬데믹으로 인해 원격근무 비중은 계속 증가하고 있다. 많은 직원이 원격근무를 선호하며, 이를 다음 직장 또는 직무의 조건으로 고려한다. 그러나 대면근무 직원에 비해 원격근무 직원들의 불안 지수는 굉장히 높았다. 내가 모르는 일들이 회사 내에서 발생하고 있지는 않을까? 하는 우려다. 이러한 불안감은 업무 생산성까지 영향을 미칠 정도로 높았다[5]. 미국의 소프트웨어 회사 HUMU에서는 이를 완화하기 위해 관리자가 화상 미팅 등을 시작할 때 직원들에게 스몰토크로 시작하도록 제안했다. 업무 시작하기 전 5분 동안 스몰토크를 하도록 규칙을 세워 두고, 질문자는 직원들이 돌아가면서 맡게 해 모두에게 기회를 주었다.

"오늘 날씨가 정말 좋네요. 다들 주말 계획은 어떻게 되시나요?"
"요즘 영화가 많이 개봉하던데, 최근에 재밌게 본 영화 있다면 서로 추천해 볼까요?"

의도적으로 업무와 전혀 무관한 질문을 스몰토크로 하도록 했다. 원격 근무를 보장하면서도 동료들 간 유대감을 형성해, 불필요한 불안감을 줄이기 위한 해법이었다. 스몰토크에 직원들의 불안을 낮춰 업무 효율을 높이는 완충 장치 역할까지 있다니 놀라울 뿐이다.

직장 내 행복감과 생산성을 올려 주는 스몰토크. 구체적으로 어떻게 하면 좋을까?

02

스몰토크
성공 전략

스몰토크는 함께하는(With)
대화다.

스몰토크를 위한 3가지 전제

스몰토크를 잘하기 위해서는 우선 3가지 전제를 새겨 두어야 한다.

첫째, '스몰토크는 스몰 한 것'이라는 것을 기억하자. 상대방의 업무가 방해될 정도로 반복해서 사적 이야기를 꺼내는 '딥(Deep)토크'를 하고 있다면, 멈춰야 한다. 그렇다면 스몰토크에도 적정시간이 있을까? 그렇다. 본론으로 들어가기 전, 일상적 대화는 최소 4분 이상 유지하되 10분을 넘지 않도록 해야 한다. 최소 시간이 4분인 이유는 이보다 더 짧게 끝날 경우, 상대에게 다소 무뚝뚝하다는 인상을 줄 수 있기 때문이다. 상황에 따라 변수는 있겠지만 최소 4분 이상을, 최대 10분 정도를 넘기지 않도록 하는 것이 좋다[6].

둘째, 스몰토크는 '자주 그리고 짧게' 하는 것이 핵심이다. 예를 들어, 커피를 주문하면서 아는 동료를 만났을 때 간단하게 일상적인 대화들을 주고받는 것이다. 혹은 동료들과 주문한 점심 식사 메뉴를 기다리면서, 회의를 시작하기 전 등 짧은 시간을 활용해 '자주' 일상적인 주제들로 소통하는 것이다. 또한 여러 사람이 모여 있는 자리라면, 여러 명과 짧게 대화해야 한다. 다수의 무리 중 한 사람과 길게 대화를 주고받으면 함께 있는 다른 사람들이 소외감을 느낄 수 있다. 스몰토크의 목적은 자리를 함께한 사람 모두가 활력을 찾아, 가볍게 분위기가 풀어지도록 하기 위한 것이다. 짧게, 자주 그리고 여러 명과 대화하도록 노력하자.

셋째, 스몰토크는 단순히 업무 쉬는 시간에 나누는 험담이 아님을 명심하자. 직장인 890명을 대상으로 직장인들의 말실수에 대해 설문조사를 진행한 결과, 89%가 '직장에서 말실수로 곤란을 겪은 적이 있다'고 답했다. 직장에서 가장 많이 한 말실수 유형으로는 상사·동료·후배·회사 등의 뒷담화 실수가 27.6%로 가장 많았다[7]. 험담으로 쌓은 가벼운 친밀감이 직장 생활에 도움이 될 수 있을까? 과연 남의 이야기를 부정적으로 전달하는 사람에게 신뢰감이 생길까?

'다른 사람에게 줄 수 있는 최강의 선물은 신뢰'라는 말이 있다[8]. 비즈니스 환경에서 소소한 대화는 상대와의 사회적 네트워킹의 기회를 만들어 주어, 비즈니스 목표를 달성하는 데 도움이 될 수 있다. 험담으로 시작하는 대화는 상대에게 좋은 인상을 줄 수 없을 뿐만 아니라, 오히려 신뢰를 잃어 일을 그르칠 수 있으니 주의해야 한다.

전략 1. 선배가 주는 공짜 정보

스몰토크를 잘하기 위해서는 어느 정도 자기 노출이 필요하다. 대인관계에서 자기 노출은 대인 간 거리감을 감소시키고, 매력을 증진시킨다. 관계를 형성하는 초기에 호감을 나누는 가장 효과적인 방법은 바로 서로의 이야기를 공유하는 것이다[9]. 보통 상사들은 의식적으로 후배들에게 자신의 좋은 혹은 업무적으로 뛰어난 모습만 보여 주려고 한다. 그러나 이는 친밀감을 형성하는 데는 그리 효과적이지 않을 수 있다. 의외로 상사의 느슨한 모습이라든지, 업무 외의 다른 모습들을 보여 주었을 때야말로 후배들은 상사를 더 인간적으로, 더 가깝게 느끼기 때문이다.

평소 무뚝뚝해 보이는 부산 출신 김 팀장의 조회 시간.

김 팀장: "다들 주말 동안 잘 쉬었어요? 나는 이번 주말에 콘서트를 다녀왔습니다. 팬텀싱어 다들 아는지 모르겠네요. 뮤지컬 예능인데 내가 요즘에 푹 빠져서 보는 프로그램이거든요. 거기 출연진들이 콘서트를 연다고 했는데, 마침 우리 딸이 그 콘서트를 '광클'해서 예매에 성공해 줬어요. 딸 덕분에 이번 주 정말 귀 호강했네요. 다들 주말에는 어떤 프로그램 보세요?"

최 사원은 김 팀장의 스몰토크에 왠지 모를 친밀함이 느껴졌다. 날카롭고 까칠하기만 할 것만 같던 김 팀장이 노래 예능을 좋아한다니… 게다가 50대 팀장님 입에서 '광클'이라는 어울리지 않는 신조어 단어가 나오자 피식 웃음을 짓게 만들기도 했다.

선배들은 본인들의 일상을 공유하는 것에 대해서 부담감을 내려놓자. 후배들이 마음을 열고 다가오기만을 기다리지 말고, 먼저 나에 대한 '공짜 정보'를 슬쩍 흘려 보는 것이다. 분명 긍정적인 효과가 있을 것이다[10].

전략 2. 후배가 주는 공짜 정보

2022년에 인기를 끈 유행어 '알빠임?'이라는 단어가 있다. '내 알 바가 아니다. 나랑 상관없다.'라는 의미로 온오프라인에서 많은 사람의 입에 오르내리며 지금도 많이 사용되고 있다. 타인에게 의도적인 무관심을 주는 듯한 말로 다른 사람은 상관없고 본인의 일에만 집중한다는 의미다. 회사는 사람들과 관계를 맺고, 함께 소통하며 일하는 곳이다. 상사 혹은 동료들과 나누는 일상 이야기에 '그건 내가 알 바 아닌데~', '안 궁금한데?' 등 무관심한 태도로 임하는 것은 직장 생활을 하는 데 어떠한 이점도 가져다주지 않는다.

대다수 후배는 선배들에게 먼저 다가가기 어렵다고 말한다. 그러나 선배들이야말로 '내가 이렇게 다가가면 후배들이 오히려 불편해지는 않을까?' 하며 말 걸기 두려워하는 경우가 많다. 쉽지 않겠지만, 후배들도 이제는 먼저 다가가 자기 이야기를 슬며시 꺼내 보자. 직장 생활을 한두 해라도 더 해 본 선배들을 친밀한 내 편으로 만들어 둔다면, 얼마나 든든하겠는가.

전략 3. 일방통행 말고, 쌍방통행 'With 대화'

우리는 간혹 '대화'라 착각하고 상대는 안중에 없이 내 이야기만 잔뜩 늘어놓는 '일방통행' 의사소통을 하는 경우가 있다. 상대방의 이야기를 듣는 듯 보이지만, 머릿속으로는 본인 차례에 어떤 이야기를 해야 하나 자기 생각만 하기 바쁘다. 진심으로 공감하지 않은 채, 자기 세계에만 푹 빠져 있는 것이다. 내 이야기만 쏟아 내는 '일방통행' 대화는 상대에게 좋은 인상을 남길 수 없다. 상대와 친밀감을 높이는 'With 대화' 스몰토크를 해야 한다.

(Before) 일방통행 스몰토크 대화

박 선임: "기술팀도 요즘 너무 바쁘죠? 저도 업무가 갑자기 많아져서 피곤하네요. 팀장님이 새로 오셨는데 열정이 넘치셔서 그런지 전보다 일이 너무 늘었지 뭐예요. 안 그래도 바쁜데, 오늘 프로젝트를 하나 더 가져오셨어요.(한숨)"

이 선임: "어머, 사실 저도 요새 업무가 너무 많아졌어요. 같은 팀 동료가 업무 하다 펑크를 냈는데 팀장님이 뒷수습을 저한테 시키는 거예요. 계속 이런저런 예기치 못한 돌발 상황이 생기니까 정작 제 업무는 밀리고 힘들어 죽겠어요."

박 선임: "뒷수습을요? 어휴… 그나저나 저는 팀장님한테 가서 업무가 너무 늘었다고 하소연했는데도 일만 더 늘어나고 달라지는 게 없더라고요.

이 선임: "네, 뒷수습 제가 다 했어요. 상황을 잘 모르는 사람들이 보면 꼭 제가 일하다 실수해서 뒷수습하는 걸로 보일 수 있겠더라고요. 제 이미지도 엉망이 되고, 속상해 죽겠어요."

두 사람은 상대방의 이야기는 공감해 주지 않은 채, 불행 배틀이라도 하듯 자신의 이야기만 늘어놓기 급급해 보인다. 이 대화를 상대와 함께하는 'With 대화' 형태로 바꾸려면 어떻게 해야 할까? 우선 진심으로 상대방의 이야기를 공감해 준 뒤, 상대방의 상황에 관심을 갖고 질문을 해야 한다. 상대방의 입을 열게 해, 마음까지 열게 하는 것이 핵심이다. 내가 하고 싶은 이야기만 늘어놓는 하소연장이 되지 않도록 주의해야 한다.

또한 스몰토크는 진지한 고민 상담이 아님을 명심하자. 해결사를 자처하지 말고, 어느 정도 상대방의 이야기에 맞장구를 쳐준 뒤 너무 길게 대화를 끌어 가지 않아도 좋다. '스몰토크는 스몰 하게!'라는 공식을 기억하며 적절한 맺음 후, 대화의 본론으로 들어가면 된다. 이해를 돕기 위해, 위 대화를 'With 대화' 형태로 바꿔 보았다. 이 선임의 대화법에 집중해 보자.

(After) 'With 대화' 스몰토크

박 선임: "기술팀도 요즘 너무 바쁘죠? 저도 업무가 갑자기 많아져서 피곤하네요. 팀장님이 새로 오셨는데 열정이 넘치셔서 그런지 전보다 일이 너무 늘었지 뭐예요. 안 그래도 바쁜데, 오늘 프로젝트를 하나 더 가져오셨어요.(한숨)"

이 선임: "어머 정말요? 프로젝트가 많아져서 피곤하시겠어요.(공감해 주기) 업무 분장 얘기를 나눌 겸 팀장님께 한번 면담 요청을 해 보는 건 어때요?(열린 질문)"

박 선임: "네, 안 그래도 점심시간에 일이 너무 많아서 힘들다는 식으로 슬쩍 얘기를 꺼내 봤는데, 별로 달라지는 것도 없고 괜히 투덜거리는 이미지만 생긴 것 같아요."

이 선임 : "아휴~ 일 잘하는 박 선임이 괜히 투덜이 이미지가 돼 버려서 속상하셨겠
　　　어요.(공감해 주기) 나중에 제가 도울 일 있으면 꼭 말씀해 주세요.(스몰토
　　　크 종료 멘트) 그럼 오늘 우리 제안서 입찰 얘기 좀 해 볼까요?(본론 대화
　　　시작 멘트)"

'With' 대화 공식 ①: 열린 질문

　일상적인 소재로 상대와 주거니 받거니, 대화하는 것이 스몰토크다. 유
쾌한 소통을 위해서는 자연스럽게 상대방이 말할 수 있도록 적절한 질문
을 건네야 한다. 여기서 좋은 질문은 답정너(답이 정해진) 질문이 아닌 상
대를 향한 건전한 호기심을 가진 열린 질문이다.

　질문의 형태는 크게 닫힌(폐쇄형) 질문과 열린(개방형) 질문이 있다.
닫힌 질문은 사실이나 찬반 의견 등 특정 사항에 대해 즉각적인 답변을 얻
을 때 효과적이다. 하지만 계속된 닫힌 질문은 답이 한정되어 있어, 상대
를 취조하는 느낌을 줄 수 있으므로 주의가 필요하다. "싫습니까? 좋습니
까?"와 같은 폐쇄형 질문에 좀 더 구체적인 이유를 묻는 '왜', '어떻게', '무
엇을' 등의 단어를 덧붙여 보자. 돌아오는 답변도 더 자유롭고 다양해져
대화가 훨씬 풍부해질 것이다.

　상황에 적절한 질문을 건네는 것도 지속적으로 연습하고 훈련해야 익
숙해진다. 업무 관련 행사가 있거나 거래처 직원을 만날 일이 있다면, 사
전에 열린 질문 리스트를 준비해 두자! 준비한 질문들을 무조건 다 해야
하는 것은 아니다. 하지만 미리 준비해 두면 침묵의 상황마다 꺼낼 수 있

는 질문들이 있으니, 대화 자체에 자신감과 여유가 생길 수 있다.

닫힌 질문		열린 질문
식사하셨어요?	→	주로 점심은 어떤 걸로 드세요?
아이가 이제 초등학교 들어갔죠?	→	기억하기론 아이가 이번에 초등학교 입학했다고 들었는데, 신경쓰실 게 많으시겠어요~
이 예능 엄청 유명하던데, 보셨어요?	→	저는 주말에 ○○예능 재밌게 보고있거든요, 주임님은 요즘 어떤 거 보세요?
요즘 일이 많죠?	→	연말이라 일이 많을 텐데, 어떤 점이 힘들어요?

'With' 대화 공식 ②: 적절한 리액션

복면가왕이라는 예능 프로그램에서 놀란 리액션을 독특한 자세로 취해 화제가 되었던 개그우먼 신봉선 씨 모습을 기억하는가? SNS와 메신저에서 숱한 패러디를 양산하면서 인기를 끌더니, 광고까지 찍게 되었다. 말을 어떻게 건네는지도 중요하지만, 상대방의 말에 적절히 맞받아치는 리액션도 대화에서는 빼놓을 수 없는 중요한 부분이다. 스몰토크는 '토크', 즉 독백이 아닌 대화이다. 첫 번째 공식대로 상대에게 열린 질문을 했다면, 상대의 대답을 듣고, 이에 적절한 호응을 해 주어야 한다. 기분 좋은 리액션은 상대로 하여금 '말할 맛 난다'라는 느낌을 주어 대화 전체를 즐겁게 만들어 준다. "똑같이 대답해도 제스처가 다른 사람이 이긴다."라는 말이 있다[11]. '내 이야기는 듣고 있는 건가?' 하는 의심이 들기 시작하면 그 대화는 곧 불쾌해질 수 있다. 상대의 이야기를 잘 듣고 있다면, '내가 열심히 듣고 있다'는 티를 적당히 내 주도록 하자. 그렇다면 상대를 기분 좋게 만드는 리액션은 무엇일까? 간단하게는 상대방의 말을 듣고 고개를 끄덕여 주는 긍정의 몸짓을 보여 주는 것도 좋다. 또는 눈썹을 올렸다 빠르게 내리며 공감하는 표정을 지어 주는 것, 나아가 "그랬군요. 그러셨군요. 정말요?" 등 적당한 추임새는 대화 상대에게 기분 좋은 호감을 줄 수 있다.

반대로 절대 하지 말아야 할 리액션도 있다. 기껏 질문해 놓고, 딴청을 피우거나 시선을 다른 곳에 두는 것, 상대방이 한 말에 '그건 그게 아니고'라는 말로 시작해서 훈수를 두거나 설교하는 듯한 부정적 리액션은 좋지 않다. 호감을 쌓고 분위기를 풀어 주는 것이 스몰토크의 목적이라는 것을 잊지 말자.

03

스몰토크
만능 소재

언제 어디서든 통하는
스몰토크 대화 소재

날씨는 365일 통한다

　말주변이 없는 사람들이라면 스몰토크 대화 소재로 사용할 수 있는 몇
가지 무기들을 장착하고 있어야 한다. 스몰토크로 많이 사용되는 '날씨'
는 365일 통하는 스몰토크 소재이다. 아마도 대화 당시의 날씨 특징을 언
급하며 대화의 포문을 여는 것까지는 쉽게 시도할 수 있을 것이다. 만약
상대방이 대답을 이어받아, 유쾌하고 길게 답해 준다면 별 탈 없이 대화가
이어지겠지만, 상대방도 스몰토크가 어색한 사람이라면 대화는 금세 끊
어질 수 있다. 날씨를 스몰토크 소재로 삼았다면, 날씨와 관련된 '플러스
알파 질문'을 준비해야 한다. 예를 들어, 날씨와 관련해 지난 주말은 어떻
게 보냈는지, 이후 이번 주 주말 날씨와 함께 어떤 계획이 있는지 묻는 것
이다. 적어도 이 플러스알파 질문만으로도 스몰토크의 10분이 알차게 꽉

채워질 수 있을 것이다.

[날씨를 활용한 스몰토크 사용법]
단순히 날씨를 언급하면 단답의 대답만 돌아올 수 있으므로 다음을 대비하자!
1단계: 날씨 언급
2단계: 지난 주말 회상 질문
3단계: 날씨 관련 이번 주말 질문

(1) 날씨 언급
나 선임: 날씨가 꽤 더워졌어요~
오 선임: 네 그러게요.
   (단답형의 대답에 당황하지 말고, 다음 2단계 질문을 시도하자)

(2) 지난 주말 회상
나 선임: 더운데 주말에 어디 나갔다 오셨어요? 아이가 있으셔서 나가자
   고 할 것 같은데 😊
오 선임: 네~ 안 그래도 아이가 주말만 되면 나가서 놀자고 보채긴 해요.
   요즘 날씨가 너무 더우니까 최대한 실내 공간 위주로 찾아다니
   고 있어요.

(3) 이번 주말 계획
나 선임: 이번 주말에는 좀 시원해진다고 하던데, 나들이 계획 있으세
   요? 저도 이번 주에 조카들이 놀러온다는데... 혹시 괜찮은 실
   내 놀이공간이 있으면 저도 추천 좀 해 주세요 ^^

날씨를 활용한 스몰토크 3단계

날씨에서 더 나아가 계절도 좋은 스몰토크 소재가 될 수 있다. 다행스럽
게도 우리는 사계절이 있는 대한민국에 살고 있다. 계절이 3개월마다 바
뀌니 이처럼 좋은 대화 소재가 있을까? 날씨와 마찬가지로 계절을 대화
소재로 삼았다면, 몇 가지 '플러스알파 질문'들을 미리 준비해 상대의 단

답형 대답에 대비하는 것이 좋다. 먼저, 계절별 날씨를 언급했다면 다음 단계로는 계절과 상대방의 지역을 연결해 질문을 건네면 된다. 지역 관련 질문을 할 때는 긍정적인 방향으로 연결 지어야 한다. 시간이 좀 더 있다면, 계절별 지역 행사와 관련된 질문을 해 보자. 어색한 분위기는 금세 누그러지고 풍부해진 스몰토크 대화를 경험할 수 있을 것이다[12].

[계절을 활용한 스몰토크 사용법]
1단계: 계절별 날씨 언급
2단계: 계절과 상대방의 지역을 연결한 긍정적 질문
3단계: 계절별 행사 관련 질문

올해는 눈이 오는 날이 많네요~(1단계)
저는 부산 출신이라 눈을 볼 일이 거의 없었어요. ○○ 씨는 강원도에 사셨다고 들었는데,
강원도는 역시 겨울에 많이 추운가요? 눈이 자주 오면 좀 힘들겠어요, 강원도는 교통 수단도
적어서 힘들다는데~
(잘못된 2단계: 부정적 연결 질문)

↓

올해는 눈이 오는 날이 많네요~(1단계)
저는 부산 출신이라 눈을 볼 일이 거의 없었어요. ○○ 씨는 강원도에 사셨다고 들었는데,
강원도는 겨울에 눈이 많이 내리죠? 저는 눈 오는 걸 좋아해서, 로망이 있는 것 같아요.
(2단계_상대방 지역을 긍정적으로 해석 후 마음 문 열기 질문)
겨울에 눈 관련 축제도 많이 할 것 같은데, 어때요?(3단계)

[그림 1-1] 계절을 활용한 스몰토크 3단계
*출처: 요시다유코(2020). 말 잘하는 사람은 잡담부터 합니다(부윤아 역). 경기: 다신북스.
*저자 재구성

소품을 활용한 스몰토크

소품을 활용해서 스몰토크를 시작하는 것도 좋은 방법이다. 인터넷상에서 '민초파인가요? 반민초파인가요?'라는 질문이 화제가 되었던 적이 있다. 민트초코 맛을 좋아하는 사람과 좋아하지 않는 사람인 반민초파로 나뉘어 서로 취향을 대략 가늠해 보는 것이다. 민트 맛 사탕 소품을 활용한 스몰토크 방법을 예로 들어 설명해 보겠다. 비즈니스 미팅 자리라면 테이블 위에 민트 맛 사탕 케이스를 슬그머니 올려 두면 된다. 독특한 케이스와 색깔이라면 금상첨화다. "서 선임님, 이건 뭐예요?"라고 상대방이 먼저 관심을 갖고 말을 걸어 주면 스몰토크가 성공적으로 시작된 것이다. 만약 상대가 묻지 않는다면, 주저하지 말고 먼저 질문해 보자. "혹시 민트 맛 사탕 좋아하세요? 저는 잠이 오거나 집중해야 할 때, 이 사탕을 먹으면 도움이 되더라고요. 한번 드셔 보실래요?"라고 말이다. 나아가 최신 트렌드 질문인 '민초파, 반민초파' 이야기를 꺼내 질문해 보면, 유쾌하게 상대의 취향을 파악하며 대화를 이어 나갈 수 있을 것이다.

디깅모멘텀, 당신은 어디에 몰입하고 있나요?

최근 디깅모멘텀이라는 단어가 신조어로 떠올랐다. 특정한 주제에 대해서 단순한 취미를 넘어서 자신의 행복과 성장을 위해 좋아하는 것에 과몰입하는 행위를 의미하는 용어이다[13]. 독자들은 푹 빠져 과몰입하는 것이 있는가? 과몰입의 하나 중 아마도 스마트폰을 빼놓을 수 없을 것이다. 한 기사에서는 2020년 한국인의 국민 앱으로 유튜브가 뽑혔다고 한다[14]. 무려 83%의 국민이 유튜브를 사용하고 있다는 것이다.

만약 전혀 정보가 없는 초면인 사람과 만나 스몰토크를 해야 할 때, 유튜브 관련 질문을 해 보는 것도 좋다.

"저는 출퇴근하면서 유튜브를 자주 보는데, 시간이 꽤 잘 가더라고요. 먹방 하는 ○○ 채널을 특히 많이 보고 있어요(자기노출). ○○ 씨는 혹시 어떤 유튜브 채널 자주 보세요?"라고 말이다. 서로 구독하는 유튜브 채널에 대해서 공유하며 공통점을 찾아보면서 자연스럽게 친밀감을 만들 수 있을 것이다.

칭찬을 싫어하는 사람은 없다

스몰토크 소재로 빼놓을 수 없는 소재는 칭찬이다. 펜실베이니아대 연구자 에리카 부스비는 칭찬에 관한 재미있는 연구를 했다[15]. 사람들에게 "셔츠가 예쁩니다. 목걸이가 예쁘네요."라는 방식으로 낯선 이를 칭찬하게 했다. 설문을 통해 칭찬을 '받은' 사람들이 실제로 얼마나 기쁘고 즐거워졌는지, 혹은 얼마나 어색하고, 불편하게 느꼈는지를 물었다. 그 결과, 실제 칭찬을 받은 사람들은 칭찬을 한 사람들이 예측한 것보다 더 기분이 좋아졌고 불쾌하거나 불편한 감정은 훨씬 적게 느낀 것으로 나타났다. 칭찬은 우리가 생각하고 있는 것보다 상대방에게 더 큰 긍정적 효과를 불러올 수 있다. 칭찬의 효과에 대해서 믿어 의심치 말고 칭찬해 보자.

그렇다면 어떻게 칭찬하면 좋을까? 칭찬에도 효과적인 방법이 있다. 단순하게 "보고서 참 좋네요."라는 칭찬은 딱히 근거가 없고 추상적인 칭찬으로 들릴 수 있다. 조금 구체적인 칭찬을 해 주는 것이 좋다. 예를 들어, "김 선임이 작성한 보고서 문장들을 보면 확실히 데이터 분석이 정밀하네요. 역시 김 선임은 내가 데이터 분석을 믿고 맡길 수 있는 몇 안 되는 사람이에요."처럼 정확하고 구체적인 칭찬을 하는 것이다[16]. 나아가 근거를 들어 칭찬을 해 주면, 칭찬의 효과는 더욱 높아진다. 어느 부분이 잘한 부분인지 명확하게 피드백해 주는 선배의 칭찬만큼 달콤한 것은 없다. 팍팍한 직장 생활에 상사의 칭찬 한 스푼은 분위기를 부드럽게 만들어 주는 대화의 윤활유라는 것을 기억하자.

보이지 않는 센스를 칭찬하기

"넥타이가 멋지네요."

사전 정보가 전혀 없는 거래처 사람을 만날 때, 분위기를 풀어 보고자 상대의 외적인 면을 보고 칭찬을 건넸다고 가정해 보자. 겸손을 미덕으로 생각하는 우리 사회 특성상 "아~네, 감사해요"라는 화답만 돌아올 뿐, 대화는 더 이상 이어지지 않을 것이다. 이때, 보이는 그대로가 아닌, 보이지 않는 상대의 센스나 감각을 칭찬해 주는 것이 좋은 방법이다.

"넥타이와 셔츠 컬러 매치가 정말 잘 어울리네요. 패션 감각이 좋으신 것 같아요. 저는 패션 쪽은 너무 어렵더라고요. 자주 가시는 매장 있으시면 저도 추천받고 싶은데요?"라고 말이다. 보이는 것만 칭찬하는 것에서 한 걸음 더 나아가 보이지 않는 상대방의 센스를 칭찬해 보자. 칭찬 후에는 자신을 겸손하게 낮춘 뒤 조언을 구하는 열린 질문을 건네는 것도 좋다. 칭찬은 상대와의 스몰토크를 훨씬 더 부드럽게 만들어 주는 효과적인 소재이다.

호구조사 말고, 업무 이슈 스몰토크법

위의 여러 가지 소재들을 활용해 스몰토크를 여러 번 시도했음에도 불구하고 계속 단답형 대답만 돌아온다면 어떨까? 이는 사적 이야기를 통해 자기 노출을 하는 것을 극도로 꺼리는 경우이다. 이런 경우 상대에게 호구조사식의 사적 질문을 이어 가면, 친밀감을 쌓는 데 오히려 역효과가 나타날 수 있다. 그러므로 상대가 자기 노출을 하지 않고도 편하게 이야기할 수 있도록 업계의 공통된 업무 이슈를 스몰토크 소재로 활용해 대화를 시작하도록 하자[17].

가구 생산 회사 담당자와 폐플라스틱 원료 납품회사 담당자의 만남

가구 담당자: "요즘 사람들 조립 가구 매장에서도 가구를 많이 사더라고요. 가격이 저렴해서 그런 건가? 근데 조립 가구에도 폐플라스틱 재활용 원료가 50% 이상 들어간다면서요?"

폐플라스틱 납품회사 담당자: "네 그래서 그런지 저희 폐플라스틱 재활용 업체를 많이 찾아 주고 계세요. 우리나라도 곧 10년 이내에는 재활용 플라스틱 원료를 무조건 가구에 사용해야 한다는 법안을 검토 중이라는 얘기가 나와서 그런지 회사가 더 바빠지고 있어요."

두 담당자의 업무에 영향을 미칠 만한 업무 이슈 관련 법안 이야기라든지, 공통된 사업 환경을 대화 주제로 삼는 것이다. 대뜸 본론으로 바로 들어가 "원료 납품 원가는 얼마까지 깎아 주실 수 있어요?"라며 협상에 들어가는 것은 효과적이지 못하다. 업무 이슈로 가볍게 스몰토크를 나눠 친밀감을 쌓은 뒤, 대화의 본론인 협상에 진입한다면 훨씬 더 성공적인 결과를 얻게 될 것이다.

스몰토크 눈치 챙겨!

이 책임: 오늘 날씨가 너무 더운 것 같아요.(스몰토크 시도)

김 책임: 네, 그러게요. 아 우리, 박람회 부스 사이즈를 좀 줄여야 할 것 같아요. 올해 측정된 예산이 작년보다 적어서요….(대화 본론)

위의 경우, 스몰토크를 계속 이어 가면 오히려 눈치 없는 사람으로 여겨질 수 있다. 간혹 우리는 결정이 긴박하거나 사안의 심각성이 높은 비즈니스 미팅 자리에 참석할 때가 있다. 당신이 스몰토크를 시도했더라도, 상대방이 본론의 대화로 바로 진입하고자 하는 뉘앙스를 보인다면 센스 있게 스몰토크를 바로 중단해야 한다.

이처럼 스몰토크가 꼭 필요하지 않은 비즈니스 상황들이 존재한다. 간혹 스몰토크가 중단될 때, '나랑 말하기 싫은 건가?', '내 질문 때문에 기분이 상한 건가?' 하며 오해하거나 상처받는 경우가 더러 있다. 그러나 절대 깊이 고민하며 감정을 소모하지 않도록 해야 한다. 아마도 상대방은 스몰토크를 할 수 없는 그럴 만한 이전의 상황이 있었을 것이다. 나의 '탓'으로 돌리지 말고, 상대에게 그렇게 행동할 수밖에 없었던 상황적인 맥락들이 분명히 있었음을 인지하고 넘어 가면 그만이다.

04

'덕분에'를 만들어 주는
스몰토크

신뢰를 쌓기 위한 스몰토크,
시비토크가 되지 않도록 주의하자.

시비토크가 아니라, 스몰토크다

　직장, 조직이라는 곳은 기계들이 모여 일하는 곳이 아닌, 사람들이 모여 있는 곳이다. 서로 소통하지 않고 일만 해서는 좋은 성과가 나올 수 없다. 스몰토크로 일상의 자신을 부드럽게 노출하고 친밀감을 높이는 소통을 시작하는 것이 무엇보다도 중요하다.

　다만, 스몰토크를 하되, 몇 가지 주의해야 할 사항이 있다. 혹자는 간혹 섣부른 판단으로 상대의 상황을 단정 짓고 질문을 하는 경우들이 있다. 자칫 상대의 상황을 임의로 단정 짓고 건네는 질문은 민폐토크로 변질될 수 있으니 주의해야 한다.

한 화장품 회사에서 외국인 바이어를 초청해 자사 상품을 해외 수출로 연결하기 위한 박람회를 기획하고 있다. 하지만 박람회 참가 경험이 없는 내부 인력들의 진행력만으로는 부족함을 느꼈고, 전문적인 행사 참가를 위해 대행업체를 섭외하기로 마음먹었다. 비즈니스 미팅 자리에는 마케팅팀 이연호 팀장과 박영진 선임이 참석했다.

대 행 업 체: "안녕하세요. 이연호 팀장님이시죠? 메일로만 소통하다가 이렇게 뵈니 느낌이 다르네요. 오시는 길은 괜찮으셨어요?"

박영진 선임: "아, 이연호 팀장님은 제 옆에 계신 분이세요. 저는 같이 참석하게 된 마케팅팀 박영진 선임입니다."

대 행 업 체: "아~그랬군요. 저는 이연호 팀장님이라고 해서 당연히 남자분이실 줄 알았어요. 이쪽으로 앉으시죠."

대행업체 직원은 당연한 듯 박 선임에게 먼저 악수를 건넸다. 실수가 대강 무마되는 듯했지만, 미팅 시작부터 분위기가 어색해진 건 어쩔 수 없었다. 독자들은 '이연호'라는 이름을 들으면 남자일 것 같은가? 여자일 것 같은가? 그날 미팅에 참석한 이연호 팀장은 여자 팀장님이었고, 박영진 선임은 뒤늦게 이직해, 이연호 팀장보다 나이가 많은 후배였다. 박 선임은 '내가 이 나이에 팀장 직급 안 달고 있으니 이상할 만하지' 하고 순간 자괴감이 들어 미팅 전부터 울적했다. 마찬가지로 이 팀장도 '내 이름이 너무 남자 같은 건가?' 하고 순간 생각에 잠기며 기분이 내심 좋지 않은 상태로 미팅을 시작해야 했다.

다양한 사회의 변화로 직장도 평생직장이 아니듯, 뒤늦게 들어온 후배 직원이 선배보다 나이가 많을 수도 있다. 또한 여성의 사회적 지위가 높아져 여성들이 팀장인 경우들도 많아졌다. 위 대화처럼 섣부른 편견에서 비롯된 말실수는 스몰토크를 시작하기도 전에 상대의 마음을 닫게 할 수도 있으니 주의해야 한다.

상대를 인정해 주는 긍정 표현법

스몰토크는 상대와의 친밀감을 만들기 위해서 시도하는 것으로, 무엇보다 중요한 것은 긍정적인 분위기를 만드는 것이다. 그러나 스몰토크의 목적은 잊은 채, 대화 주제에만 몰입해 자신의 비판적인 의견을 상대에게 강하게 피력해 분위기가 서먹해지는 경우가 있다.

주말을 보내고 출근한 월요일 아침, 모닝커피를 마시고 있는 동료에게 다가가 인사차 말을 건넸다고 생각해 보자.

독자: "전 주말에 강아지와 산책을 하며 시간을 보냈어요~ 주말 잘 보내셨어요?"

동료: "어머, 개 키우시는 거예요? 저는 개가 너무 무서워요. 어릴 때 물린 적이 있어서 근처에만 지나가도 깜짝깜짝 놀라거든요. 산책도 매일 시켜야 좋다던데, 매번 산책시키는 것도 보통 일이 아닐 것 같은데, 괜찮으세요?"(부정적 반응)

독자는 생각지 못한 상대의 부정적인 반응에 당황했을 것이다. 물론 대화 분위기도 싸늘해지고, 둘 사이에는 불편한 침묵만이 흘렀을 것이다. 스몰토크는 서로 간 유대감을 만들어 주는 사회적 상호작용이다. 이를 위해서는 부정적인 반응 대신 긍정적인 태도를 의도적으로 보여 주어야 한다. 만약 독자의 질문에 동료가 이렇게 답했다면 어땠을까? "강아지 키우시는구나, 요즘은 대부분 반려견이랑 오랫동안 가장 가까운 친구 사이처럼 지낼 수 있어서 반려견 가구가 늘어나는 것 같아요."라고 말이다. 반려견과 관련해 '좋다, 싫다'라는 나의 취향을 굳이 밝히기보다는 단순히 사실관계를 이야기하고 넘어 가면 된다. 억지로 좋아하지도 않는 동물을 "저도 개 너무 좋아해요."라고 거짓말할 필요까지는 없다. 대화 중 상대가 대화 주제에 너무 몰입해, 반려견 대화가 길어진다면 "저는 어렸을 때 물린 기억 때문에 아직 만지거나 가까이하는 건 어려운데 극복해 보고 싶긴 해요."라며 부드러운 자아 개방을 통해 상대방에게 나에 관한 공짜 정보를 흘려 주는 것도 다음 스몰토크에 도움이 될 수 있다.

갈등을 피하는 관계 중심적 대화

스몰토크는 관계 중심적 대화이다. 갈등을 일으키는 주제는 피하고, 상대와의 공통점을 확인할 수 있는 대화 소재를 찾아야 한다. 즉, 중립적이고 모두가 반응할 수 있는 호의적인 주제를 선택하는 것이다. 정치, 성별, 종교 등 민감한 주제는 자칫 논쟁거리가 될 수 있어, 스몰토크 소재로는 추천하지 않는다. "친인척 사이에도 땅과 정치 이야기는 피하라"라는 말이 있다. 가족끼리도 간혹 싸우는 정치 얘기에 직장 선후배나 거래처 직원들과 함께 얼굴 붉히는 일은 애초에 만들지 않도록 해야 한다[18]. 간혹 상대방이 정치 이야기나 종교 이야기들을 자주 꺼내는 경우가 있다면, "제가 정치 쪽은 관심이 좀 없어서요."라며 맺음말을 건네는 것도 좋은 방법이다. 단편적인 이유라도 밝힌 뒤, 서로 간 이견이 생기지 않는 주제로 대화 전환을 시도하자. 스몰토크는 유쾌하고 가벼운 분위기를 만드는 것이 목적이기 때문이다.

직친(직장 친구)과의 스몰토크

직원이 행복해야 장기적으로 조직이 행복해진다는 것은 당연한 이치이다[19]. 개인의 웰빙을 지키면서 조직의 성과를 달성하기 위해 높은 연봉, 다양한 복리후생은 물론 중요하다. 하지만 무엇보다 함께하는 동료와의 관계가 좋아야 조직은 지속 가능한 목표를 향해 달려갈 수 있다. 한 논문에 직장 내에서 상사와 동료들 간의 프렌드십 수준이 높을수록 직원들의 태도가 긍정적이었다는 결과가 있다. 또한 동료 간 프렌드십이 높을수록 직무 만족도가 올라가고, 직장에 대한 몰입도가 증가했다. 나아가 이직 의도 자체도 감소하는 것으로 나타났다[20]. 직장 친구(직친)들과의 스몰토크는 팀원들이 서로를 더 잘 이해하고 소통을 원활하게 만들어 주는 의미 있는 커뮤니케이션이다. 직장 내 프렌드십을 만들 수 있는 스몰토크, 시도해야 할 이유가 충분하지 않은가?

품격을 높이는 스몰토크의 시작

처음부터 스몰토크의 달인이 되어 대화를 술술 풀어 가는 경지에 오르는 사람은 없다. 두려워하지 말고, 앞서 제시한 방법과 만능 소재들을 활용해 차근차근 시도해 보자. 분명 당신의 스몰토크가 직장에서 긍정적 변화를 불러올 것이라 확신한다.

굿마이크라는 강연 전문 회사를 만든 개그맨 표영호 씨가 한 말이 기억에 남는다. "소통은 강원도의 산길과 같아서 자주 왕래하지 않으면 길이 없어집니다. 누군가의 마음과 자주 왕래하면 없던 길도 생기는 법이죠. 행복과 성공을 부르는 소통법은 반드시 있고 소통 역시 자주 부딪치면서 만들어지는 겁니다."

스몰토크를 위한 다양한 소재들을 이 챕터에서 모두 언급하지 못했다는 아쉬움이 있다. 위의 소재들을 시도해 보고, 서점을 찾아가 더 많은 스몰토크 방법을 직접 연구하는 노력을 보여 주길 바란다. 스몰토크는 상대와의 관계를 우호적으로 만들어 주어, 비즈니스 결과 또한 성공적으로 이끌어 줄 수 있는 가치 있는 대화법이다. 작지만 창대한 힘을 가진 스몰토크! 주저하지 말고 꼭 시도해 보길 바란다.

태도를 인정받는
후배의 대화법

최근 '일잘러'에 대한 관심이 높아지고 있다. '일잘러'의 의미를 업무만 잘하면 된다고 생각하고 있지는 않은가? 성과도 창출하며 좋은 관계도 얻을 수 있는 선배와의 대화 전략이 필요하다.

01

일잘러 후배가
말하는 방법

업무 전문성을 갖추는 것과 동시에
커뮤니케이션을 잘하는 능력도 필요하다.

일잘러의 모습은?

당신은 아래의 A 동료와 B 동료 중 누구와 함께 일하고 싶은가?

A: 일은 잘하지만 자기 일만 하고, 인간관계는 신경 쓰지 않는 까칠한 동료

B: 일은 잘 못하지만 동료와 잘 지내고, 다른 동료의 일도 지원해 주는 동료

위의 선택지는 직장인 온라인 커뮤니티에서 화제가 되었던 질문이다. 대부분은 'A 동료와 함께 일하고 싶다'를 선택했다. 그 이유는 '일만 잘하면 된다.' '회사에서 관계까지 신경 쓰고 싶지 않다'는 것이다. 일 잘하는 동료와 함께 일하고 싶은 마음은 누구나 같을 것이다. 반면 업무적인 대화 외에 아무 말 없이 자기 일만 하다가 선배로부터 충고를 들어 고민이라는

직장인의 사연도 있다.

"회사에서는 일만 잘하면 되는 거 아닌가요? 저는 제 일만 집중해서 일 잘하는 직원이 되고 싶습니다. 그런데 얼마 전, 선배에게 동료들과 개인적인 대화도 좀 하라는 핀잔을 들었습니다. 저는 동료들과 업무 대화 외에 개인적인 대화를 나누는 것이 불편해서 고민입니다."

위의 이야기 속에서 '일을 잘하는 동료'의 모습에 대해 생각의 차이가 있어 보인다. 최근 몇 년 사이 일잘러에 대한 관심이 뜨겁다. 일잘러는 '일을 잘하는 사람'을 뜻하는 신조어로 SNS에서 일잘러의 언급량은 3년 전과 비교하여 19배 증가했다[1]. 그렇다면 일을 잘한다는 것은 어떤 의미일까?

채용 플랫폼 사람인에서 직장인 1,267명을 대상으로 '일을 잘하는 동료'와 '일을 못하는 동료'가 주로 갖는 특징에 대해 설문조사를 실시했다[2]. '일을 잘하는 동료'가 갖는 특징에 대한 질문에 과반수는 직무에 대한 높은 이해와 능력으로 업무를 처리하는 것이라고 말했다. 일을 잘하는 데 있어서 전문성을 갖추는 것은 당연한 이야기라고 할 수 있다. 설문 결과에서 주목하고 싶은 것은 일잘러의 반대 의미인 일못러, '일을 잘 못하는 사람'의 특징에 대한 결과이다. 바로 커뮤니케이션이 원활하게 되지 않는 것이라고 한다. 게임에서 캐릭터의 능력치를 낮추는 것을 뜻하는 디버프라는 말이 있다. 응답자의 51.1%는 이들과 함께 일할 때 디버프된 것처럼 업무 능률과 성과가 떨어진다고 답했다.

기업이 선호하는 일 잘하는 직원의 특성은 무엇일까? 대한상공회의소는 국내 매출액 상위 100대 기업의 인재상을 분석한 결과를 5년 주기로 발표한다[3]. 2023년 기업에서 원하는 인재는 1위 책임의식, 2위 도전정신, 3위 소통·협력을 지닌 사람인 것으로 나타났다. 소통과 협력은 매년 상위권을 차지하고 있다. 즉, 기업에서는 동료들과 원활하게 대화하며 협력적으로 일하는 능력을 갖춘 인재를 원한다는 것을 알 수 있다. 일을 잘한다는 의미는 업무와 관련된 전문성을 갖추는 것과 동시에 동료와 함께 일하기 위해 커뮤니케이션을 잘하는 능력도 포함된다.

직장에서 선배는 성과를 창출하기 위해 함께 일하는 파트너라고 할 수 있다. 회사에서 일을 통한 성장과 성과를 창출하기 위해서는 선배와 협력하는 관계로서 파트너십을 발휘해야 한다. 좋은 파트너십을 형성하는 데 있어 대화는 중요한 요소 중의 하나다[4]. 다시 말해 직장 내 선배와 동료와의 관계를 위한 대화도 필요하다.

구분	2008년	2013년	2018년	2023년
1위	창의성	도전정신	소통·협력	책임의식
2위	전문성	책임의식	전문성	도전정신
3위	도전정신	전문성	원칙·신뢰	소통·협력
4위	원칙·신뢰	창의성	도전정신	창의성
5위	소통·협력	원칙·신뢰	책임의식	원칙·신뢰
6위	글로벌역량	열정	창의성	전문성
7위	열정	소통·협력	열정	열정
8위	책임의식	글로벌역량	글로벌역량	글로벌역량

구분	2008년	2013년	2018년	2023년
9위	실행력	실행력	실행력	실행력
10위	-	-	-	사회공헌

[표 2-1] 100대 기업 인재상 변화
*출처: 고용노동정책팀(2023.01.31.). 100대 기업 인재상 보고서. 대한상공회의소. 저자 재구성

관계 말하기와 업무 말하기

우리가 일터에서 보내는 시간은 평균 8만 1,396시간이다. 이는 노동시간을 연 2천 시간이라고 했을 때 40년이라는 시간을 일터에서 지내는 것이다. 그만큼 누군가와 관계를 구축할 가능성이 가장 큰 곳은 일터라고 할 수 있다. 미국 펜실베이니아대와 미네소타대 연구진은 일터에서의 프렌드십(Friendship)이 직장 생산성을 높인다는 사실을 확인했다. 연구진에 따르면 직장 내 관계는 일반적으로 직무 만족도에 상당히 긍정적 영향을 미친다고 한다[5]. 회사가 즐거운 곳일 수만은 없지만 많은 시간을 함께 보내는 동료들과 좋은 관계를 유지하는 것은 개인의 심리적 건강 및 업무 성과와 밀접하게 연관돼 있다. 그러므로 관계 말하기와 업무 말하기에 관심을 가져야 한다.

조직에서의 소통은 내용과 성격에 따라 크게 두 가지 차원으로 나눌 수 있다[6]. 바로 관계 말하기와 업무 말하기다. 전자는 회사에서 선배나 동료와 서로 좋은 관계를 유지하기 위한 말하기이다. 다른 사람과 협력적으로 일하면서 배려하고 존중하는 따뜻한 말하기라 할 수 있다. 후자는 업무를 지시하거나 보고하고, 정보를 공유하기 위한 말하기이다. 업무에 직접적

으로 영향을 미치기 때문에 명확하게 말하는 것이 필요하다.

[그림 2-1] 조직의 소통 유형

*출처: 엄동욱 외(2011). 조직 내 소통 활성화를 위한 제언. 삼성경제연구소. 저자 재구성

이번 챕터에서는 일 잘하는 후배의 말하기 방법을 다음과 같이 제시한다. 선배를 내 편으로 만드는 3R 관계 대화법과 선배에게 똑똑하게 말하는 3S 업무 대화법이다.

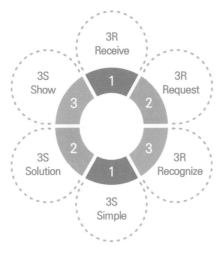

일잘러 후배의 대화 모델

02

선배를 내 편으로
만드는 말하기

선배와 협력적으로 일하기 위한
3R 관계 대화법

Receive: 선배의 눈높이에서 이해하기

김고민은 팀장님에게 업무 지시 사항을 들은 후 어떻게 해야 할지 모르겠
다며 선배에게 물어본다.

팀장님이 제 보고서를 보시고 본인이 말했던 방향이 아니라고 다시 작성하
라고 하시는데요. 제 생각에는 팀장님 요청대로 작성한 것 같거든요. 무엇을
원하시는 건지 잘 모르겠어요.

위의 질문을 들은 선배 입장에서 김고민의 안타까운 점은 자신이 제대
로 들었는지 팀장님에게 확인 질문을 하지 않은 것이다. 업무의 전체적인
맥락을 잘 모르는 후배는 선배가 지시하는 사항에 관해 이해하기 어려울

수 있다.

잡코리아에서 직장인을 대상으로 근무하며 저지른 실수에 관해 물었다[7]. 신입 사원 325명 중 71.5%가 지시한 내용과 다르게 일을 처리한 업무 실수라고 답했다. 업무 요청 사항에 대해 제대로 이해하지 못하면 잘못된 방향으로 일을 진행할 수 있다. 그렇게 되면 같은 일을 두 번, 세 번 해야 할 수 있다. 이러한 상황을 피하기 위해서라도 선배의 눈높이에서 이해하는 노력이 필요하다. 선배가 업무를 요청할 때 꼭 확인해야 하는 3가지를 알아보자.

첫째, 업무의 목적을 확인하자

선배가 김고민에게 "로우 데이터 전체 현황 볼 수 있도록 정리 좀 해 줘요."라고 업무를 지시했다. 김고민은 "네 알겠습니다."라고 말은 했지만 속으로는 '어떻게 정리해야 하지? 엑셀로 데이터가 5000개가 넘는데 이 결과를 다 출력하라는 말인가? 다시 물어보면 그것도 모르냐고 혼나겠지' 하고 자리에 돌아가서 고민하기 시작했다. 김고민은 생각만 하다 결국 보고서 한 장도 작성하지 못하고, 오늘도 야근각이라며 괴로워한다.

선배가 김똑똑에게 김고민과 동일한 업무를 요청했다. 그러자 김똑똑은 선배가 요청한 데이터의 최종 활용 목적을 알기 위해 "이 보고서가 어떤 목적으로 어디에 사용되는 걸까요?", "기업별, 업종별, 규모별 현황을 한 장에 볼 수 있게 정리하면 될까요?"라고 질문한다. 김똑똑이 김고민과 다른 것은 지시받은 업무를 수행하기 전에 질문을 통해 선배의 업무 지시

의도를 파악했다는 점이다. 보고서 장표 한 장을 작성하더라도 프로젝트의 전체 흐름에서 어떻게 활용되는지 이해하고 작성해야 원하는 업무 결과를 도출할 수 있다.

가령 선배가 자사의 인사 시스템 도입을 위한 타사 벤치마킹 자료를 요청했다고 가정해 보자. 벤치마킹의 목적은 무엇일까? 도입하고자 하는 시스템을 잘 실행하고 있는 다른 회사를 분석해서 적용할 점을 찾는 것이 목적이다. 그런데 혼자 생각해도 도저히 목적이나 방향이 이해되지 않을 때는 질문을 해야 한다. "이 자료를 작성하는 목적이 무엇일까요?", "원하시는 자료 분석의 방향이 있으실까요?" 처음부터 업무 목적이 무엇인지 생각해 보고 확인하는 질문을 해 보자.

둘째, 최종 산출물의 이미지를 확인하자
김고민은 "내가 말한 건 이렇게 하라는 게 아니었어요. 다시 해 와요."라는 말을 선배로부터 자주 듣는다. 김고민에게 업무를 부탁하면 "네"라고 대답은 잘하지만, 보고하는 결과물은 좋지 못했다. 왜냐하면 선배의 요청을 제대로 이해하지 못한 채 스스로의 추측으로 업무 수행 후 엉뚱한 결과물을 보고했기 때문이다. 과거 저자가 함께 일했던 선배 중 본인이 원하는 보고서 장표를 A4용지에 손으로 하나하나 그리면서 설명해 주시는 분이 있었다. 그대로 작성하기만 하니 수월하게 일을 할 수 있었다. 하지만 우리가 만나는 모든 선배가 이렇게 설명해 주지는 않는다. 선배가 생각하는 업무 결과물을 확인하기 위해 바로 "네."라고 대답하는 것이 아니라 선배가 한 말을 그대로 반복해서 질문으로 확인하는 것이 좋다. "제가 제대로 이해한 것이 맞는지 확인하고 싶어서 그러는데, 이렇게 하라는 말씀인 거죠?"라고 질문하면 된다. 이 질문을 통해서 선배의 의도를 파악하고 중요한 사항은 다시 확인할 수 있다.

만약에 선배의 업무 지시가 상세하지 않고 모호할 때는 어떻게 해야 할까? 이럴 때는 자신이 생각하는 결과물을 먼저 말하면서 확인을 받는 것이 필요하다. 가령, 회사에 OKR 제도를 도입하기 위한 벤치마킹을 한다고 해 보자. 어떻게 말하면 될까?

OKR 제도를 실행하고 있는 기업 사례를 분석해서 추진 계획을 10페이지 내외로 정리하면 어떨까요?

이렇게 질문하면 선배도 확실하지 않았던 산출물을 구체적으로 정리하는 데 도움이 된다.

셋째, 마감기간을 확인하자

"이 업무 빨리 처리해 주세요, 빠르면 빠를수록 좋아요."
"그렇게 급한 건 아닌데, 시간 될 때 처리해 주세요."

업무 요청을 받을 때 많이 듣게 되는 이야기이다. 언제까지 하면 된다는 말일까? 가령 상대가 내일까지 자료를 보내 달라고 요청했다고 가정해 보자. 당신이라면 내일 아침 9시에 상대가 확인할 수 있게 보낼 것인가? 아니면 퇴근 전인 6시까지 보낼 것인가? 생각보다 마감 기간을 정확히 이야기하지 않는 경우가 많다. 되도록 마감 기한에 대해 더 명확하고 구체적으로 질문하자. 요청받은 업무의 마감기한이 너무 촉박해서 지키지 못할 것 같은 경우도 있을 것이다. 이럴 때는 가능한 빨리 선배에게 말하도록 하자. 마감 시간이 임박해서야 이야기하면 선배도 대안을 세울 수 없다.

만약에 이전까지 업무를 수행해 본 경험이 없어서 방법을 모른다면 어떻게 해야 할까? 그럴 때는 "제가 이 업무를 해 본 적이 없어서 그러는데, 참고할 수 있는 자료가 있을까요?" 또는 "임직원 설문조사 관련하여 질문이 있는데 10분 정도 시간 괜찮으실까요?"라고 말하자. 다만, 질문할 때 당부사항이 있다. "나는 지식인이 아니다."라며 고충을 토로한 선배의 하소연을 함께 보자.

제가 지식인이라도 되는 것처럼 하나부터 열까지 사소한 것 모두 다 물어보는 후배가 있습니다. 특히 검색만 해 봐도 나올 수 있는 것들을 물을 때 처음 한두 번은 답변했습니다. 그런데 매번 그렇게 물어보니 업무도 바쁜데 시간도 뺏기고 너무 힘듭니다.

인터넷을 검색하면 나오는 기본적인 정보나, 매뉴얼에 있는 내용 등은 충분히 알아보는 노력을 하자. 그래도 이해가 안 되는 부분이 있다면 질문하는 것이 좋다. 이럴 때 선배는 충분히 노력했는데 해결이 안 되는 부분을 나한테 도움을 요청하는 것이라고 긍정적으로 생각할 수 있다.

Request: 선배에게 도움 요청하기

처음으로 프로젝트 리더를 맡은 김고민, 고객사에서 과업 범위가 아닌 일들을 반복해서 요청하니 난감하다. 완곡하게 거절하자니 현재 진행 중인 프로젝트가 걱정이고, 요청을 다 들어주자니 시간과 인력이 부족하다. 고민 끝에 프로젝트 매니저로 경험이 많은 선배에게 찾아가 도움을 청해본다.

"선배라면 저와 같은 상황에서 어떻게 조율하시겠어요?"

혼자 해결하려고 해도 답이 안 나올 때, 선배의 노하우나 경험이 필요할 때 "이런 상황에서 어떻게 해결하셨어요?"라고 조언을 구해 보자. 조언을 구하는 경우 조언을 주는 사람과 조언을 받는 사람 간의 관계가 친밀해지는 경향이 있다는 연구 결과가 있다[8]. 특히 조언을 주는 사람은 상대방의 입장에서 문제를 바라보고 해결책을 찾게 된다. 이러한 과정이 결과적으로 상대방에 대한 친밀감을 증가시키게 되는 것이다. 선배에게 조언도 얻고, 동시에 친밀감도 쌓을 수 있으니 일석이조가 아닌가?

심리학자 캐티 릴젠퀴스트(Katie Liljenquist)는 상업용지의 매각 가능성을 두고 협상을 벌이는 실험을 진행했다. 이때 판매자가 가급적 높은 가격으로 용지를 매각하는 데 초점을 맞췄을 때는 단 8%만이 협상이 이뤄졌다. 반면 판매자가 구매자에게 어떻게 하면 서로 조건을 맞출 수 있을지 조언을 구하자, 협상 성사율이 42%로 증가했다. 조언을 구하면 정보를 공유하는 동시에 긴밀한 협력관계가 맺어져서 논쟁적인 협상이 윈윈 거래로 바뀐다[9].

「기브앤테이크」의 애덤 그랜트(Adam M. Grant)는 모든 산업 분야에서 조언을 구하는 것은 동료나 상사, 혹은 부하직원에게 영향력을 미치는 가장 효과적인 방법이라고 했다. 혹시 조언을 구하면 다른 사람이 나를 무능하게 생각할까 봐 걱정되는가? 엘리슨 우드 브룩스(Alison Wood Brooks) 하버드 경영대학원 교수의 연구에 따르면 조언을 구하는 사람을 그렇지 않은 사람보다 더 유능하다고 인식한다고 한다[10]. 특히, 조언을 얻고자 하는 분야를 선배가 잘 알고 있다면 더 좋다. 릴젠퀴스트 연구에 의하면 상사에게 조언을 구하는 사람의 승진 가능성이 그렇게 하지 않는 사람에 비해 2배 더 가까이 높게 나타났다고 한다. 조언을 구하는 사람을 온화하고, 겸손하고, 협력적인 사람으로 여긴다는 것이다. 왜냐하면 조언을 구한다는 것은 자신의 취약함을 드러내고, 상대의 능력을 완전히 신뢰할 때 나오는 행동이기 때문이다[11]. 따라서, 조언을 구하는 것은 선배를 내 편으로 만드는 방법이라고 할 수 있다.

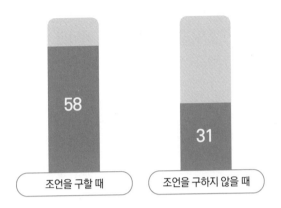

상사에게 조언을 구할 때 승진 가능성은? 단위: %

58 조언을 구할 때
31 조언을 구하지 않을 때

자료: Resolving the impression management dilemma: The strategic benefits of soliciting others for advice. Liljenquist, 2010

[그림 2-2] 상사에게 조언을 구할 때와 조언을 구하지 않았을 때 승진 가능성
*출처: 서광원(2019.09.22.). [서광원의 인간과 조직 사이(21) 상사에게 호감받는 몸 사용법(1)] 사장의 썰렁한 농담에 임원과 대리 중 누가 크게 웃을까. 이코노미스트.

기업의 고위직에서도 마찬가지이다. 이타이 스턴(Ithai Stern)과 제임스 웨스트펠(James Westphal) 교수는 미국의 350개 대기업 경영진을 대상으로 어떻게 이사회 임원 자리에 올라갔는지 연구를 진행했다. 이들은 상사가 거둔 성공을 축하하며 본받기 위해 어떻게 해야 하는지 자주 조언을 구했다. 이런 방식으로 조언을 구하자 이사회 임원으로 추천될 확률이 높았다[9]. 단, 조언을 구할 때 유의해야 할 점이 있다. 선배의 눈높이에서 이해하기에서도 언급했지만, 시시콜콜 이것저것 물어보는 것은 오히려 역효과를 내기 때문에 주의해야 한다. 릴젠퀴스트 교수는 상대가 그 태도를 얼마나 진지하고 진정성 있게 받아들이는가에 따라 조언을 구하는 효과는 달라진다고 했다[9]. 충분히 고민해 본 다음에 고민의 노력을 선배가 느낄 수 있게 질문하자.

Recognize: 선배에게 인정의 말 하기

국내 한 대기업에서 리더들의 기를 살리고, 선후배 간 정이 넘치는 기업 문화 조성을 위해서 소중한 리더 찾기라는 프로그램을 운영했다. 소중한 리더의 뜻은 이렇다.

소통과 신뢰를 바탕으로 마음을 움직이며
중심을 잡고, 조직을 위해 솔선수범하고
한계를 뛰어넘는 열정으로
후배들을 성장시켜 준 구성원이 닮고 싶은 리더

소중한 리더 찾기에 선정된 한 직원은 소감으로 "상사에게 고생했다는 칭찬을 받는 것도 좋지만 후배에게 닮고 싶다는 격려를 받은 것이 더 큰 감동이었다. 20여 년의 회사 생활을 헛되게 보내지 않은 것 같아 큰 보람이다."라고 언급했다. 선배도 후배에게 인정받으면 당연히 힘이 나게 마련이다. 다음의 직장 내 설문 결과를 보면 선배도 인정의 말을 듣고 싶어 한다. H소프트에서 '직장 생활 내 선후배 관계의 모든 것'이라는 설문조사를 진행했다. 후배에게 가장 듣고 싶은 말 1위는 '역시 선배님'으로 나타났다[12]. C대학교 병원에서도 후배에게 가장 듣고 싶은 말에 관해 물었는데, '선배는 배울 게 많은 사람입니다'를 선택했다[13]. 잡코리아의 설문조사에서 과장 이상 관리자급 직장인이 가장 듣고 싶은 말로는 '과장님이 있어서 든든해요'라고 답했다[14]. 이는 후배 입장도 다르지 않다. 후배가 선배에게 가장 듣고 싶은 말로는 '고생이 많아. 고맙다', '수고했어. 역시 최고야'였다[12]. 자신의 노력을 인정해 주고, 고마움을 표현해 주는 말을 듣고 싶어 하는 것을 알 수 있다.

인정의 말 한마디가 회사 생활에서 때로는 지친 마음을 위로해 주기도 하고, 힘이 되기도 한다. 연구 결과에 의하면 직장 내에서 자신의 가치를 인정받고 존중받게 하는 사회적 지지는 직무 스트레스를 완화한다[15]. 또한 상사나 동료, 후배의 지지는 직장 내 활력과 직무 만족에도 긍정적 영향을 미친다. 다른 사람과 상호작용을 통해 얻게 되는 긍정적 자원을 사회적 지지라고 한다. 사회적 지지는 사람들로부터 존중받으며 사회적 관계에서 가치 있는 구성원이라는 믿음을 갖게 한다. 칭찬이나 조언, 관심의 표현은 상대방을 인정해 주고 지지하는 가장 쉬운 방법이라 할 수 있다. 선배를 인정하는 존중의 말을 표현해 보도록 하자.

"이번 프로젝트 수주하게 된 것은 모두 선배님이 도와주신 덕분입니다."
"선배님 덕분에 이번 행사를 잘 마무리할 수 있었습니다."
"지난번 조언해 주신 덕분에 고객 불만을 잘 해결할 수 있었습니다."

03

선배에게 똑똑하게
말하기

업무 효율을 높이는 동시에
선배의 신뢰를 얻는 3S 업무 대화법

보고를 잘하자!

선배와의 커뮤니케이션에서 가장 어려운 것이 무엇인가? 잡코리아에서 직장 생활 중 커뮤니케이션이 힘들었던 경험이 있는지 설문을 진행했다[16]. 직장인 1,357명 중에서 94.4%가 '힘들었던 경험이 있다'고 답변했다. 그렇다면 커뮤니케이션이 힘든 상황은 언제일까? 가장 공감대를 얻은 상황은 상사에게 업무 보고할 때와 업무 지시 할 때 또는 협의할 때이다. 업무 보고가 어려운 이유는 국립국어원의 직장 내 대화 실태 조사에서 엿볼 수 있다. 업무 보고에서 발생하는 문제는 대부분 핵심을 이야기하지 않는 것이라고 직장인들은 말하고 있다[17]. 다시 말해, 결론이 무엇인지 알 수 없는 보고이다.

김고민의 상황을 들여다보자. 김고민은 담당하고 있던 고객사와 킥오프 미팅이 계획되어 있었다. 그런데 고객사 내부 사정으로 인해 처음 계획했던 것보다 미팅이 몇 주 연기되었다. 이때 고객사와의 진행 상황이 궁금했던 선배의 질문에 아래와 같이 대답했다.

담당자랑 통화를 했는데요. 담당하셨던 임원분이 해외로 발령받으셨다고 하더라고요. 그래서 지금 새로 오신 임원분이 진행하고자 하는 사업에 대해 이거 왜 하는 거냐고 말씀하셨다고 하네요. 처음 생각했던 것보다 일이 너무 많은 것 같다고 이거 해야 할지 고민된다고, 처음에 들었던 이야기와 다르다고 하시고 또 일도 너무 많다고 하시고 아직 서류도 못 받았고요.

계속 듣던 선배는 한숨을 쉬면서 "그래서 미팅을 언제 한다는 건가요? 하고 싶은 말이 뭐죠? 결론부터 말해 봐요."라고 말했다. 끝까지 들어도 진행 상황에 대한 결론을 알 수가 없었다. "만약 다른 사람과 이야기할 때 그 사람이 무슨 말을 하고 있는지 끊임없이 추측해야 한다면 그 대화는 실패한 것이다."[18]. 일상 대화라면 무슨 말인지 끝까지 들을 수도 있지만 업무와 관련한 중요한 대화에서는 다르다. 특히 회사에서 후배가 선배에게 말할 때는 업무 진행 상황을 보고하거나 정보를 전달해야 하는 일이 많다. 상대방의 입장에서 듣기 쉽게 말하려면 끝까지 들어야만 이야기의 결론을 알 수 있는 말하기 방식을 줄여야 한다.

정확성이 중요한 업무 대화에서 말하고자 하는 목적이 잘 전달되지 않으면 효율성이 낮아진다. 해석의 오류가 발생하거나, 했던 일을 다시 해야 할 수도 있다. 보고는 나와 상대방의 업무 효율성과 상당한 관련이 있다. 업무 대화에서는 보고를 잘하는 것이 곧 업무 효율성을 높이는 일이다.

결론부터 말하자!

컨설팅 회사에 다니는 김고민은 보고서의 거버닝 메시지(Governing message) 작성을 어려워한다. 거버닝 메시지는 PPT 보고서의 경우, 슬라이드 상단에 해당 페이지의 핵심을 작성하는 것을 말한다. 거버닝 메시지 작성으로 고민하고 있는 김고민에게 선배가 다가와 이렇게 말했다.

"이 장표에서 하고 싶은 말이 뭐야? 한 문장으로 설명해 봐." 김고민이 설명을 시작하자 "그걸 거버닝 메시지로 작성하는 거야. 너의 의견과 그렇게 생각하는 근거를 요약해서 한두 문장으로만 작성해 봐."라는 것이다.

보고서의 거버닝 메시지는 페이지에서 말하고 싶은 결론에 해당한다. 말할 때도 이와 동일하게 적용할 수 있다. 상대방을 설득하거나 목적을 정확하게 전달해야 하는 말하기 방법에서는 결론부터 말할 것을 강조한다. 대표적으로 PREP, AREA 법칙이 있다. 각각의 법칙은 표현하는 단어는 다르지만, 전개하는 방식은 유사하다[19]. 자신이 가장 하고 싶은 말인 결론을 먼저 말한다. 이때 결론은 한 문장으로 정리하는 것이 좋다. 그리고 왜 그러한 결론을 생각하게 되었는지 이에 대한 이유를 말한다. 하지만 결론과 이유만으로는 듣는 사람이 내용을 완전히 이해하기에는 부족하다. 듣는 사람은 말하는 사람이 왜 그렇게 판단했는지 궁금해할 것이고, 이러한 의

문점을 해소해 줘야 한다. 그래서 이유에 대한 근거나 구체적인 사례로 보충 설명하며 이해도를 높여 주는 것이 필요하다. 마지막은 처음의 결론으로 돌아와서 앞서 말한 내용을 다시 말하며 강조한다.

PREP	AREA	핵심
Point 결론	Assertion 주장	가장 하고 싶은 말 결론(주장)
Reason 이유	Reason 이유	하고 싶은 말에 대한 이유
Example 예시	Evidence or Example 근거 또는 예시	이유에 대한 근거 구체적인 예시로 보충 설명
Point 결론	Assertion 주장	처음의 결론(주장)을 다시 말하며 강조

[표 2-2] 결론 말하기 방법

*출처: 야마모토 아키오(2019). 일 잘하는 사람은 짧게 말한다(박재영 역), 서울: 메가스터디. 저자 재구성

보고에서도 핵심 내용인 결론을 먼저 말하는 습관을 들이도록 하자. 업무로 바쁜 선배의 입장에서도 핵심에 대해 바로 알 수 있고, 듣는 부담을 줄여 주는 보고 방법이다.

Simple: 핵심 말하기

미국 삼성 반도체연구소 연구원으로 입사해 삼성전자 회장 자리까지 오른 권오현 회장은 성공적인 결과물을 내기 위해 갖춰야 할 마음의 자세에 대해 다음의 일화를 소개한다[20]. 권오현 회장은 사업 부서를 책임지게 되었을 때 처음 영업을 하게 되어 경험도 부족하고 설득의 요령도 몰라 어려움을 겪었다고 한다. 그러다 '왜 우리 제품이나 기술에 관심을 가져 주지 않을까' 생각해 봤더니 자신의 탓이었다는 것이다. 고객이 듣고 싶고 알고 싶은 기술이나 제품을 설명한 것이 아니라 자신이 하고 싶은 말만 계속했다는 것이다. 항상 상대편의 생각을 먼저 고려하는 것에서 출발해야 한다는 것을 깨닫게 되었다. 그 후 상사에게 보고할 때도 부하에게 지시할 때도 상대방의 입장을 먼저 생각하게 되었다고 한다.

선배에게 보고할 때는 선배가 알고 싶은 내용을 전달해야 한다. 보고하기 전에 다음의 2가지를 준비하자. 첫째, 보고 내용의 핵심인 결론을 한마디로 말한다. 둘째, 결론에 대한 이유와 근거, 실행 계획을 말한다. 이 2가지를 준비하면 선배가 궁금해하는 핵심 사항을 빠짐없이 명확하게 전달할 수 있다. 고객사 미팅 진행 상황을 궁금해하던 선배와의 대화로 돌아가 보자. 선배가 알고 싶은 것은 미팅을 진행하는 것인지, 진행한다면 언제 하는지가 궁금하다. 결론은 미팅을 언제 진행하리라는 것을 전달해야 한다. 여기서 미팅이 늦어지고 있는 이유는 담당 임원이 새로 부임해서 업무를 파악할 시간이 필요하다는 것이다. 이 내용을 선배가 궁금한 사항 중심으로 다시 말해 보자.

A 고객사 내부 사정으로 ○○일로 미팅을 연기해서 진행하려고 합니다. 고객사 담당 임원이 새로 부임해 오셔서 업무 인수인계로 늦춰 달라고 요청했기 때문입니다. 처음 계획했을 때보다 이 주일 늦어지나 차후 미팅 횟수를 조정하면 되기 때문에 전체 일정 내에는 문제없도록 진행할 수 있습니다.

이처럼 말하면 미팅 진행 여부와 일정이 연기된 이유를 알 수 있다. 그리고 늦어졌을 때 전체 일정 내에 진행하는 데 문제가 없는지 근거와 대응 방안까지 제시했다. 이렇게 하면 핵심 내용이 모두 전달되었다고 할 수 있다. 보고를 듣고 상세한 내용이 궁금하다면 선배가 추가로 질문할 것이다. 그때 임원의 해외 발령이나 세부적인 내용 등을 설명하면 된다. 보고하기 전에 결론과 근거, 실행 계획을 키워드 중심으로 정리한 후에 말한다면 더 명확하게 말할 수 있을 것이다.

근거를 말할 때 주의해야 할 것

근거를 말할 때 주의 사항이 있다. 보고 내용은 선배가 의사결정을 하는 데 영향을 미치기 때문에 진행 상황을 명확히 파악해야 한다.

이번 분기 매출은 많이 감소했습니다.
마케팅 예산이 줄었습니다.
고객 불만이 많아졌습니다.

위의 문장을 보면 추상적인 표현으로 정확하게 상황을 판단할 수 없다. 그래서 근거를 이야기할 때는 구체적인 데이터와 숫자로 표현해야 한다.

여기에 비교 기준까지 있다면 상황을 객관적으로 이해하는 데 도움이 된다. 다음과 같이 말한다면 어떨까?

이번 분기 매출은 10억 원으로 지난 분기 대비 10% 감소했습니다.
4분기 마케팅 예산은 5천만 원으로 3분기와 비교해서 20% 줄었습니다.
고객 서비스 불만 건수는 총 109건으로 전년 대비 7.4% 증가했습니다.

Solution: 대안 말하기

업무 중 실수를 하거나 문제가 발생했던 경험이 있는가? 일하다 보면 누구나 실수를 할 수 있다. 여기서 중요한 것은 실수나 문제가 발생했을 때 어떻게 대처하는가이다. 이때 선배에게 "어떻게 할까요?"라고 질문하는 것은 담당자로서 무책임해 보일 수 있다.

입사 2년 차인 김고민은 회사의 큰 행사를 앞두고 브로슈어 제작 업무를 맡게 되었다. 열심히 브로슈어를 만들어서 완성본 확인도 했고, 모든 세팅이 완료된 상태였다. 그런데 행사 바로 전날 브로슈어에 회사 정보가 잘못 기재된 것을 발견했다. 이런 상황에서 총괄을 맡고 있는 선배에게 어떻게 말해야 할까?

문제가 발생했을 때 상황을 간결하게 설명할 수 있는 아주 쉬운 방법은 육하원칙이다. 육하원칙에 따라 설명하면 듣는 상대방도 이에 따라 상황을 파악하기 쉬워진다. 문제 상황에서 놓치지 말아야 할 것은, 해결하기 위한 대안을 함께 이야기하는 것이다. 행사 전일 브로슈어에 문제가 발생한 상황을 대안과 함께 말해 보자.

제작 완료한 브로슈어에 오타가 있는 것을 오늘 발견했습니다. 인쇄업체에서 추가 비용 없이 수정하여 다음 날 행사 시작 1시간 전까지 보내 준다고 했습니다. 당일 행사는 차질 없이 진행할 수 있습니다. 이번 주에 외근이 많아 이동 중에 확인하느라 디테일하게 체크하지 못했는데요. 앞으로는 더 꼼꼼하게 검수하도록 하겠습니다.

Show: 보이게 말하기

김고민은 어느덧 입사 4년 차를 맞이했다. 업무 관련 경험도 쌓이고, 실적도 내 봤으며 주위에서도 일 잘한다고 나름 인정하는 분위기다. 김고민은 새로운 프로젝트에 합류했는데 PM(Project Manager)을 맡은 박 선배와는 처음해 보는 협업이다. 박 선배는 팀원들에게 매일 업무 일지 작성을 요청했다. 신입도 아니고 일일 업무 보고를 해야 한다니 생각만 해도 너무 스트레스다. 업무 관련 이슈나 중요한 내용은 일지에 중요 표시까지 해서 작성했으니 '확인하시겠지'라는 생각에 별도로 구두보고를 하지 않았다. 그런데 내용을 자세히 안 보는 것인지 박 선배는 매일 와서 업무 현황에 관해 물어본다. 이럴 거면 업무 일지는 왜 쓰라는 것일까? 이전에 함께 일했던 김 선배는 결과만 잘 보고하면 됐었는데 적응이 잘 안된다. 박 선배에게 보고하러 가는 것이 자꾸 꺼려진다. 그런데 박 선배는 김고민이 업무 진행 상황을 공유하러 오지 않는다며 불만이 있어 보인다. 박 선배와 김고민은 점점 오해만 쌓여 간다. 왜

이런 일이 발생할까?

「완벽한 팀」에서 리더의 마이크로 매니징, 즉 팀원의 업무에 세세한 것까지 참견하고 간섭하는 것은 불충분한 대화가 문제이기 때문에 더 많은 대화가 필요하다고 말한다[21]. 리더가 필요로 하는 대화의 양과 팀원이 좋아하고 원하는 소통의 양에는 차이가 있기 때문이다. 그래서 위의 상황을 해결하기 위한 조언은 보이게 말해야 한다는 것이다. 여기서 보이게 말한다는 의미는 선배가 업무 진행 관련 정보를 충분히 알 수 있도록 중간보고를 잘해야 한다는 뜻이다.

중간보고와 관련해서 스탠퍼드 경영대학원의 제프리 페퍼 교수는 다음과 같은 실험을 진행했다[22]. 실험 참가자들을 팀으로 나누어서 모두 똑같은 업무를 하게 했다. 그중 어떤 그룹은 각 팀장에게 중간보고와 피드백을 받도록 했다. 또 다른 그룹은 중간보고 없이 최종 보고서만 팀장에게 제출하도록 했다. 그런 다음 팀장들에게 2가지를 물었다.

최종 보고서가 얼마나 마음에 드나요?

결과는 어땠을까? 중간보고를 받은 팀장들이 받지 않은 팀장들에 비해서 훨씬 높은 점수를 줬다. 최종 보고서는 똑같은 내용이었는데 말이다. 중간보고를 받은 팀장은 자신의 피드백으로 결과물 수준이 더 높아졌다고 생각한 것이다. 이 실험은 리더가 부하직원에게 업무 위임을 잘해야 한다는 시사점을 주고 있다. 하지만 후배 입장에서 주목해야 할 것은 중간보고가 가지는 중요성이다.

　많은 시간이 소요되는 업무의 경우, 중간보고 없이 최종 결과물을 가져가면 다시 해야 하는 일이 발생할 수 있다. 지시했던 내용과 다르다고 말이다. 이런 일의 발생을 막고, 선배와 업무 방향성을 잘 맞추기 위해서라도 정기적으로 중간보고를 하는 것이 필요하다. 일의 진행 상황에 관해 선배가 알 수 있도록 공유를 잘해야 한다. 맡겨진 업무의 진척 사항을 충분히 공유하면 선배의 신뢰를 얻게 될 것이다.

04

관계가 통하는
일잘러 대화

태도가 핵심이다.

작은 것에서부터 시작한다

38억 엔 적자기업을 성공적으로 부활시킨 무인양품의 마쓰이 타다미쓰 회장은 아침 일찍 산책을 나가면 이웃과 만날 때마다 인사를 한다[23]. 대화를 나누게 되는 사람도 있는가 하면 인사조차 무시하고 지나가는 사람도 있는데 이런 작은 행동에 그 사람의 됨됨이가 드러나게 된다고 말한다. 그의 철학은 무인양품 경영에도 드러나는데 매일 아침 마쓰이 회장을 포함한 임원은 출근하는 직원들에게 먼저 인사를 건넨다고 한다. 인사를 중요하게 생각하는 이유는 팀의 신뢰 관계에 영향을 미치기 때문이다. 가령 실적이 부진한 팀의 경우 근본 문제는 능력이 아니라 직원 간의 커뮤니케이션이나 미미한 신뢰 관계 때문인 일이 많다는 것이다. "좋은 아침!", "수고했어요!" 단 한마디 인사를 철저하게 하는 것, 그것만으로도 팀원 간에 신뢰가 쌓이고 좋은 팀, 좋은 기업을 만드는 것은 작은 것에서부터 시작한다고 강조하고 있다.

왜 갑자기 인사를 언급하는지 의문스러운 독자도 있을 것이다. 선배에게 인정받는 말하기의 시작은 인사와 같은 작은 것에서부터 출발한다는 것을 말하기 위해서이다. 최근 직장인 익명 온라인 커뮤니티 '블라인드'에 신입사원이 인사를 하지 않는다는 글이 화제가 된 적이 있다[24]. 글을 쓴 직장인은 '나는 같은 층에 모르는 사람이 있어도 간단하게 목례한다.' 본부장님이 '애들 그래도 인사는 좀 하라고 해라'는 말까지 할 정도라고 언급했다. 이에 대한 다른 직장인들의 반응은 '가볍게 목례라도 인사를 하는 것이 예의다'라고 동조하는 의견과 '모르는 사람한테도 인사를 해야 하나'라는 반대 의견이 팽팽했다. 취업포털 인크루트의 인사담당자 831명을 대상으로 실시한 설문조사에서 신입사원이 갖췄으면 하는 역량 중 하나로 인사성을 기대한다는 결과도 있다.

인사의 한자 뜻을 보자. 사람 인(人)에 일 사(事), 그대로 해석하면 사람이 할 일이라는 의미이다. 인사는 만나는 사람에게 존중과 신뢰를 보여 주는 것이라 할 수 있다. 조금 과장해서 말하면 인사라는 작은 행동 하나를 통해서도 그 사람의 기본 태도를 평가하는 것이다. 권오현 회장은 그의 저서 「초격차」에서 맡은 과업을 기대 이상으로 잘 수행하는 능력이 뛰어난 직원이라도 다른 직원들과 잘 지내지 못한다면 교체를 고려해 봐야 한다고 조언한다[20]. 업무능력과 더불어 주위 사람들과 협력할 수 있는 품성을 중요하게 생각하는 것을 알 수 있다. 그가 정의하는 인재는 일을 잘할 수 있는 역량을 갖춘 동시에 동료들과 함께 협력적으로 일할 수 있는 태도가 좋은 사람이라고 할 수 있다.

관심으로 다가간다

한국직업능력연구원의 AI시대 미래의 노동자에게 필요한 역량에 대한 연구 결과에 따르면 관계와 관련한 커뮤니케이션 스킬은 미래 사회에도 중요해질 전망이다.

직종에 따라서 필요한 전문 기술 외에 산업 전반에 걸쳐서 타인과 효과적으로 소통하고 이를 처리해 나가는 소프트 스킬에 대한 중요도가 과거보다 더 중요시되고 있다. 이러한 관계를 위한 대화 즉 소프트 스킬이 자동화나 AI로 인해 가장 대체가 어렵고 또한 가장 늦게 대체되는 스킬이다[25].

업무 대화뿐만 아니라 관계를 위한 대화도 AI시대에 살아남기 위한 중요한 대화 스킬임을 알 수 있다. 삼성경제연구소에서 관계 말하기와 업무 말하기의 상관관계를 분석한 연구 결과가 흥미롭다. 이 보고서의 결론은 관계를 위한 소통이 원활해야 업무 소통도 잘된다는 것이다[6]. 이는 선배를 내 편으로 만드는 관계 말하기와 똑똑하게 말하는 업무 말하기 두 가지 모두 필요한 이유다. 우리는 회사에서 다른 사람들과 끊임없이 상호작용하며 일해야 한다. 회사에서 성과를 잘 내기 위해서 혼자 하는 일도 있겠지만 대부분은 동료나 선배와 함께 해야 하는 일들이 많다. 내 일을 잘하기 위해서라도 서로를 이해하고, 관계를 유지하기 위한 대화를 하는 노력이 필요하다고 할 수 있다. 데일 카네기(Dale Carnegie)는 인간관계에서 타인에 대한 관심이 중요하다는 것을 저명한 심리학자인 알프레도의 말을 인용한다.

"다른 사람에게 관심을 가지지 않는 사람은 삶에서 가장 큰 어려움을 겪게 되며 다른 이들에겐 가장 큰 상처를 남긴다. 인간의 모든 실패는 그런 사람들로부터 나온다[26]".

관계를 위한 대화는 다른 사람에 대한 관심으로부터 출발한다고 말할 수 있다. 직장 내 주변 사람에게 사소한 것이라도 진심 어린 관심을 두는 것부터 시작해 보자. 이런 자세로 선배를 내 편으로 만드는 3R 관계 대화법과 똑똑하게 말하는 3S 업무 대화법을 실천하면 일과 관계가 모두 풀리는 인정받는 후배가 될 것이다.

"

챕터 03

경험을 존중받는
선배 대화법

피드백을 통해 성장을 원하는 요즘 후배들, 과연 선배들은 후배가 원하는 피드백을 하고 있을까? 경험을 존중받는 선배가 되기 위해 이제는 정확한 업무 지시와 피드백 방법을 배워야 한다.

01

'좋은 선배'의
모습

요즘 후배들이 원하는 '좋은 선배'의 모습,
이전과 많이 달라졌다.

요즘 후배들이 좋아하는 선배 유형은?

직장 생활을 하면서 '나도 나중에 이런 선배가 되어야겠다.'라는 생각을 해 본 적이 있을 것이다. 그럼, 아래 선택지 중에서 당신이 '닮고 싶은 선배의 유형'을 골라 보자.

☐ 공정한 선배   ☐ 동기부여 잘하는 선배   ☐ 솔선수범하는 선배

☐ 피드백이 명확한 선배   ☐ 실무에 능숙한 선배

위 5가지 유형은 잡코리아와 알바몬이 후배 직장인 1,114명을 대상으로 가장 이상적인 직장 상사에 대해 던진 질문이다. 물론 직장 내에서 닮

고 싶은 선배의 유형은 각자가 가진 욕구에 따라 달라질 수 있다. 하지만 위 질문에서 놀랍게도 가장 닮고 싶은 선배 유형의 42%가 '피드백이 명확한 선배'였다[1]. 왜 우리는 실무에 능숙하고 공정하며 솔선수범하는 선배보다 피드백이 명확한 선배를 원하는 것일까?

'조직은 개인을 평생 책임지지 않는다.' 이 사실을 부모 세대로부터 경험한 후배 세대는 평생직장의 꿈을 진즉 접고 조직의 성공과 개인의 성공을 별개의 문제로 두기 시작했다. 후배 세대에게는 평생직장이 없는 무한 경쟁 시대에 회사는 수단이자 과정일 뿐 종착역이 아니라 지나가는 정거장이다. 이들에게 회사의 성장보다 가치 있는 것은 개인의 성장이다. 그러므로 지금 후배들이 '나를 성장 시켜주는 피드백'을 원하는 것은 어찌 보면 당연한 결과이다.

그렇다면 직장 내 현실을 한번 들여다보자. 명확한 피드백을 통해 성장을 갈망하는 요즘 후배들, 과연 선배들은 그들이 원하는 피드백을 잘 전달하고 있을까? 결론은 아니다. IT회사에 근무하는 나부담 과장은 "피드백하면 내가 본인을 싫어한다고 생각할 것 같다. 상처받을까 아무 말도 못하겠다. 꼰대로 보일까 봐 피드백을 안 한다."라며 서로의 관계를 위해 아무 말도 하지 않는 편이 낫다고 결론을 내렸다. 관계를 해치지 않으려고 했던 선배의 의도와 달리, 후배들은 오히려 그런 선배를 보고 '무신경한 선배', '배울 것이 없는 선배'라고 생각해 버린다.

반면에 피드백하는 방법을 몰라 후배에게 상처를 주는 선배도 많다.

"이렇게 하면 안 되지. 이런 것도 안 배워 온 거야? 공부 안 했어? 이렇게 밖에 못 해? 아 답답하네." 대화 내용을 들여다보면 성장을 위한 피드백이 아닌 상처만 남는 피드백인 경우가 대다수이다[2]. 입을 닫아 버리고 무관심한 선배가 될 것이냐?, 너무 솔직해서 상처를 주는 선배가 될 것이냐? 사실, 피드백을 받는 후배보다 피드백을 주는 선배가 더 부담스러운 상황이 되었다.

초코파이보다는 오예스

'말하지 않아도 알아요. 눈빛만 보아도 알아. 그냥 바라보면 마음속에 있다는 걸.' 15년 전, 이 광고를 기억하는가? 시리즈별로 올라와 큰 호응을 얻었던 오리온 초코파이 정 CF 광고이다. 유튜브에 올라와 있는 이 광고를 찾아 댓글을 확인해 보았다. 지금 후배 세대는 이 광고를 보고 어떤 반응을 보일까? "아니, 말하지 않으면 어떻게 아느냐? 말도 안 되는 광고이다.", "궁예의 관심법도 아니고 어떻게 말하지 않고 사람의 마음속을 알 수 있는가?" "초코파이는 사람의 마음을 읽는 마법의 빵인가 보다." 등 재미난 댓글들이 많다.

당시 이 CF를 보며 공감했던 선배 세대들은 상사가 시키면 아무것도 몰라도 일단 도전해 보았던 세대이다. 또 집보다 회사를 먼저 생각하며 살아왔던 선배들은 월화수목금토를 근무하였고 야근은 일상이었기에 가족보다 더 오랜 시간을 동료들과 함께했다. 그 당시 후배였던 이들은 상사의 눈빛만 보아도 어떤 일을 해야 하는지 눈치껏 알아야 하고 또 알 수 있었다[3]. 이러한 경험 때문인지 지금 선배 세대들은 구체적으로 하나하나 다 설명하며 피드백해 주길 원하는 후배, 말하지 않으면 무엇을 해야 하는지 모르는 후배들이 여전히 어색하고 불편하기만 하다.

추억의 초코파이 CF의 재미난 댓글 하나가 기억에 남는다. "나는 이제부터 말하지 않아도 알아야 하는 초코파이보다 즉각적으로 Yes or No를 표현하는 오예스(oh~yes)로 사 먹겠다." 후배들은 궁금한 것이 있으면 스마트폰을 열어 1분 만에 정보를 확인할 수 있는 환경에서 성장했다. 이들은 인터넷 명강사를 직접 선택해 맞춤 과외를 받았고 선생님과 부모님이 하나하나 방향성을 체크해 주는 환경에서 자라 왔기에 눈치껏 알아야 하는 '초코파이'식 상황보다 빠르게 확인하며 효율을 추구하는 '오예스'식 분초 환경에 익숙한 것 아닐까?

이렇듯 서로 다른 환경에서 성장한 선후배 세대, 직장 내 갈등은 시간이 지날수록 깊어지고 있다. 하지만 갈등은 피해야 할 대상이 아니다. 지혜롭게 관리하여 동반 성장을 이끌 수 있는 긍정 자원으로 활용해야 한다. 즉, 선후배의 행복한 공존을 위한 맞춤 대화법이 필요하다.

성장을 돕는 '오답 노트'

오답 노트를 만들어 본 경험이 있을 것이다. 오답 노트는 틀린 문제와 그에 대한 해설을 정리하여 기록하는 것이다. 틀린 문제를 다시 확인하고 자신의 실수나 이해하지 못한 부분을 파악하며 개선할 수 있는 방향을 찾을 수 있다. 오답 노트는 학습자의 이해도를 높이고 같은 실수를 반복하지 않도록 도와주는 유용한 도구이다. 그래서 수험생에게 오답 노트는 중요하다.

마찬가지로 직장에서의 피드백은 마치 수험생의 오답 노트와 같아서 선배의 피드백을 통해 후배는 업무의 이해도를 높이고 실수를 반복하지 않을 수 있다. 후배가 오답 노트를 잘 만들 수 있도록 선배는 직장 내에 일어나는 다양한 문제들을 잘 설명하고 이해시켜 올바른 해답을 찾을 수 있게 도와야 한다. 이번 챕터에서는 존중받는 선배가 될 수 있는 'BTS 업무 지시법'과 '좋은 선배 피드백' 방법을 소개하겠다.

02

'BTS' 업무
지시법

후배들이 잘못된 보고를 하는 이유가 뭘까?
선배의 대화법을 점검하자.

나애매 팀장 & 나확실 팀장

 나애매 팀장: "우리 서초지점의 문제점을 분석해서 보고 부탁해요. 할 수 있죠?"

 나답답 후배: "어떤 문제를 말씀하시는 거죠. 무슨 양식으로, 언제까지요?"

 나애매 팀장: "그걸 다 하나하나 알려 줘야 해요? 예전 자료 찾아보면 다 나와 있어요. 똑같이 하지는 말고 잘 고민해 봐요."

 나답답 후배: "(3초 침묵 후)네, 알겠습니다."

나답답 후배의 고민이 시작된다.

1. 우리 서초 지점의 문제점 중 구체적으로 무엇을 말하는 것일까?

   (판매율의 분석인가?, CS 민원 사례 분석인가?, 직원들의 태도를 분석하라는 걸까?)

2. 무슨 양식으로 제출하라는 말인가?(PPT인가? HWP 파일인가?)

3. 언제까지 보고하라는 건가?(설마 내일까지 보고하란 말인가? 정시퇴근은 글렀네...)

   나답답 후배는 나애매 선배의 애매한 지시에 오늘도 워라밸(일과 삶의 균형)이 없는
   이 회사를 퇴사하고 싶다고 생각한다.

 나확실 팀장: "올 상반기 우리 서초지점의 영업실적 부진 원인을 알아보고 싶은데 내부 원인으로는 올 상반기 CS 민원 현황을 파악해 주고, 외부 원인으로는 8월 여름휴가 기간으로 인한 고객의 지점 방문이 줄어들었다고 판단되니 작년 8월 고객 지점 방문율을 비교 분석하고 싶은데 PPT로 정리해서 다음 주 월요일까지 가능할까요? 만약에 다른 업무로 부담이 된다면 언제까지 가능하겠어요?"

 나명쾌 대리: "네, 내부 원인과 외부 원인을 모두 다 분석해야 하기에 다음 주 월요일까지는 부담이 될 것 같은데, 수요일까지 보고드려도 될까요? 월요일에 중간보고 한 번 더 드리겠습니다."

 나확실 팀장: "오케이, 나명쾌 대리는 명쾌해서 참 좋아."

　　나명쾌 대리가 구체적으로 대답할 수 있었던 것은 나확실 팀장의 업무 지시가 명확했기 때문이다. 반면에 나애매 팀장의 지시를 다시 살펴보자. 나애매 팀장이 나답답 후배에게 한 "고민해 봐."라는 말의 의미는 무엇일

까? 고민해 보라는 의미는 귀찮아서 방치하는 것이 아니라 '스스로 고기를 잡는 법'을 후배에게 알려 주고 싶은 선배의 깊은 뜻일 수도 있다. 과거, 당신이 후배 시절이었을 때를 떠올려 보자. 선배가 주는 과제에 대해 일주일 이상 끊임없이 고민해 보고 답을 찾아가는 과정에서 성장할 수 있었다.

하지만 지금 상황은 과거와 조금 다르다. 지금 우리는 주 40시간을 근무하고 있다. 고민하고 검증하며 시행착오를 갖고 업무를 진행하기엔 시간이 부족하다. 긱 이코노미(Gig Economy), (일시적이고 유연한 근로형태)의 고용 형태가 늘어나며 유연성과 다양성을 강조하는 프로젝트가 장기간으로 진행되는 경우보다 일시적인 프로젝트로 잠시 모였다 헤어지는 형태의 일거리가 더 많아졌다[4].

또 시간이 돈만큼, 아니 돈보다 더 중요한 희소자원이 되었다. 심지어 2024년 트렌드 핵심 키워드로 '분초 사회'라는 신조어가 나왔을 정도이니 말이다[5]. 챗GPT 덕분에 일의 진행 속도는 전보다 훨씬 빨라졌고 비효율적인 시간 낭비보다는 똑똑하게 일하는 효율성이 더 중요해졌다. 일과 개인의 삶을 조화롭게 조절하고 스트레스를 최소화하는 삶을 추구하는 후배 세대들에게 시행착오는 시간 낭비로 느껴지고 딜레이되는 업무가 곧 스트레스가 되는 것이다.

명확하지 않은 업무 지시로 고민하느라 시간을 낭비하기보다는 명확하고 구체적인 지시를 받아 더 효율적인 업무 진행을 하는 것이 더 바람직하다. 따라서 업무 효율성을 높이고 후배들을 잘 이끄는 똑똑한 선배들의 BTS 업무 지시 방법을 배워 실천해 보자.

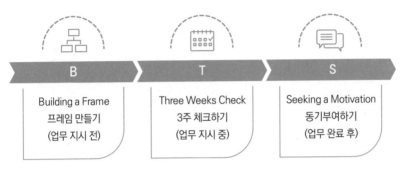

업무 지시 방법 BTS

1) Building a Frame(프레임 만들기)

1단계는 업무 지시 전 프레임 만들기이다. 선배는 후배에게 지시할 업무에 대한 구체적인 프레임을 만들어야 한다. 나애매 선배는 "다음 달 워크숍 일정을 간결하게 정리해서 보고해 줄래요?"라고 업무 지시를 내렸다. 5분 후 나답답 후배는 포스트잇에 '워크숍 일정은 9월 23일, 블룸 비스타'라고 작성해서 보고한다. 선배는 어이없다는 표정으로 후배를 바라본다. 누가 잘못한 것일까? 선배가 생각하는 '간결하게'와 후배가 생각하는 '간결하게'의 단어 해석은 서로 다를 수 있다. 선배는 1페이지로 숫자만 간결하게 개조식 정리를 원한다는 의미였다. 후배는 포스트잇에 단순하게 적어서 빨리 알려 달라는 뜻으로 해석한 것이다.

사람마다 경험과 생각에 따라 다른 판단을 할 수 있기에 같은 단어라도 각자의 해석 차이가 있을 수 있다는 것을 인정해야 한다. 즉, 선배는 업무 지시 전, 후배에게 지시할 기대 결과물을 구체화하여 제안하고 사전 합의를 통해 지시를 명확히 해야 한다. 지시 전, 지시할 내용을 프레임으로 구체화해 놓으면 일을 시작하기가 더 수월하고 그만큼 목표 달성률도 높아진다. 후배에게 기대하는 결과물인 '성과표'를 구체적으로 제시한다면 서로 낭비하는 시간 없이 결괏값을 효율적으로 보고받을 수 있다[6].

선배는 업무 지시 할 때 직접 그림을 그려 주거나 하나하나의 항목을 상세히 설명해 주면 좋다. 예를 들면 "행사 개요는 행사명과 일시, 장소와 내용을 나눴으면 좋겠어요. 행사 목적은 3개로 정리해 보면 좋을 거 같아요. 마지막에 예산 200만 원 안으로 세부 내역을 계획해서 작성해 줄 수 있겠어요?." 직접 조감도를 그려서 보여 주거나 참고될 만한 자료를 모아서 설명하면 의도한 업무 지시대로 오류 없이 요구내용을 잘 전달할 수 있다.

지시 사항을 설계할 때, 이 업무가 후배의 성장에 어떤 의미를 주는지도 알려 주면 좋다. 금전적 보상이라면 "이 업무가 잘 수행되었을 시 당신에게 20%의 성과급이 지급될 거예요. 올해 연말 성과금이 반영될 거예요."라고 표현할 수 있다. 개인적인 성장이라면 "이 업무는 ○○○프로그램을 다룰 기회이기에 업무 범위가 넓어지고 팀과 조직을 보는 시야도 확장될 거예요."라고 알려 주고, 팀 혹은 회사의 성장이라면 "이 업무는 우리 팀원들에게 큰 시너지 효과를 줄 거예요."라고 표현할 수 있다. 지시한 업무가 잘 수행되고 마무리됐을 시 주어지는 보상의 종류를 구체적으로 계획하자.

1단계 프레임 만들기가 완성된 후 후배에게 지시 내용을 전달할 때, "이해했지? 할 수 있지?"가 아니라 "좀 전에 내가 요청한 내용이 어떤 건지 이해되었나요? 내가 말한 내용이 잘 전달되었는지 궁금하네요. 내용을 다시 한번 정리해서 말해 줄 수 있어요?"라고 한 번 더 물어보는 것이 좋다. 상대가 잘 이해했는지 질문을 통해 다시 한번 리체크(re-check) 할 수 있고 후배는 지시받은 내용을 다시 정리하여 구두로 말함으로써 지시받은 내용을 잘 이해했는지 확인할 수 있다.

2) Three Weeks Check(3주 체크하기)

2단계는 업무 지시 중, 주 단위 체크를 통해 업무가 잘 진행되고 있는지를 확인하는 것이다. 후배 세대는 칭찬과 인정을 받고 자란 성장 배경 때문에 즉시 자기 일을 점검받고 스스로가 일에 어떤 영향력을 미치는지 바로 확인하고 인정받고 싶어 한다[7]. 따라서 지시받은 업무를 처리하는 중기간별 과정의 결과물을 수시로 체크해 주는 것이 좋다. 이것이 Three Weeks Check이다. 즉각적인 성과를 확인받기를 원하는 후배 세대의 특성을 반영하여 주 단위로 3회 체크를 제안한다. 지난주에 완료한 프로젝트의 결과, 이번 주에 진행할 프로젝트의 과제와 결과, 다음 주에 진행할 프로젝트 과제와 결과에 대한 디테일한 체크 방식이다[6].

지난주 완료한 결과	서초지점 cs 민원 현황 파악
이번 주 진행할 과제와 결과	8월 지점 고객 방문율 분석, 8월 지점 고객 방문율 1/3 완료
다음 주 진행할 과제와 결과	영업 직원들 간의 소통방식 분석, 소통방식 분석 예정

주 단위 3회 체크 시 주의 사항이 있다. 후배가 진행 상황에 대한 주간 보고자료를 가져왔을 때, 진행한 과거 결과물에 대한 체크와 지적보다는 이번 주 진행해야 할 업무 과제에 대한 긍정적 제안과 조언이 담긴 프리뷰 형식으로 진행해야 수시 체크 중 갈등을 예방할 수 있다. 과거의 결과물에 대한 부정적 평가보다는 미래의 프로젝트에 대한 긍정적 제안으로 리뷰하는 것이다. 예를 들면, "업무 추진 관련 결과자료가 좀 이상해. 이번 주는 이렇게 보고하면 안 될 것 같아."가 아니라 "이번 주는 이런 방법으로 진행해 보는 게 좋을 것 같아요. 어때요?"가 긍정적 프리뷰 방법이다. 주간 단위로 체크가 이루어지기 때문에 부정적 리뷰보다는 긍정적이고 건설적인 프리뷰가 필요하다.

3) Seeking a Motivation(동기 부여하기)

3단계는 후배의 업무보고가 끝나고 그 결과에 대해 추가적 동기부여를 해 주는 것이다. 후배가 완성한 보고서를 받고 나서 "내가 지금 바쁘니 책상 위에 놓고 가. 나중에 검토할게." 하고 꽤 오랫동안 답이 없는 경우가 있다. 나중에 후배가 왜 답이 없냐고 물을 때 선배가 "너무 잘해서 지적할 부분이 없다. 아무 말 없다는 것은 잘했다는 의미다."라며 업무 완료 후 답이 없는 것을 당연히 여기는 경우가 있다. 하지만 이런 상황이 반복될 때 업무 동기가 저하된 후배는 "어차피 자세히 보지도 않는데…"라고 생각하며 업무 몰입이 점차 떨어지게 된다[8].

업무가 끝난 이후에도 동기부여가 필요한 이유는 차후에 진행될 다음 프로젝트를 위한 사전 준비 과정임과 동시에 다음 새로운 과제를 진행할 시 긍정적 결과를 만들기 위한 매우 중요한 마무리 단계이기 때문이다. 다시 말해, 업무 완료 후 진행된 최종 결과에 대한 마지막 업무 지시는 선배의 옵션이 아니라 의무이며 무반응은 선배가 생각했던 것보다 훨씬 더 후배에게 부정적인 영향을 준다는 것을 기억해야 한다.

후배의 업무 결과 보고가 끝난 후 선배는 열린 질문을 통해 결과를 다시 정리해 본다. "고생 많았지요? 이번 프로젝트를 진행하면서 무엇을 느꼈나요?" 선배 혼자 피드백을 주는 것이 아니라 후배의 생각도 들어 볼 수 있도록 한다. 두 번째는 미래를 생각해 볼 수 있는 질문을 한다. 만약 프로젝트가 실패로 끝났거나 부족한 결과로 마무리되었다 하더라도 그 과정에서 얻을 수 있었던 경험을 후배가 자신의 성장과 연결할 수 있도록 질문해 보자. "다음번에도 같은 상황이라면 어떤 시도를 해 보고 싶은가요?, 비록 이번 프로젝트에 실패했지만, 이번 일로 우리가 얻을 수 있었던 것은 무엇일까요?" 세 번째 질문은 관점 전환이다. "만약 후배가 이번 프로젝트의 전체 책임 총괄자라면 어떤 이야기를 해 주고 싶을까요?"와 같은 질문을 통해 거시적 시각에서 업무를 바라보는 기회를 제공해야 한다.

BTS 업무 지시법 _ 유의 사항

　BTS 업무 지시를 할 때 기억해야 할 유의 사항이 있다. 휴일인데 "잘 쉬고 있지? 미안한데 이것 좀 해 줄 수 있을까?" 하고 주말에 업무 지시를 받은 적이 있을 것이다. "퇴근 이후 연락은 기본이고 주말에도 카톡을 계속 보냅니다. 주말에도 시달리는 게 지쳐 퇴사하고 싶습니다." 직장인 10명 중 6명은 여전히 퇴근 후 업무 연락을 받는다는 조사 결과가 나왔다[9].

　5년 전 프랑스는 퇴근 후 업무 지시 금지를 원칙으로 하고 예외 규정은 노사 협의로 정하도록 하고 있다. 경기연구원도 경기도 거주 중인 노동자 500명을 대상으로 한 설문조사에서 연결되지 않는 권리도 지켜져야 할 소중한 권리라는 보고서를 냈다[10]. 디지털 미디어 환경의 급격한 발전으로 일과 휴식의 경계가 무너지고 일거수일투족이 다 노출되는 세상에 살아가고 있다. 후배들은 퇴근 이후에 연결되지 않을 권리를 원하며 일상에서의 완벽한 휴식을 추구한다. 선배의 퇴근 후 불가피한 업무 지시는 이메일과 사내 메신저를 활용하고 초과 노동에 대한 정당한 보수 지급이 필요하다[10]. 퇴근 후에는 업무 지시를 자제하고 어쩔 수 없는 긴급한 상황이라면 미안함을 표시하며 되도록 간결하게 지시하는 것이 좋겠다.

　지금까지 업무 지시 전, 중, 후 BTS 3단계 방법을 통해 '좋은 선배'의 업무지시법에 대해 알아보았다. 업무 지시의 힘은 그것이 얼마나 잘 전달되고 이해되는지에 달려 있다. 당신이 후배에게 하는 업무 지시의 목적을 다시 생각해 보자. 내가 시키는 일을 잘 처리하는 나의 아바타를 원하는 것인가? 아니면 나의 업무 지시를 통해 그 분야 전문가로 성장하는 멋진 후배를 원하는 것인가? 좋은 선배의 역할은 적절한 업무 지시를 통해 후배를 코칭하여, 그를 주도적 업무처리를 할 수 있는 리더로 성장할 수 있게 돕는 것이다.

03

'좋은 선배'의 피드백

피드백에 대한 새로운 인식의 변화가
필요한 시대가 왔다.

피드백의 변화를 시도하는 한국의 기업들

2019년, LG전자는 상시 코칭 피드백을 통해 직원들의 성과를 관리하겠
다고 발표했다. 현대자동차 역시 2019년, 동료 간 업무 역량에 대한 코멘
트와 피드백을 할 수 있는 제도를 신설했다. 삼성은 2021년, 동료 평가제
인 피어(Peer)리뷰를 도입하고 리더와 직원 간의 상시 협업 수시 피드백
을 도입한다는 내용을 발표했다[11].

갑자기 기업들이 피드백 중심의 성과 평가제를 시작한 이유는 무엇일
까? 피드백을 통한 성과 평가는 수평적 의사소통이 가능한 조직 문화 안
에서 그 효과를 발휘할 수 있다. 따라서 수평적 조직 문화를 도입하고자
하는 기업들의 의지가 더 확고해졌다고 해석해 볼 수 있다. 하지만 보다

더 근본적인 이유는 바로 피드백을 원하는 20·30세대들 때문이다. 2030 MZ세대 보고서에 따르면 후배 세대들은 주변 사람에게 피드백받는 것을 불편해하기보다는 그것을 당연히 여기며 권한과 자율성에 맞춰 자기 목소리를 내는 것에 거리낌이 없다[12].

그렇다면 왜 20·30세대들은 피드백을 불편해하지 않을까? 첫째, 다양한 아이디어를 받아들이는 개방적 태도 때문이다. 이들은 개방적으로 상대의 의견에 귀를 기울이며 자신의 성장과 발전에 도움이 되는 피드백에 집중한다. 둘째, 성장의 욕구 때문이다. 빠르게 변화하는 환경에서 경쟁력을 유지하고자 하는 이들의 강력한 욕구가 반영된 것으로 볼 수 있다. 이들은 성장과 발전에 관심이 많으므로 피드백은 약점을 알아내고 개선하는 데 도움을 준다고 생각하는 것이다. 셋째, 소셜미디어 안에서 이미 '좋아요'와 댓글로 리뷰를 받아온 경험이 피드백을 자연스러운 것이라고 인식하게 된 것이다.

기업들이 피드백 중심의 성과 평가 제도 도입을 시작한 이유는 피드백을 원하는 2030세대의 특징을 반영하기 위한 기업들의 의지라고 분석해 볼 수 있다. 이러한 변화에 발맞추어 선배들에게 이 시대에 필요한 피드백 방법인 '좋은 선배 4단계 피드백' 방법을 제안한다.

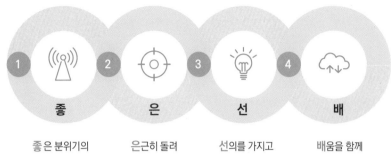

좋은 분위기의   은근히 돌려   선의를 가지고   배움을 함께
심리적 안정감을   말하지 말고   개선 솔루션을   지속할 수 있는
만들어라.   사실만을 전달하라.   제시하라.   후속 조치를 하라.

1) 심리적 안정감

'좋은 선배'의 피드백 1단계는 좋은 분위기의 심리적 안정감을 만드는 것이다. 긴장과 두려움이 성과의 원동력이라고 믿는 선배들이 있다. 빠르게 성과를 내야 하는 현실에서 강한 압박과 경쟁, 비교가 더 효과적이라고 생각한다. 말이 많으면 잡음만 생긴다며 은근히 침묵을 강요하기도 한다. 적극적으로 의견을 제안하면 "저 친구 말이 좀 많다."라며 핀잔을 준다. 긴장이 고조된 조직 분위기가 단기적 성장은 가능할지 모르겠지만, 시간이 지나면 결국 경쟁에서 우위를 잃고 만다.

하버드 경영대학원 에이미 애드먼스 교수는 저서 「두려움 없는 조직」에서 강력한 팀을 만드는 가장 중요한 전제 조건은 심리적 안정감(Psychological Safety)이라고 했다[13]. 즉 업무와 관련된 어떠한 의견을 제기해도 혼나거나 벌을 받거나 보복당하지 않을 거라고 믿는 조직 환경을 말한다.

그러나 심리적 안정감을 친절한 분위기, 배려하는 모습과 같은 것으로 생각하는 경우가 있다. 하지만 심리적 안정감은 친절함과는 조금 다르다. 심리적 안정감이 있다는 것은 자기 아이디어를 가감 없이 자유롭게 표현하고 솔직하게 피드백을 주고받으면서 생산적인 결과를 이끌어 내는 것이며, 의견충돌이 일어나도 개개인이 심리적으로 타격을 받지 않는 상태를 뜻한다[13]. 즉, 상대방에게 불편한 의견을 솔직하게 피드백하더라도 조직 분위기에 타격을 주지 않는 상태이다. 따라서 친절함과 배려는 안정감과는 다른 이야기이다. 예를 들어, 당신이 지금 군인이며 전시 상황에 있다고 가정해 보자. 아래 상황에서 심리적 안정감을 느끼는 군인은 어느 부대 군인인가?

> A 부대 군인: "이 부대는 일정한 규칙 없이 갑자기 명령을 내리고, 행동에 일관성이 없다. 전투를 준비하면서도 어떤 명령이 내려올지 예측할 수가 없어 불안하다. 소대장은 우리 의견을 듣지 않고 결정을 내리는 데 전혀 이유를 설명하지 않고 진행하는 경우가 있어 혼란스럽다. 심각한 전시 상황 중에 제대로 대응할 수 있을지 걱정이다. 심리적으로 불안하고 불편하다."

B 부대 군인: "소대장은 항상 우리 의견을 듣고, 군인들의 아이디어와 제안을 존중한다. 전투 준비나 작전 수행 과정에서도 상세한 계획을 공유하고 설명해 주어 우리가 왜 이런 방식으로 행동해야 하는지 이해할 수 있게 해 준다. 또한, 위기 상황에서도 소대장은 우리의 안전과 이익을 최우선으로 생각하며 신속하게 대응한다. 이런 신뢰와 협업 문화 속에서 전시 상황을 준비하니 두려움보다는 자신감이 생긴다."

A 부대 군인은 불안과 주저로 인해 전투에 대한 자신감을 잃을 가능성이 높고, B 부대 군인은 심리적 안정감과 승리에 대한 확신으로 인해 더 강력한 전투력을 발휘할 수 있다. 부대를 직장으로 바꿔 생각해 보자. 심리적 안정감이 높은 팀의 구성원들은 B 부대의 군인처럼 "우리 팀은 최고의 업무 성과를 낼 수 있다."라는 확신을 두고 업무에 임하고 서로의 성장을 위해 솔직하고 객관적으로 대화를 나누며 의사소통할 가능성이 높다.

심리적 안정감을 친절하고 배려하는 분위기라고 생각하는 것은 단순한 논리에 지나지 않는다. 그 이면에 구성원들 간의 깊은 믿음과 신뢰가 전제되어야 하는 것이다. 조직은 어떠한 상황에서도 "나를 지켜 준다. 함께 성장한다. 고로, 서로 신뢰한다."라는 믿음의 전제가 있어야 심리적 안정감이 만들어진다. 이렇게 조직 내에 안정감이 만들어지면 피드백을 주고받을 때 더 서로가 마음의 문을 열고 귀를 기울일 가능성이 높다. 피드백을 시작하기 전, 우리 팀의 심리적 안정감부터 먼저 체크하자.

2) Fact(사실) 전달

'좋은 선배'의 피드백 2단계는 은근히 돌려 말하지 말고 사실만을 전달하는 것이다. 이해하기 어려운 애매하고 주관적인 판단은 후배에게 상처를 줄 수 있다. 아래 문장을 보고 '관찰 문장'인지 '판단 문장'인지 살펴보자.

1. 김○○ 대리는 업무 보고서를 잘 작성한다. ( )
2. 이○○ 주임은 회의 시간에 3분 늦었다. ( )
3. 박○○ 주임은 피드백에 부정적인 의견이 많다. ( )
4. 강○○ 부장은 업무 지시할 때 화가 나 있다. ( )
5. 최○○ 사원은 출근 시간이 08:56분이다. ( )
6. 심○○ 팀장은 팀 회의 중에 휴대폰을 많이 본다. ( )

1번 문장 중 잘 작성한다는 것에서 '잘'은 개인적인 생각이 들어간 판단 문장이다. 3번 문장에서 '부정적 의견' 역시 판단이 들어간 문장이다. 4번 문장의 '화가 나 있다'도 판단 문장이며, 6번 문장의 '많이 본다'도 개인의 추측이 포함된 판단 문장이다. 잘못된 부분을 피드백할 때, 판단이 아닌 관찰을 기반으로 한 팩트 피드백을 해야 한다. 또 관찰에 근거한 사실 전달 시, 사람이 아닌 행동 중심으로 관찰 피드백해야 하며 언제, 어디서, 무엇을, 어떻게 했는지에 대한 정보를 포함해서 구체적으로 말해야 한다.

> 관찰한 구체적인 내용(누가, 언제, 어디서, 무엇을, 어떻게, 왜) + 행동 중심 피드백

예를 들면, "어제 그 보고서 내용이 좀 약해. 좀 더 꼼꼼히 찾아서 보고 해야지. 너무 대충 한 거 아니야?"가 아니라 "어제 제출한 보고서를 확인해 보니 2023년 경쟁사 자료가 빠져 있네요. 그 부분을 보완해서 수요일까지 다시 보고해 줄 수 있나요?"가 관찰 피드백 표현이다. 약하다, 꼼꼼히, 대충이라는 단어는 판단한 내용이다. 판단의 말하기는 주관적인 의견이 부정적으로 전달될 수 있기에 관찰을 근거한 행동의 사실만을 전달하는 것이 좋다.

3) 개선 Solution(해결안) 제시

'좋은 선배'의 피드백 3단계는 선의를 가지고 개선 솔루션을 제시하는 것이다. 선배의 말이 후배에게 도움이 되고, 사실을 바탕으로 하는 객관적 피드백이라 할지라도 상대에게 수용되지 않는다면 좋은 피드백이라 할수 없다. 따라서 3단계, 상대가 수용할 수 있는 선의의 마음 표현법을 통해 개선 솔루션을 제시해야 한다.

"어제 제출한 보고서를 확인해 보니 2023년 경쟁사 자료가 빠져 있네요. 부분 보완해서 수요일까지 다시 제출해 주세요."와 같이 객관적인 사실만을 피드백한 문장을 개선 솔루션을 제시하는 말하기로 바꿔 "어제 제출한 보고서를 확인해 보니 경쟁사 자료가 빠져 있네요. 나라면 우리 회사 경쟁사인 ○○○회사의 작년 자료를 비교, 분석해서 진행해 볼 것 같은데요? 아니면 ○○○사이트에서 비교분석표를 찾아보면 어떨까요? 어떻게 생각해요?."와 같이 말하는 것이다.

관찰한 내용을 사실에 입각하여 행동에 대해 피드백

+ 선배의 개선 솔루션 제안(나라면 ~~~ 할 것 같다.)

I Message = 사실 + 이유 + 나의 감정

+ 상대 의견 다시 질문 (위 의견에 대한 후배의 생각은 어떠한가?)

선의의 개선 솔루션 제시하는 방법

즉, 선의를 가진 개선의 솔루션을 제시할 때 지켜야 할 규칙은 I Message이다. '나라면 ~할 것 같다'의 형식으로 제안을 할 수 있다. You Message인 '너는 이렇게 해라'로 말하면 상대는 명령조로 지시한다고 느낄 가능성이 크다. 3단계에서는 I Message를 넣어 대안을 제시하고 그에 대한 후배의 의견을 물어보며 피드백을 진행하는 것이 좋다. 나를 주어로 하여 상대의 행동에 대한 생각이나 감정을 표현하는 대화방식이 선의의 개선 솔루션을 제시하는 가장 적합한 대화 방법이다.

4) 지속적인 배움의 장

'좋은 선배'의 피드백 4단계는 배움을 함께 지속할 수 있는 후속 조치를 하는 것이다. 제임스 홍은 'MZ세대와의 대화법' 칼럼을 통해 후배 세대는 자신을 성장시키는 피드백에 반응한다고 했다. 선배의 피드백 내용이 도움이 되지 않으면 잔소리에 지나지 않는다고 느낀다. 서로의 성장을 위해

진심 어린 조언만이 좋은 피드백의 결과로 이어질 수 있는 것이다[14]. 그러므로 피드백의 목적이 후배의 성장을 위한 과정이었음을 꼭 전달하여야 한다.

또 피드백 직후, 후배의 수용적 태도와 자세를 칭찬해 주어야 한다. 후배 세대가 아무리 성장을 위한 피드백을 원한다고 하더라도 나의 부족한 부분을 지적하는 피드백은 편치 않은 과정이다. 따라서 피드백을 받아들이는 후배의 자세에 대한 칭찬은 다음 프로젝트를 진행할 때도 서로에게 도움이 되는 후속 조치 과정이 된다.

"최 주임은 피드백을 받을 때 항상 열려 있는 마음으로 받아들이는 모습이 참으로 인상적이에요."

"다른 사람의 의견을 소중히 여기고 성장을 위해 노력하는 자세가 김 주임에게 큰 도움이 될 것 같아요."

"이 대리는 피드백을 받을 때 자신의 실수나 부족한 점을 부끄러워하지 않고, 오히려 그것을 배우는 기회로 삼는 것 같아요. 이런 태도는 이 대리의 큰 장점입니다. 나도 배워야겠어요."

용기를 내어 후배에게 선배인 나 자신에 대한 피드백도 요청하자. "미래 보고서를 만들고 있는데, 세상이 너무 빨리 변하고 있는 것 같아서 감을 잡기가 힘드네요. 젊은 감각의 이 주임이 이 보고서에 대해 솔직하게 피드백 좀 해 줄래요?" 선배가 먼저 부족한 점을 오픈하며 "이 부분은 어렵다. 솔직히 모르겠다."라고 말하며 조언을 구해 보는 것도 좋다. 제록스 CEO 말케는 "역설적으로 상사가 업무 중 잘 모르는 점을 솔직하게 인정하면 후배들은 오히려 자신감을 얻는다."라고 했다. 후배에게 피드백을 요청해 보자. 쌍방향 피드백은 선후배가 동반 성장할 수 있는 좋은 자원이며 좋은 선배로 기억될 수 있는 효과적인 방법이다.

'좋은 선배'의 피드백 _ 유의 사항

후배 세대는 본인이 부당한 대우를 받거나 차별받는 것을 매우 싫어하며, 불공정하다고 생각되는 경우 매우 강하게 이의를 제기한다[15]. 따라서 피드백 시 특히 유의해야 할 5가지 금지 피드백을 기억하기를 바란다.

첫째, 비교 피드백이다. 후배 세대들은 외동이거나 형제자매가 한 명 정도인 경우가 많고, 지대한 관심 속에서 '금쪽이'로 자라 왔기에 비교 피드백에 상대적으로 더 큰 상처를 받을 수 있다. 둘째, 공개 피드백이다. SNS에 사진을 올리며 나를 자랑하는 데는 익숙하지만 반대로 공개적으로 비난받으면 더 큰 충격을 느낄 수 있기에 칭찬은 공개적으로, 피드백은 1:1로 하는 것을 추천한다. 셋째, 3자 피드백이다. 세상에 비밀은 없고 제 3자 피드백을 통해 더 불쾌한 감정을 느낄 수 있다. 넷째, 혼합 피드백이다. 긍정적 피드백과 건설적 피드백을 구분하여 말하는 것이 좋다. 마지막으로 가치관 피드백이다. 흥분하여 사람의 신념과 가치관을 바꾸려는 인신공격 피드백은 상대의 성장에 아무런 영향을 주지 못하며, 오히려 원망을 들을 수 있다[16]. 이러한 점들을 유의하여 부드럽게 피드백을 전달하는 것이 중요하다.

04

'좋은 선배'로
존재하기

경험을 존중받는 선배가 되려면
자기검열의 팩트체크가 필요하다.

긍정적인 업무 지시와 피드백

　선배의 구체적인 업무 지시와 피드백은 선후배 간의 관계와 회사 전반에 다양한 영향을 줄 수 있다. 첫째, 선배와 후배의 동반 성장을 통해 직원의 성장 마인드를 향상시킨다. 구체적인 업무 지시는 일의 효율성을 높이고, 올바른 피드백은 서로를 성장시킨다. 상호피드백을 통해 서로의 부족한 점을 보완하면서 함께 성장할 수 있다. 협력과 팀워크를 촉진하여 전반적인 업무 만족도와 참여도를 높일 수 있다.

　둘째, 반감을 품은 조용한 퇴사를 줄이고 능력 있는 인재 확보가 가능하다. MZ세대 사이에서 '조용한 퇴사' 열풍이 확산되고 있다. 조용한 퇴사는 일을 그만둔다는 뜻이지만, 실제로는 '직장에서 최소한의 일만 하겠다'는 의미도 담고 있다[17]. 퇴사 열풍에는 여러 가지 이유가 있지만 애매한 업무 지시와 일방적인 피드백에 상처받고 떠나는 후배들도 분명히 존재할 것이다. 지속적인 관심 속에서 구체적인 업무 지시와 피드백은 회사를 떠나는 후배를 줄이고 능력 있는 인재 확보를 가능하게 한다.

셋째, 성과와 결과물의 완성도를 높인다. 단기적으로는 실패의 결과가 나왔어도 장기적으로는 완성도 높고 성숙된 결과를 만들어 낼 수 있는 것이 구체적인 업무 지시와 피드백이다. 구체적 지시는 정확한 업무 실행이 가능해지고 명확한 피드백은 서로의 성장을 돕기 때문에 중 장기적으로 결과물의 완성도를 높인다.

마지막으로 진정성 있는 조직 문화를 만들고 서로의 신뢰를 구축하여 상호 동반 성장이 가능해진다. 구체적인 업무 지시와 피드백은 후배의 올바른 성장을 돕고 업무에 잘 적응한 후배는 선배를 이해하고 존경하게 된다. 또 피드백을 잘 수용한 후배를 보며 선배는 뿌듯함을 느낀다. 즉, 서로가 신뢰를 통해 성장하며 진정성 있는 팀 문화를 만들어 갈 수 있다.

동	동반 성장을 통한 직원의 성장 마인드 향상
반	반감을 품은 조용한 퇴사를 줄이고 능력 있는 인재 확보 가능
성	성과와 결과물의 완성도를 높임
장	장기적으로 진정성 있는 조직 문화를 만드는 데 도움을 줌

올바른 업무 지시와 피드백이 주는 동반 성장의 4가지 효과

서로의 경험을 존중하는 마음가짐

기업 전체 구성원의 과반수가 MZ세대인 후배 세대로의 대전환이 시작되었다. 2021년 1,278명을 대상으로 한 피드백 관련 직장인 설문조사 결과에서 응답자의 61%가 '솔직한 피드백에 고마움을 느낀다'고 답했다[18]. 후배 세대는 선배들과 진솔하게 성장의 대화를 하고 싶어 한다. 서로가 솔직한 피드백을 통한 성장을 원하는 것이다. 그러므로 이러한 변화에 맞춰 선배는 마음의 문을 열고 그들이 원하는 BTS 업무 지시와 좋은 선배 피드백 방법을 익혀야 한다.

하지만 기법보다 더 중요한 것이 있다. 선배와 후배가 서로 자신만의 경험이 정답이라 내세우기보다는 서로의 경험을 존중하는 마음가짐이다[3]. 과거에 선배들에게는 암묵적으로 용인되던 것들이 지금은 후배들에게 수용되지 않는 것들이 많아지고 있다. 선배는 이제 후배의 관점에서 생각해 보는 연습을 해야 하고, 본인의 피드백이 현재의 트렌드에 맞는지 스스로를 객관화하며 자기검열의 팩트체크를 해 보아야 한다.

당신은 지금 어떤 선배인가?

처음 이 챕터가 시작될 때 했던 질문을 기억하는가? 당신이 닮고 싶은 선배 유형을 5가지 중 한 가지 선택해 보라는 것이었다. 당신은 어떤 선배를 좋은 선배로 선택했는가? 살면서 누구나 환대 선배와 꼰대 선배를 겪을 수 있다. 후배 시절 꼰대 선배를 보며 '나는 후배가 들어오면 저런 선배가 되지 말아야지.' 하고 다짐한 적도 있을 것이다. 그 시절을 지나 이제 선배가 된 당신, 지금 당신은 어떤 선배에 가까운가? 존경받는 선배가 되었는가? 아니면 과거 당신이 싫어하던 그 꼰대 선배가 되었는가?

"개구리 올챙이 적 생각 못 한다." 이 속담을 떠올려 보자. 우리는 신입 사원 시절 어설프고 서툴렀던 나 자신을 기억하지 못한다. 그 시절은 잊고, 선배인 지금의 나는 처음부터 잘했던 것처럼 착각한다. 하지만 처음부터 능숙하게 잘하는 사람은 많지 않다. 다시 타임머신을 타고 과거로 돌아가 나를 만나 보자.

마태복음 7장 12절에 "무엇이든 남에게 대접을 받고자 하는 대로 너희도 남을 대접하라."라는 구절이 있다. 실수투성이에 의기소침하고 부족한 실력으로 자책하고 있었던 신입사원 시절, 당신은 질책하는 선배가 필요했는가? 다독여 주고 응원해 주는 선배가 필요했는가? 분명 나의 실수를 감싸 주고 이해하며 친절하게 알려 주는 따뜻한 선배가 필요했을 것이다. 지금 당신은 어떤 선배를 원하는가? 지혜로운 선배가 필요한가? 헌신하는 상사가 필요한가? 그렇다면 지금 당장 당신이 그런 선배가 되어 보아라. 그러면 후배는 당신을 꼰대라 부르지 않고 경험을 존중해 주며 존대하고 환대할 것이다.

시간을 아껴 주는
회의 대화법

불만족스러운 회의는 직장인의 시간과 열정을 갉아먹는 대표적인 고질병이다. 효과적이고 효율적인 회의 대화법을 올바르게 확인하여 개인과 조직에 활력을 불어넣는 최고의 기회로 함께 만들어 보자.

01

쓸모 있는
회의 만들기

회의를 왜 해야 하는지, 회의에서 무엇을 해야 하는지 알면
유익한 회의를 만들 수 있다.

회의는 쓸모없지 않다

우리는 일반적으로 회의라고 하면, 귀찮은데 꼭 해야 하나? 굳이 시간
을 내서 왜 회의를 해야 할까? 하는 여러 가지 의문이 들곤 한다. 그럼에도
불구하고, 회의가 왜 필요한지에 대해서 한번 생각해 보자.

〈인사이드아웃〉, 〈겨울 왕국〉 등 유명한 애니메이션 영화를 만든 픽
사(PIXAR) 스튜디오에는 독특한 회의 문화가 있는데, 브레인 트러스트
(Brain Trust)라는 회의 방법이다. 핵심 멤버들과 감독을 포함한 제작팀이
한자리에 모여 현재 만들고 있는 영화에 대해서 이슈를 공유하거나 의견
을 나누는 회의이다.

감독이나 제작팀들이 영화를 제작하다가 어려움을 만나면, 브레인 트러스트 회의를 소집하여 동료들에게 조언을 구한다. 우선 하루 정도 날짜를 잡아 오전에 지금까지 작업했던 영화나 결과물을 상영한다. 오후에는 감독이 회의에 참석한 멤버들로부터 피드백을 받는다. 피드백은 단순히 좋다거나 감동적이었다는 소감이 아닌, 문제점이나 보완점에 대해 현실적이고 구체적인 피드백을 받는다.

예를 들면, 〈인사이드 아웃〉 피트 닥터 감독은 브레인 트러스트 미팅을 여러 차례 거치면서 관객의 관점에서 완성도를 높여 갈 수 있었다고 했다. 또한 〈겨울 왕국〉 크리스 벅 감독도 값을 매길 수 없는 소중한 공헌을 해 준 브레인 트러스트에 감사하다고 했다[1].

회의가 불만족스러운 이유는 뭘까?

직장인 대부분은 회의(會議)에 참석하면 내가 왜 여기에 있는지 회의(懷疑)감이 든다고 한다. 왜 이렇게 됐을까? 우리가 흔히 떠올려 볼 수 있는 몇 가지 이유를 생각해 보자.

가장 큰 이유는 주관자가 자기 말만 하기 때문이다. 일단 회의부터 소집한 이후에 자기가 하고 싶은 말만 하거나, 자기가 듣고 싶은 얘기들만 듣는다. 간혹 참석자에게 아이디어를 내라고 하지만, 아이디어를 내는 순간 실행까지 책임져야 하는 강압적 분위기를 만든다. 결국 시간만 지지부진 흘러가면서 참석자들은 도대체 내가 여기에 왜 있어야 하는지 의구심만 늘어 간다.

조선일보와 직장인 플랫폼 리멤버가 직장인 614명을 대상으로 평균 회의 횟수와 회의가 불만족스러운 이유에 대해서 설문조사를 실시했다[2]. 조사 결과 1주일 평균 회의 횟수는 1~2회가 49%였고, 3~4회는 31%였다. 심지어 7회 이상도 8%를 차지했다. 불만족스러운 회의를 경험한 적이 있냐는 질문에 69%가 그렇다고 답했다.

회의가 불만족스러운 이유에 대해서는 1위 결론 없이 흐지부지 끝나서(27%), 2위 상급자 위주의 수직적인 회의라서(24%), 3위 인원 구성이나 진행이 비효율적이라서(17%), 4위 회의 목적이 불분명해서(17%), 5위 단순 정보 공유용 회의라서(17%) 등으로 나왔다. 한마디로 회의 시간이 쓸모없다고 여기는 것이다.

그래서, 쓸모없는 회의가 되지 않고 쓸모 있는 회의가 되려면, 즉 회의에서 내가 원하는 것을 가져가려면 사전에 다음 두 가지를 확인해야 한다.

회의를 왜 해야 하는지? - Why

회의에서 무엇을 해야 하는지? - What

회의에 앞서 Why-What을 점검하자!

첫 번째, 회의를 왜 해야 하는지 'Why'를 제대로 확인하면 회의의 목적과 목표가 분명해지고, 그래야 진짜 결론을 낼 수 있다. 그리고 회의 참석자뿐만 아니라 '이 회의의 결과로 도움을 받는 사람은 누구인가?'라는 질문을 해야 한다. 즉, 이 회의의 진짜 고객이 누구인지 다시 한번 확인해야 한다.

건강음료 박카스로 익숙한 동아쏘시오그룹에서는 회의 문화를 정착하기 위해 특별한 캠페인을 진행했다[3]. 이를테면 '회사를 바꾸는 회의 문화 3대 원칙', '결론 내는 텐텐(10-10) 회의 룰'이 있다. 회의 문화 3대 원칙은 준비(참여자 모두 철저한 사전 준비), 진행(수평적인 대화, 대안을 가진 비판), 결론(반드시 결론을 도출하는 마무리)이다. 텐텐 회의 룰은 주관자의 입장에서 지켜야 할 10가지 룰과 참석자의 입장에서 지켜야 할 10가지 룰을 다루고 있다.

두 번째, 일단 회의에 모였으면 우리가 무엇을 해야 할지 'What'을 제대로 알고 있어야 한다. 회의에 필요한 최소한의 사람들이 모였으므로, 참석자가 듣기만 하기보다는 자기 생각을 적극적으로 표현해야 한다. 토론만 하고 끝나는 게 아니라 꼭 필요한 어떤 결정을 해야 한다. 따라서, 회의 개최 전에 이런 내용으로 회의를 진행하겠다는 목차나 어젠다 등을 미리 안내하는 게 좋다.

아마존에는 피자 두 판 규칙이 있는데, 참석자 수가 피자 두 판을 나눠

먹을 수 있는 인원을 넘어서면 안 된다는 것이다. 또한, 발표 자료는 파워포인트를 사용하지 않고 회의 시작 직전에 회의와 관련된 아티클을 준비한다. 회의를 시작하면 몇 분간 얘기 없이 아티클을 읽은 후 그것을 바탕으로 회의를 진행한다.

구글은 8가지 회의 법칙이 있다. ① 최종 의사 결정자 참석, ② 48시간 이내에 회의 내용과 실행 사항 공지, ③ 필요한 사람들만 참석, ④ 과감한 일정 취소나 변경, ⑤ 인원은 최대 8명, ⑥ 역할이 없으면 불참, ⑦ 제시간에 시작 및 종료, ⑧ 스마트폰 딴짓 금지 등이다. 이는 회의에서 구체적으로 무엇을 해야 할지 우리에게도 시사하는 바가 크다.

지금까지 살펴본 것처럼 회의에 불만인 직장인들이 각자 원하는 것을 가져가는 이상적인 회의를 그려 본다면 2가지 형태의 회의로 압축할 수 있다.

첫 번째는 시간이 걸리더라도 끝까지 문제를 해결해야 하는 '효과적인 회의'이다. 소위 끝장 토론의 형태로 보통 협업의 초기에 진행한다. 두 번째는 정해진 시간 안에 빨리 의사결정을 하는 '효율적인 회의'이다. 먼저 효과적인 회의를 진행한 후 협업의 중후반에 진행한다. 그럼, 효과적인 회의와 효율적인 회의를 하기 위한 원칙과 스킬에 대해 구체적으로 살펴보자.

02

문제를 해결하는
효과적 회의 기술

내용을 미리 공유하고 상대방의 아이디어를 존중하면
효과적 회의를 할 수 있다.

도대체 우리는 왜 모인 거야?

김 과장은 메일을 읽어 보고 기운이 빠진다. 옆 부서의 이 과장이 회의를 해
야 한다고 일방적으로 보낸 메일 때문이다. 마침 그 일정에 별다른 일이 없지
만 솔직하게 말하자면 참석하기는 정말 싫다. 새로 출시한 신제품의 가격을
정하기 위한 회의라는데, 시간과 장소만 알려 줬을 뿐 다른 내용은 없었다. 자
세한 내용은 회의에 오면 설명하겠다고 한다. 심지어 사전에 일정 조율에 대
한 얘기도 없었다. 본인이 참석하기 어렵다면 다른 사람을 대신 참석시키라
고 한다. 하필 회의 주관자가 본부장 박 상무여서 대놓고 무시하기도 어렵다.

보나 마나 박 상무의 일장 연설을 듣고 시작할 게 뻔하다. 그리고, 대뜸 각
자 가격에 대한 아이디어를 내 보라고 하겠지. 상상만 해도 머리가 지끈거리
기 시작한다. 아이디어가 나올 때까지 붙들려 있을 테니, 회의 시간도 아마 2

시간은 족히 걸릴 듯싶다. 이번에도 최 대리를 대신 보냈다간 왜 맨날 자기만 대타로 참석해야 하냐며 엄청난 불만을 표시하겠지. 모두에게 전혀 이득될 것 없고, 쓸데없이 이런 회의를 왜 하나 싶다. 차라리 그냥 박 상무와 이 과장이 정해서 알려 주면 얼마나 좋을까?

위의 사례는 정도의 차이는 있겠지만 바람직하지 않은 회의의 전형이다. 이 회의는 크게 2가지 문제가 있다. 첫째, 회의 시작 전에 회의 목적과 참석자 역할, 요청 사항 등이 명확하게 정리된 어젠다를 공유하지 않았다. 둘째, 자유로운 아이디어가 오가는 회의가 아니라, 일방적인 지시와 권위만 존재한다. 어떻게 해야 문제를 잘 해결하는 효과적인 회의가 될 수 있을지 함께 살펴보자.

1) 어젠다를 미리 공유하라

효과적인 회의에서는 다뤄야 할 문제를 어젠다로 정리해서 회의 개최 이전에 미리 공유해야 한다. 만약 이런 문제를 미리 공유하지 않으면 어떤 일들이 발생할까? 회의가 어떤 방식으로 진행될지 모르니 가장 바쁜 사람을 제외하고 시간이 조금이라도 남는 사람이 참석하게 된다. 흔히 얘기하듯 시간 남는 대타가 참석하는 셈이다. 그렇게 회의가 시작되면 대부분의 참석자는 이 회의를 왜 하는 건지, 오늘 다룰 문제가 무엇인지 모르는 상황을 마주한다. 사전에 공유할 어젠다에 무엇이 들어가야 하는지 알아보자.

첫 번째, 이 회의에서 의사결정 해야 할 목표가 무엇인지 정해야 한다. 효과적 회의에서 가장 중요한 것은 어떻게 해서든 미리 정했던 문제를 해결하고 끝내야 한다는 것이다. 그러자면 회의를 끝낸 후 달성해야 할 목표를 미리 정해 두어야 한다.

경영학의 구루 피터 드러커는 1954년 소개한 목표관리법(Management By Objectives: MBO)에서 목표를 설정할 때 크게 다섯 가지 원칙이 필요하다고 했다. 일명 'SMART' 원칙으로 널리 알려진 다음의 원칙들을 목표설정할 때 참고하도록 하자. ① 목표는 구체적이어야 한다(Specific). ② 측정 가능해야 한다(Measurable). ③ 달성 가능하면서도 도전적이어야 한다(Achievable). ④ 결과 지향적이면서(Result-oriented), ⑤ 특정한 시간 이내에 달성할 수 있어야(Time-bound) 한다[4].

두 번째, 현재까지의 상황을 정리한다. 지금 어떤 문제가 있고 회의하기까지 어떤 상황을 거쳐 왔는지 사전에 확인할 수 있어야 한다. 예를 들면 제조업 관련 회사에서는 사건사고 대응이나 불량 원인 분석 등의 이슈를 다루는 경우가 많다. 그러면 현재 어떤 불량으로 추정하는지, 문제가 되는 사건의 현재 상황이 어떠한지 등을 사전에 알고 회의에 참석해야 한다.

그리고, 문제를 해결할 아이디어가 필요한 상황을 미리 대비해서 '문제해결의 열쇠가 될 아이디어를 미리 준비해 오시면 좋겠습니다', '불량과 관련된 키워드나 품질과 관련된 주제를 좀 다룰 겁니다'와 같이 요청하는 것도 하나의 방법이다.

세 번째, 참석자의 역할을 명시한다. 자신이 아무 생각 없이 참석할 때와, 의견을 내거나 의사결정을 해야 할 담당자로 참석할 때의 마음가짐이 달라진다. 즉, 어젠다를 확인하는 순간부터 '회의에 가서 이런 결정을 해야 하는구나'에 대한 책임감이 생긴다.

또는 '아, 이러한 것들이 결정되는구나. 나 혼자 쉽게 결정하기 어렵겠네. 이건 팀에 공유해서 어떻게 해야 할지 의견들을 확인해 봐야겠다'라고 미리 검토할 수 있다. 만약 권한 밖의 일이라고 하면 충분히 조율된 결정 권한을 가지고 참석해야 한다.

책임감과 관련하여 진행된 연구 중에 독일의 심리학자 링겔만의 이름에서 유래한 링겔만 효과가 있다[5]. 여러 명이 함께 줄다리기하는 상황에서, 한 사람이 잡아당길 때와 두 사람이 잡아당길 때, 세 사람이 잡아당길 때 힘의 크기가 달라지는 현상을 말한다.

만약, 한 사람의 힘을 100이라 하면 두 사람이 함께 끌어당길 때 200 또는 그 이상의 힘이 나올 거라 예상하는 게 일반적이다. 그런데, 오히려 한 사람이 당길 때보다 힘이 더 줄어든다. 두 사람이 끌어당기면 한 사람당 93 정도로 줄어든다. 세 사람이 끌어당기면 85, 심지어 8명 정도가 되면 거의 자기 힘의 절반인 49 정도밖에 쓰지 않는다고 한다.

부서나 조직을 대표하여 한 사람이 참석할 때와 두 사람이 참석할 때의 상황도 마찬가지다. 만약, 두 사람이 참석한다면 '내가 아니어도 함께 참석한 사람이 나 대신 뭔가 의견을 내거나 결정을 해 주겠지'라고 생각하면서 힘의 효과가 분산된다. 따라서, 책임감을 느끼고 의견을 내거나 의사결정 권한을 가진 한 명이 참석해야 한다. 그러므로, 어젠다에 참석자를 명시할 때도 한 명만 참석할 것을 강조하고 이에 맞는 역할과 책임을 진 사람을 선정해 주도록 공지해야 한다.

2) 아이디어를 가로막지 마라

효과적인 회의의 가장 큰 목적은 우리가 당면한 문제를 해결하는 것이다. 시간에 얽매여 빨리 결정을 내리기보다 가능한 많은 아이디어를 함께 찾는 대화를 시도해야 한다. 그러므로, 아이디어를 가로막지 말고 잘 들어야 한다. 경청을 잘 못하면 나를 중심으로만 생각하거나, 상대의 얘기를 겉핥기식으로 듣는다. 경청을 통해 아이디어를 모을 때는 브레인스토밍과 관련된 다음 4가지 원칙을 참조하자.

첫째, 양(量)에 중점을 둔다. '양이 질을 낳는다(Quantity Breeds Quality)'는 격언처럼 문제 해결을 꾀하는 것으로 발상의 다양성을 끌어올리는 규칙이다. 많은 숫자의 아이디어가 나올수록 효과적인 아이디어가 나올 확률이 올라간다는 뜻이다.

둘째, 비판이나 비난을 자제한다. 제시된 아이디어에 대한 비판은 보류하고 계속해서 아이디어를 확장하고 더하는 데에 초점을 맞춘다. 그래야 자유로운 분위기 속에서 독특한 생각들을 꺼낼 수 있다.

셋째, 특이한 아이디어를 환영한다. 많은 아이디어 목록을 얻기 위해 엉뚱한 의견을 내는 것도 장려한다. 새로운 깨달음을 통해서 혹은 당연하다고 여기던 가정을 의심해 봄으로써 더 나은 답과 새로운 방법이 떠오를 수 있다.

넷째, 아이디어들을 조합하고 개선한다. '1+1은 3이 될 수도 있다'는 슬로건에 따라, 아이디어들을 연결하면 더 뛰어난 성과를 얻을 수 있다.

한편, 궁금한 사항에 대한 질문 또한 상대방의 아이디어를 존중하는 형태여야 한다. 피터 드러커는 누구나 아래와 같은 질문에 스스로 답을 할 수 있어야 한다고 한다[6].

1. 왜 무엇을 위해 존재하는가?(미션)
2. 반드시 만족시켜야 할 대상은 누구인가?(고객)
3. 그들은 무엇을 가치 있게 생각하는가?(고객 가치)
4. 어떤 결과가 필요하며 그것은 무엇을 의미하는가?(결과)
5. 앞으로 무엇을 어떻게 할 것인가?(계획)

이렇게 5가지 질문을 회의 대화에 적용해 보면, 상대방의 아이디어를 존중하면서도 우리의 생각이 어디로 향해야 할지 알 수 있다.

회의 후반부에는 아이디어들이 실행으로 연결될 수 있도록 구체화해야 한다. 이때 고려할 요소는 시간, 돈, 사람이다. 비즈니스 용어로 바꾸면 일정, 비용(예산), 인력으로 실행에 필요한 자원이다.

나왔던 아이디어들은 우선순위에 따라 그룹화할 수도 있고, 단기/장기로 나누어 단계별로 진행 계획을 수립할 수도 있다. 다시 정리하면, 회의 전반에는 아이디어를 발산하는 과정이 필요하지만, 회의 후반에는 실행을 위해 아이디어를 수렴하는 과정을 거쳐야 한다.

3) 회의 내용을 요약 정리 하라

회의를 어젠다 공유로 잘 시작하는 것도 중요하지만, 회의 내용을 정리한 회의록을 작성하여 공유하는 것도 중요하다. 단순히 회의록의 형식에 맞춰 쓴다기보다 회의에서 나왔던 것, 앞으로 해야 할 것들을 요약해서 정리해야 한다. 회의에 참석한 사람들은 물론이고 참석하지 않은 사람들도 이렇게 회의가 진행되었구나 이해할 수 있어야 한다. 물론 조직의 특성에 따라 다양한 회의록 형식이 있을 수 있다. 하지만, 크게 Why-What-How 3가지 범주의 내용으로 정리하면 좋다.

첫 번째, Why 단계에서는 왜 회의하게 되었는지 회의의 목적과 배경을 정리한다. 회의 시작 전에 이미 어젠다를 통해서 목적을 공유했기에 같은 내용을 쓸 수도 있다. 하지만, 간혹 회의 중간에 목적이 바뀌는 일도 있다. 목적을 정리할 때는 회의에서 다루고자 한 문제가 무엇이었는지 명확하게 표현해야 한다.

이를테면, 무슨 불량을 해결하기 위한 회의였는지, 마케팅 전략에서 무엇을 보완하기로 하였는지 정리한다. 당초 회의를 통해 해결하고자 했던 목적을 제대로 정리하지 않으면 회의에서 그 이야기들이 왜 나왔는지 이해하기 어렵다.

두 번째, What 단계에서는 회의에서 토의한 아이디어나 방안, 해결책 등을 공유한다. 중요한 아이디어들을 요약하고, 어떻게 활용할 것인지 정리한다. 필요에 따라 아이디어들의 우선순위를 정하거나 그룹화하여 요약할 수도 있다. 대략 3~4가지 정도의 항목으로 정리하면 보는 사람들이 쉽게 이해할 수 있다. 이를테면, 불량 해결 대응 방안 3가지, 마케팅 활용 방안 3가지 등으로 정리한다.

세 번째 How 단계에서는 회의 이후의 실행 계획을 정리한다. 위에서 언급한 What 단계에서도 일정/비용/인력의 관점에서 일부 계획을 언급할 수 있지만, 여기 How 단계에서는 실행 계획 항목을 별도로 만들어 다시 강조하는 게 좋다. 즉, 각 아이디어에 대해서 누가 언제까지 실행하고, 그것을 어떻게 확인할 수 있는지 정리해야 한다. 만약, 정기적으로 진행하는 회의라면 다음 회의까지 시행해야 할 과제로 재정의할 수도 있다.

회의록은 회의가 끝나기 전에 참석자들과 함께 최종 리뷰를 거친 후에 공유해야 한다. 회의가 끝난 후에 혼자 회의록을 작성하면 작성자 개인의 생각이 반영되거나 후에 참석자들이 회의록 내용에 동의를 안 할 수도 있다.

03

빠르게 결정하는
효율적 회의 기술

발표를 3가지로 구성하고 두괄식으로 정리하면
효율적 회의를 할 수 있다.

이번에는 결론이 나려나?

　김 과장은 아까부터 계속 시계만 들여다보고 있다. 본부장이 주관하는 마
케팅 전략 회의가 시작된 지 벌써 2시간이 지났다. 어제도 같은 주제로 오후
에 3시간이나 회의를 했는데, 결론을 내지 못했고 오늘 2차 회의를 하고 있다.
사흘 전 회의 공지 메일을 보는 순간 예상된 상황이기도 했다. 2달 전에 새롭
게 출시한 상품의 매출과 시장 반응이 좋지 않아 이번 대책 회의가 열렸다. 뭔
가 효과적인 대책이 나오지 않으면 회의실을 나가기 힘들겠다는 불안감을 안
고 참석한 터였다.

　문제는 참석한 사람들 모두 머릿속에 떠오르는 이런저런 아이디어를 중구
난방식으로 말하고 있다는 것이다. 일단 아이디어를 깊이 생각하기보다는,
이 상황을 피하고 보자는 마음일 거다. 그런 상황이니 아이디어가 나올 때마

다 본부장의 질타와 비판이 이어졌고, 의사결정이 필요한 방향으로는 한 발짝도 나가지 못했다. 본부장이 크게 몇 가지 방향을 잡아 주면 좋으련만, 자신은 빨간 펜을 쥔 선생님처럼 빨리 생각들을 얘기해 보라고 재촉만 한다. 도대체 원하는 게 무엇인지 한숨만 나온다. 어제도 회의 때문에 일할 시간이 부족해서 야근했는데, 오늘은 퇴근할 수나 있을지 모르겠다. 집에는 뭐라고 얘기할까?

앞서 직장인들이 회의에 불만족한 가장 큰 이유는 결론 없이 흐지부지 끝나기 때문이라는 설문조사 결과를 확인했다. 회의의 가장 큰 목적은 서로 생각을 모으는 데 그치지 않고, 실행 방향을 설정하여 상호 협력을 진행하기 위함이다. 그런데, 결론 없이 회의가 끝난다면 함께 모여 귀중한 시간을 투자한 의미가 사라진다. 빠르게 의사결정을 통해 결론을 내는 회의가 되려면 어떻게 해야 할지 한번 살펴보자.

1) 의견 제시는 두괄식으로 말하라

회의 참석자나 주관자의 빠른 결정을 유도하기 위해서는 결론부터 두괄식으로 말하자. 발표자의 주장이 강력하게 전달될 수 있고, 참석자들은 의사결정에 필요한 내용을 빨리 이해할 수 있다. 두괄식 표현은 회의 상황이 아니더라도 면담이나 인터뷰 등에서 중요한 표현 방법이다.

그럼에도 두괄식 표현이 어려운 이유는 내가 불친절하고 무례한 사람으로 보이지 않을까 하는 염려 때문일 것이다. 이른바 단도직입적으로 의사를 표현하는 방식이기에, 혹시라도 듣는 사람이 불쾌하게 여겨서 내 의견을 반대하지 않을까 하는 불안감이 생길 수 있다. 따라서 두괄식으로 얘기를 하려면 상대가 어떠한 반응을 하더라도 그것은 나의 잘못이 아니라고 생각하는 용기가 필요하다.

두괄식 표현에서는 자신의 의견을 발표의 첫마디에서 꺼내야 하므로 그 내용을 어떻게 한 줄로 요약하느냐가 중요하다. 대개 회의에서의 의견은 자신이 왜(Why) 했는지와 무엇(What)을 했는지로 나뉜다. 우선 Why로 표현하는 방법을 보자면, 어떤 일을 하게 된 배경이나 목적을 알리는 것이다. "제가 지금부터 말씀드릴 내용은 ○○○ 문제로 인한 것입니다", "○○○과 같은 배경 때문에 이후의 내용을 준비하게 됐습니다."와 같은 형태로 시작한다.

What으로 표현하는 방법은 참석자들이 이미 어젠다를 통해 회의의 목적과 배경을 사전에 알고 있을 때 활용한다. "이후에 드릴 말씀은 ○○○ 목표를 달성하기 위한 전략과 관련된 내용입니다.", "○○○을 수행한 결과에 대해서 바로 말씀드리겠습니다."와 같이 한 줄로 요약해 발표한 후에 자세한 설명을 이어간다.

첫 주장을 두괄식으로 표현했지만, 이후의 내용은 논리적인 구조의 형태를 갖춰야 한다. 중언부언으로 여러 가지 상황을 나열하거나, 했던 얘기를 또 하는 경우가 발생하지 않도록 해야 한다. 이때 논리적 구조화의 방법으로 MECE 프레임을 활용하면 좋다. MECE는 Mutually Exclusive

Collective Exhaustive의 약자인데, 컨설팅 회사 맥킨지가 처음 소개한 사고 방법이다[7]. 만약 어떤 대상을 몇 개의 그룹으로 나눌 때, 중복된 것은 없는지 확인하는 게 ME이고 전체적으로 보았을 때 누락된 것은 없는지 확인하는 게 CE이다.

트럼프 카드를 나눈다고 생각해 보자. 어떻게 나눌 수 있을까? 색깔로 보면 검은색과 빨간색으로 나눌 수 있다. 또는 모양으로 본다면 클로버, 스페이드, 하트, 다이아몬드 4가지로 나눌 수 있다. 색깔과 모양으로 분류한다면 중복 누락 없이 모든 카드가 그 분류 안에 들어간다.

MECE 분류 사고가 필요한 이유는 내가 모든 가능성을 검토해 보았고, 나의 의견 말고 예외 케이스가 없다는 것을 논리적으로 증명해야 하기 때문이다. 그렇지 않으면 '혹시 다른 상황이 있을 수 있지 않나?'라는 생각이 상대방의 머리에서 떠나지 않기 때문에, 나의 얘기에 집중할 수 없다.

2) 발표 내용은 3가지로 구성하라

회의에서 하고자 하는 얘기는 몇 개의 덩어리, 즉 그룹을 나누어 구성하면 좋다. 이를테면, 논리적 관계나 시간의 순서 등에 따라 순차적으로 설명하면 참석자들이 이해하는 데 도움을 줄 수 있다. 일반적으로 그룹을 나눌 때는 앞서 얘기한 MECE 프레임을 적용하여 3개의 그룹으로 나누도록 한다.

즉, 각 그룹을 서로 중복되거나 누락되는 일 없이 나눈다. 일반적으로 특별한 메모 없이 기억할 수 있는 범주는 보통 3가지이고, 3단 논법처럼 3이라는 숫자를 적용하면 구조화가 비교적 쉽다. 여기에서는 그룹을 나누는 방식으로 ① 정해진 순서, ② 동등한 수준, ③ 논리적 전개에 따라 살펴보자.

정해진 순서 방식이란 진행 절차나 프로세스, 또는 시간에 따라 단계적으로 진행하는 방식이다. 여러분은 프로젝트나 과제 등을 수행할 때 어떤 절차에 따라 진행하는가? 상황에 따라 약간의 차이는 있지만 대개 기획(Plan)/실행(Do)/평가(See, Check)의 3단계를 거쳐서 진행한다. 기획 단계에서는 문제나 목표를 설정하고 전략이나 자원 활용 계획을 수립한다. 실행 단계에서는 계획에 따라 실무적인 일을 수행하고 진행 정도를 점검한다. 평가 단계에서는 진행 과정 및 성과나 효과를 평가하고 다음 단계를 위한 피드백을 수행한다.

기획에 좀 더 중점을 둔다면 문제 해결 프로세스를 예로 들 수 있다. 문제 해결은 문제 원인(Why)/해결 방안(What)/실행 계획(How)의 3단계로 나눠 볼 수 있다. 문제 원인 단계에서는 문제를 정의하고 나타난 현상의 인과관계를 통해 문제의 근본 원인을 찾는다. 해결 방안 단계에서는 창의적 발상법을 통해 문제 원인을 해결할 수 있는 아이디어를 도출하고 우선순위를 적용한다. 실행 계획 단계에서는 아이디어가 생각에만 그치지 않도록 일정/비용/인력을 산정하는 계획을 수립하여 실행력을 보여 준다.

정해진 순서에는 시간에 따라 구분하는 방법도 있다. 가장 일반적인 것은 과거/현재/미래로 나눠 보거나, 어떤 사건이나 이벤트를 중심으로 진행 전(前)/진행 중(中)/진행 후(後)로 나눠 볼 수 있다. 아니면, 프로젝트나 과제를 진행하는 시기에 따라 단기/중기/장기로 나누어 실행 항목을 정리해 볼 수도 있다.

동등한 수준 방식은 상호 대립하는 항목들을 비교할 때 사용한다. 이를테면 최선(Best)/평균(Average)/최악(Worst)으로 나누거나, 수치적 표현으로 최대(Max.)/중간(Mid.)/최저(Min.)의 3가지로 나누는 방식이다. 이렇게 나눌 때는 반드시 그렇게 나눈 근거나 기준이 있어야 한다. 또는, 여러 가지 방안들을 비교할 때 1안/2안/3안으로 나누거나 Plan A/Plan B/Plan C의 기준으로 나누기도 한다.

논리적 전개 방식은 서론(도입)/본론(전개)/결론(마무리)으로 나누는 방법이다. 이때 회의 분위기나 상황에 따라 나의 주장을 어느 부분에서 강조할지 고려해야 한다. 전반적으로 발표 내용이 길거나, 많은 어젠다를 다뤄야 할 경우가 있다. 이때는 앞에 나왔던 정보가 먼저 각인되는 '초두 효과'를 고려하여 서론을 강조한다.

반면, 비교적 발표 내용이 짧고, 몇 안 되는 어젠다를 다뤄야 할 경우에는, 뒤에 나왔던 정보가 먼저 기억되는 '최신 효과'를 고려하여 서론과 본론을 가볍게 다룬 후에 결론을 더 강조한다. 그래야 참석자들은 가장 마지막에 들었던 결론 부분을 기억한다[8].

이 밖에 대전제/소전제/결론으로 나뉘는 3단 논법도 고려해 볼 수 있다. 다만, 일반적인 회의보다는 학술대회 등 기존의 연구를 기반으로 새로운 연구 성과를 발표하는 상황에 더 적합하다.

구분	예시
절차 순서	·기획(Plan)/실행(Do)/평가(See, Check) ·문제 원인(Why)/해결 방안(What)/실행 계획(How)
시간 순서	·과거/현재/미래 ·진행 전/진행 중/진행 후
동등한 수준	·최선(Best)/평균(Average)/최악(Worst) ·최대(Max.)/중간(Mid.)/최저(Min.) ·1안/2안/3안 ·Plan A/Plan B/Plan C
논리 전개	·서론/본론/결론 ·도입/전개/마무리

3) 질문은 원샷원킬로 답변하라

효율적인 회의에서 중요한 것은 이른 시일 안에 의사결정을 하는 것이다. 대부분 의사결정은 회의 참석자 중에서 가장 상급 직책을 가진 회의 주관자가 주도한다. 이때 발표자가 아닌 다른 참석자들에게도 의견을 묻지만, 가장 중요한 질문은 발표자에게 하는 경우가 많다. 이때 주관자의 질문에 어떻게 답을 하느냐에 따라 의사결정 방향이 긍정과 부정으로 바뀔 수 있다. 만약 질문에 장황하게 답을 하거나, 질문의 핵심을 벗어난 답을 하면 지금까지의 발표를 물거품으로 만들 수 있다.

질문에 명쾌하게 원샷원킬로 답변하는 요령은 크게 2가지다. 하나는 질문의 핵심 키워드를 다시 반복하여 따라 하는 것이고, 다른 하나는 결론부터 대답한 후에 자세한 설명을 이어 가는 것이다. 핵심 키워드 반복은 군대처럼 중요한 임무를 정확하게 수행해야 하는 곳에서 사용하는 방법이다. 군대에서는 이를 '복명복창(復命復唱)'이라고 하는데, 상급자가 내린 명령이나 지시를 제대로 이해했는지 되풀이하여 말하는 것을 뜻한다[9].

질문자가 "그 문제의 원인이 뭔가요?"라고 물어봤다면, "네, 그 문제의 원인은 ○○○입니다."라고 대답한다. 질문에 포함된 '문제의 원인'이라는 핵심 키워드를 따라 하는 것이다. 그 후에 왜 원인을 ○○○이라고 생각했는지, 근거는 무엇인지 설명을 이어 간다.

이렇게 하는 이유는 2가지이다. 첫째, 질문자는 '내가 한 질문을 상대방이 잘 이해했을까?'라는 궁금함이 생긴다. 둘째, 질문자는 일단 자신의 질문에 대한 대답부터 제일 먼저 듣고 싶어 한다. 왜 그 답변이 나오게 되었는지 근거나 이유에 대한 자세한 설명은 그다음 순서다.

다른 답변 요령은 결론 한 문장을 우선 답변하고, 이후에 자세한 설명을 이어 가는 방법이다. 즉, 답변 자체의 내용을 두괄식으로 구성한다. 질문자가 "그래서, 그 프로젝트 진행은 어땠나요?"라고 질문했다면, "네, 프로젝트는 ○○○한 성과를 거두었습니다. 성과를 그렇게 산정한 근거는..."과 같은 형식으로 답변한다.

질문자는 결론부터 듣기를 원하고, 그 답변이 만족스러워야 다음의 설명을 듣고자 하는 여유가 생긴다. 결론이 바로 나오지 않는다면 언제쯤 기다리는 결론이 나올까 답답한 마음이 들고, 어느 부분까지 자신이 집중하며 발표 내용을 기억해야 할지 막막한 기분이 들게 된다. 결국 질문자를 배려한 답변을 마음속에 미리 준비해야 긍정적인 분위기에서 의사결정을 이끌어 낼 수 있다.

04

최종 목표는
가치 있는 회의

올바른 실행력을 지닌 회의는 성과 창출로 가는
최고의 기회를 만들어 낸다.

준비를 잘해야 좋은 회의다

영화 〈어벤져스〉 시리즈를 보면 다양한 회의 장면이 등장한다. 아무래도 능력이 출중한 히어로들이 모이다 보니, 당연히 서로 의견 차이가 생긴다. 각자 자신이 주인공으로 등장하는 영화를 갖고 있을 정도니, 극 중에서도 서로 한마디도 지지 않는다.

어벤져스 시리즈 첫 번째 영화에서 국제평화기구 쉴드의 국장이었던 닉 퓨리가 어벤져스 팀을 모으기 위해 중요한 회의를 개최한다. 이 회의는 아이언맨의 아지트인 스타크 타워에서 열리는데, 아이언맨, 캡틴 아메리카, 헐크, 토르 등 다양한 슈퍼히어로들이 참석한다. 회의 과정에서 닉 퓨리는 지구에 대한 위협과 그에 대응하기 위해 어벤져스가 필요하다고 설명한다. 히어로들은 각자 독특한 능력과 전문성을 가지고 있으며, 이를 결합하여 협력하면 세계를 구할 수 있다는 점을 강조한다. 회의 중에 의견 충돌과 긴장감 있는 상황도 발생하는데, 캡틴 아메리카와 아이언맨 사이에서 정치적인 견해 차이와 비전 충돌 등 여러 이슈가 발생한다. 하지만 결국 어벤져스 멤버들은 공동 목표인 지구 수호를 위해 협력을 합의한다.

회의를 주최하고 주관했던 닉 퓨리는 결국 지구 수호를 위한 협력이라는 자신의 목적을 달성했다. 비록 영화의 설정이지만 닉 퓨리는 이 목적을 위해 사전에 어떤 히어로를 부르고 왜 우리가 협력해야 하는지 치열하게 근거를 준비했을 것이다. 대의와 명분을 바탕으로 한 협력 근거를 만들고 이후로도 계속 대립하는 캡틴 아메리카와 아이언맨의 의견 차이도 예상했을 것이다.

앞서 살펴본 효과적 회의 기술과 효율적 회의 기술도 모두 쓸모 있는 회의를 만들기 위한 방법을 찾는 과정이었다. 회의를 몇 번 하느냐가 중요한 게 아니라, 한 번을 하더라도 의미 있는 회의가 될 수 있도록 회의의 질을 높여야 한다. 처음에 얘기한 것처럼 많은 직장인들이 불만족스럽게 생각하는 회의가 아니라, 우리가 원하는 것을 가져가는 회의가 되어야 한다.

회의를 올바른 방향으로 이끄는 나침반

회의를 하다 보면 열띤 토론을 하거나 각자 자신의 주장을 펼치다 보면 회의라는 배가 산으로 가는 경우가 발생할 수 있다. 분명히 회의 전 어젠다에서 회의 목표를 설정했음에도 주장의 근거를 검토하는 과정에서 숲보다 나무를 보듯 시야가 좁아지기도 한다. 혹은 어젠다에서 다루지 않은 새로운 문제들이 회의에서 돌출되기도 한다. 이렇게 되면 태풍을 만나 배가 표류하면서 방향을 찾기 어려운 상황과 비슷해진다. 이런 때일수록 필요하고 의지해야 하는 것은 나침반이다.

눈앞의 파도에 맞서 뱃머리가 갈팡질팡하더라도 나침반의 방향만 제대로 따르면 목적지로 갈 수 있다. 회의에서 이 나침반의 역할을 하는 게 사전에 배포한 어젠다이다. 우리가 지금 회의하는 목적과 목표이자, 사전에 암묵적으로 맺은 약속이다. 회의 진행자와 주관자는 이 어젠다 나침반이 가리키는 방향을 잊어서는 안 된다. 그래야 이번 회의에서 기대했던 성과를 거둘 수 있다. 어젠다를 사전에 공유해야 하는 중요성이 여기에 있다. 각자 원하는 것을 가져가는 회의가 되어야 한다.

더 나아가 회의 일정을 잡을 때에도 진행 중인 과제의 실행 계획을 고려해야 한다. 과제의 최종 마감 일정을 감안하여 역순으로 회의 일정을 계산한다. 6개월 뒤에 마감하는 프로젝트라고 가정한다면 마감 한 달 전에 최종 점검 회의를 하고, 마감 석 달 전에 중간 점검 회의를 하는 식으로 일정을 잡아야 한다. 만약 회의를 수시로 아무 때나 잡으면, 열심히 과제를 수행했음에도 일정에 쫓겨 매일 회의하거나 기대하지 않은 엉뚱한 방향으로 진행했음을 허탈하게 확인할 수도 있다.

회의라는 기회를 적극 활용하자

어젠다에서 공유했던 회의 목표는 반드시 지금 달성하겠다는 자세를 가져야 회의의 질을 훨씬 향상할 수 있다. 회의는 쓸모없이 불필요하고 없애야 하는 대상이 아니라, 내가 적극적으로 이용할 수 있는 도구가 되어야 한다. 그럼, 회의를 통해서 내가 얻어 갈 수 있는 게 뭘까? 바로 내가 생각했던 아이디어를 보완할 기회다. 그러자면, 내 아이디어가 완벽하다는 생각을 버리고 겸손한 마음으로 상대방의 얘기에 귀를 기울여야 한다.

지금은 내 아이디어가 완벽하다고 생각하지만, 다른 사람의 시각에서 보면 또 다른 아이디어가 있지 않을까? 아니면, 내 아이디어를 조금 더 보완해 줄 수 있지 않을까? 이런 열린 마음으로 회의에 참여해야 한다. 이 시간을 다른 사람의 머리를 빌리는 소중한 기회로 적극 이용해야 한다. 따라서, 긍정적인 피드백은 물론 건설적, 비판적인 피드백에 대해서도 겸허하게 받아들이는 자세가 필요하다[10].

자기 아이디어 보완 이외에 한 가지 더 가져갈 수 있는 이익이 있다. 바로 내 아이디어의 성공률 및 실행률을 높일 수 있다는 점이다. 회의에서 참석자들에게 아이디어 실현 가능성을 검증해 달라고 부탁한다. 그러면 막연히 잘될 것으로 생각해 왔던 것에서 내가 간과했던 요소를 뒤늦게 확인할 수도 있다. 또는, 오히려 내가 예상했던 효과 외에 더 큰 효과를 거둘 수 있다든지, 미처 파악 못 했던 잠재적 리스크를 알려 줘서 실패 요인을 사전에 제거할 수도 있다.

회의를 쓸모없고 시간 낭비라고 생각하기보다 오히려 이 회의를 내가 적극적으로 활용하겠다는 자세를 갖자. 내 아이디어를 한층 더 업그레이드할 귀중한 기회로 여기고 회의에 참여토록 한다. 이런 자세로 모두가 회의에 임한다면 불필요한 회의는 사라질 것이고, 모두가 회의를 손꼽아 기다리게 될 것이다.

"

의미를 전달하는
논리 대화법

우리나라 직장인 68.1%는 직장에서의 공적 말하기에 서툴다고 여긴다.
스스로 말하기를 잘 못한다고 생각하는 것은 자신이 이해하고 있는 것을 말로
표현하지 못하기 때문이다. 따라서 자기의 생각과 지식을 명료하고 설득력
있게 말하는 논리 대화법이 필요하다.

01

힘이 있는
이성적 대화

자기 말에 영향력이 생기는 이성적 대화를 통해
성공적 직장 생활을 만들 수 있다.

당신의 말하기는 어떠한가?

　사회생활을 하면서 내가 하는 말이 상대방에게 잘 전달되지 않는 것 같은 경험을 해 본 적이 있을 것이다. 미국 스탠퍼드 대학교 심리학과에서 자기중심성에 관한 재미있는 실험을 수행한 적이 있다. 실험은 2인 1조로 이루어졌는데, 참가한 두 명 중 한 명은 연주자가 되고 나머지는 청중이 되었다. 연주자 A는 손가락으로 책상을 두드려 음악을 연주하고 청중 B는 그 소리만 듣고 연주한 노래 제목을 맞히도록 했다. 연주가 끝나면 A는 B가 자신이 연주한 노래의 제목을 맞힐 확률을 작성했다. 이러한 테스트를 여러 번 반복했다. 연주자 역할을 한 사람은 청중이 최소 50% 이상은 맞힐 것이라고 예측했다. 그러나 청중의 정답 확률은 2.5%에 불과했다[1]. 이 실험을 통해 우리가 알 수 있는 것은 청중은 화자의 기대와 달리 전달하는 메시지를 충분히 이해하지 못한다는 것이다.

비즈니스 상황의 말하기는 자신이 알고 있는 정보와 생각을 다른 사람에게 정확하게 전달하는 지적 활동이다. 비즈니스 상황에서의 대화는 상대방을 이해시키는 것이 무엇보다 중요하다. 전달하는 내용에 따라 개인의 역량이 평가될 뿐만 아니라 기업의 성과에도 영향을 준다.

우리는 종종 "언제 밥 한번 먹자!"라는 말을 사용한다. 이 말을 독자는 어떻게 해석하는가? 의례적인 인사말이라고 생각하거나 약속을 잡자는 의미로 생각하기도 할 것이다. 또, 상사의 "작년에는 상반기 성과보고서가 7월 중순에 올라왔었네!"라는 말을 듣는다면 어떻게 이해할 것 같은가? 어떤 사람은 7월 중순까지 보고서를 제출하라는 말로 이해하고 또 어떤 사람은 작년에는 그랬구나 하고 넘길 것이다. 말하는 사람의 의도를 정확하게 파악하기 힘든 문장이기 때문이다.

우리는 대화할 때 상대가 눈치껏 의도를 알아 줄 것이라고 여긴다. 눈치는 화자의 언어, 표정, 눈빛, 처한 상황 등을 관찰해 화자의 욕구를 명확히 파악해 내는 개인의 능력을 일컫는다. 한국에서는 눈치가 부족하면 다양한 인간관계에서 어려움을 겪을 가능성이 크다[2]. 그러나 비즈니스 상황에서는 의사전달이 분명히 이루어져야 하므로 눈치껏 알아듣고 행동한다는 것은 어불성설이다. 우리 사회는 세계화되면서 다양성이 강조되고 있다. 이러한 사회에서는 듣는 사람의 마음을 움직이거나, 의사결정을 잘하도록 돕는 말하기가 중요하다. 정확한 내용 전달로 이해력을 높이는 이성적 말하기를 해야 한다.

이성적 대화

　직장에서 유능한 사람으로 인정받기 위해서는 세 가지 능력이 필요하다. 조직에서 발생하는 다양한 상황들에 대한 문제인식과 분석력 그리고 그것을 해결하는 문제해결 능력이다[3]. 상대의 필요와 욕구를 파악하고 듣는 사람이 알아들을 수 있는 말로 원하는 것을 표현해야 유능하다고 인정받을 수 있다. 조직에서 발생하는 문제들을 잘 해결하기 위해서는 논리적 사고가 기본이 되어야 한다. 논리적 사고는 이성적 사고의 한 부분이다.

　비즈니스 상황에서는 정보를 전달하고 다른 사람의 지지를 얻기 위한 말하기가 주를 이룬다. 나와 다른 생각을 하는 사람의 마음을 움직이려면 말에 논리가 있어야 한다. 우리 인류는 인과론에 의한 사고체계에 따라 합리적이고 이성적인 것을 이상화하고 인간의 판단과 행동은 합리적 이성을 통해 이루어져야 한다고 믿었다[4]. 이성은 파편적인 지식을 체계화하는 능력이며, 추론을 통해 계열화하는 능력이다[5]. 이성적 말하기란 논리를 바탕으로 지식을 체계화하여 청중의 마음을 움직임으로써 판단하고 행동하게 하는 대화를 말한다. 다시 말해, 이성적 대화란 지식을 체계화하는 논리적 대화라고 할 수 있다.

비즈니스에서 논리적 말하기의 중요성

비즈니스에서 정보전달과 설득이 필요한 업무를 수행할 때 말을 잘하는 사람은 프레젠테이션과 같은 상황에서 깊은 인상을 남길 수 있다[6]. 이런 사람들은 고객사 또는 상사와 동료들 사이에서 함께 일할 때 매우 필요한 사람으로 평가받는다.

인크루트가 2016년 인사담당자 352명을 대상으로 면접에서 가장 선호하는 지원자의 면접 태도에 대해 설문을 실시한 결과, 응답자 33%가 전체적으로 조곤조곤 논리적으로 말하는 지원자를 선호한다고 응답하여 1위를 차지했다[7]. 이러한 추세는 승진자 면접의 역량평가 시에도 강조되고 있다. 협업과 조율이 중요한 직장생활에서는 업무의 전문성 못지않게 소통 능력이 중요하다. 회사에서의 말하기 능력에 따라 필요한 도움을 받을 수도 있고 업무 성과를 창출할 수도 있다. 이는 단순히 말을 잘하는 것이 아니라 상대방을 잘 이해시키고 의사결정을 내릴 수 있도록 설득하는 역량이라고도 할 수 있다[8].

비즈니스 상황에서 논리적 말하기의 역할은 다음과 같다. 첫째, 사업의 계획을 수립하거나 설명할 때 목표 달성에 중요한 역할을 한다. 둘째, 사업 제안이나 회의 상황에서 논리적으로 말하면 타당성과 설득력을 높인다. 셋째, 조직에서 문제가 발생하거나 의사결정이 필요할 때 그 해결책 도출에 도움이 된다. 마지막으로 취업 면접이나 내부 승진심사 면접 또는 직무 면접과 같은 상황에서 자신의 역량과 사고 과정을 보여 주는 기회다.

"이번 프로젝트는 ESG 경영에 기초한 '소비 트렌드 세터'라는 캠페인을 통해 목표를 달성할 수 있을 것입니다. 시장조사 결과, 2~30대가 ESG경영에 대한 민감도가 높은 것으로 파악되었기 때문에 이들을 Target으로 했을 때 성공 가능성이 있습니다. 따라서 ESG를 강조한 상품 등을 출시할 경우, 경쟁사 보다 5% 이상 시장 점유율을 높일 것으로 예측됩니다. 반면 40대 고객층은 취약해 약점으로 보일 수 있습니다. 이러한 부분을 보완하고 강화하기 위해 40대 고객층을 확보하기 위한 세 가지 방안을 도출했습니다."

위의 예시와 같이 먼저 목표를 명확히 밝힌다. 그 후에 여러 근거를 바탕으로 목표 달성을 위한 방법들을 논리적으로 설명하면 어렵게 준비한 사업 기획안의 실현 가능성이 커진다.

논리적인 말하기는 비즈니스 상황에서뿐만 아니라 개인의 삶에도 도움을 준다. 먼저 합리적인 문제해결능력이 향상된다. 둘째로 논리적인 말을 통해 정확한 표현을 하면 설득력이 높아진다. 셋째 논리적인 말하기로 길러진 판단력과 분별력을 통해 개인의 행복 지수, 경제 상황, 건강 등에도 영향을 미친다[9]. 마지막으로 이러한 활동을 통해 신뢰감을 높여 인간관계도 향상될 수 있다.

2023년 개봉한 크리스토퍼 놀란 감독의 영화 〈오펜하이머〉에 대한 평가는 엇갈렸다. 그 원인 가운데 하나가 영화의 원작이 된 오펜하이머 평전 「아메리칸 프로메테우스」를 읽지 않은 관객은 영화의 주인공인 오펜하이머 개인을 이해하기 어렵다는 것이었다. 영화는 오펜하이머가 핵무기 개발을 위한 맨해튼 프로젝트에 참여한 계기를 제대로 알려 주지 않는다. 그래서 인류의 존망을 책임지기 위해 핵폭탄을 개발한 그가 나중에 핵폭탄 반대론자가 되는 이유에 대해서도 설득이 어려워진다. 오펜하이머는 과거 "제가 겪은 일들은 그 맥락을 모르면 이해할 수 없습니다."라고 인터뷰를 한 적이 있다[10]. 그의 말처럼 이해하기 위해서는 맥락을 설명해야 한다.

말하기는 맥락을 이해할 수 있도록 이유와 근거를 통해 흐름을 만들어야 한다. 그것이 논리적 말하기라고 할 수 있다. 따라서 논리적 말하기는 '친절한 말하기'라고도 할 수 있다.

비즈니스 상황에서 강점이 되는 논리적인 대화를 위해서는 훈련이 필요하다. 이 챕터에서는 논리적 대화를 위해 필요한 준비 요소와 논리적 대화의 구조를 설명하고 일상에서 적용해 볼 수 있도록 돕고자 한다.

02

논리적 대화를 위한 준비,
PAT

논리적 대화를 위한 준비 과정 PAT를 적용하여
자신감 있는 말하기를 준비하자.

논리적 대화를 위한 마음가짐

비즈니스 상황에서는 말을 정확하게 잘 표현했을 때 일을 잘한다는 평가를 받는다. 말을 잘하는 사람들의 특징은 논리가 분명하고 자신이 무엇을 말하고 싶은지, 어떤 방식으로 말해야 하는지를 정확하게 알고 있으며 명확한 논리가 있다는 것이다. 따라서 오늘부터 말을 잘해야겠다는 마음가짐을 가져야 한다. 말하기도 어떻게 해야 잘 전달할 수 있을지 고민하며 준비하는 과정이 필요하다.

말을 통해 정확하게 핵심을 전달하기는 어렵다. 조셉 맥코맥은 저서 「브리프」에서 사람들이 핵심을 잘 전달하지 못하는 이유를 네 가지로 설명했다. 첫 번째는 다른 사람이 이의를 제기할까 두려워서 자기 생각을 정확하게 밝히지 못하는 비겁함, 두 번째 이유는 자신만이 그 주제에 대해서 잘 알고 있다고 생각하면서 전문적인 지식을 이야기하는 자만심 때문이라고 했다. 그리고 세 번째는 정리되지 않은 생각들로 인해 횡설수설하게 되면서 핵심을 잘 전달하지 못하는 것이다. 마지막으로 상대방의 시간을 가볍게 여기는 이기심이 원인이라고 설명했다[11]. 따라서 핵심을 전달하는 논리적 말하기를 위해서는 자기 생각을 명료하게 정리해야 한다. 그리고 누구나 알아들을 수 있는 표현과 정돈된 말을 주어진 시간 안에 하겠다는 마음을 가져야 한다.

논리적인 말하기는 마치 요리와 비슷하다. 우리가 음식을 만들고자 할 때 먼저 어떤 요리를 할 것인지 결정하고, 그 결정에 따라서 재료를 준비한다. 준비된 재료들을 손질한 다음 조리법에 따라서 순서대로 조리한다. 그러면 우리가 만들고자 한 요리가 완성되는데, 논리적인 말하기 역시 그와 같다.

논리적으로 말하기 위해서는 무엇을 말할 것인지에 따라 주제를 정하고 그에 맞는 재료인 자료들을 모아야 한다. 따라서 사람의 마음을 움직이기 위한 논리적 말하기의 준비 단계에 해당하는 세 가지 방법 PAT을 알고 있어야 한다.

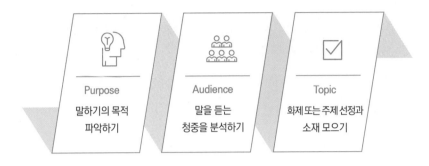

말하기의 준비

첫 번째는 말하기의 목적을 파악해야 한다. 두 번째는 그 이야기를 듣는 사람들, 청중에 대한 이해가 있어야만 그들이 이해하고 지지할 수 있는 말을 할 수 있게 된다. 마지막으로 분석한 청중에게 맞는 화제와 주제를 정하고 그에 따른 소재들을 모으는 것이다.

1) Purpose(목적 파악)

말하기의 종류에는 여러 가지가 있다. 커뮤니케이션 학자 조셉 드비토에 따르면 소통에서 주로 사용되는 말하기는 다섯 가지로 일상대화, 토의나 토론, 설명, 설득, 그리고 의례적인 말하기이다[12]. 같은 말하기라고 하더라도 어떤 유형의 말하기냐에 따라 소통의 양식이 달라진다. 비즈니스 소통은 직장에서 성공하기 위해 일과 관련된 이야기를 나누는 것이다. 특히 우리나라 사람들은 직장에서 말하기를 개인 생활에서 말하기보다 더 중요하게 인식하고 있는 것으로 나타났다[13].

공적인 대화와 말하기는 자기 생각을 상대에게 효과적으로 전달하는 메시지 중심의 성격이 강하다. 설명을 위한 말하기는 정보의 전달이 주목적이고, 설득을 위한 말하기는 듣는 사람의 태도, 행동, 신념 등을 변화시키는 것이 주목적이다. 반면 의례적 말하기는 여러 사회 행사에서 형식적 공연의 의미가 강한 말하기이다[13].

공적인 대화의 목적은 크게 두 가지로 정리할 수 있다. 바로 설득을 위한 말하기와 정보전달을 위한 말하기이다. 공적인 대화는 논리적일 때 여러 사람을 이해시키고 말에 힘이 생기게 된다. 따라서 말하기의 목적을 파악하는 것은 매우 중요하다. 대화의 목적을 파악하게 되면 전달하는 메시지의 종류를 설정하는 것이 필요하다. 사실을 전달하는 말하기라면 확인된 정보를 정확하게 말하는 것이 중요하다. 또 평가를 전달하는 말하기라면 사실에 관해 자신의 평가와 관점에 대한 설명이 이루어져야 한다. 마지막으로 제언을 전달하는 말하기일 때는 사실과 평가에 근거하여 대안을 제시할 수 있어야 한다. 이러한 메시지 전달을 통해 말의 목적을 달성하는 것이 쉬워진다.

2) Audience(청중 분석)

말하기를 준비할 때, 그 말을 듣게 될 청중을 중심에 두어야 한다. 따라서 청중에 대한 분석이 선행되어야 한다. 이때 먼저 할 것이 청중에 대한 정보 수집이다. 즉, 자신이 어떤 사람들 앞에서 이야기하게 될 것인지 확인해야 한다. 청중에 대한 정보 수집의 첫 번째는 청중의 성별, 나이, 직업,

성향 등 인구 통계학적 정보를 통해 일반적 정보를 파악하는 것이다. 이러한 정보를 통해 청중의 관심사와 지식 정도를 파악할 수 있다. 청중에 관한 일반적 정보를 통해 대상에 맞는 정보와 예시를 들 수 있다. 두 번째는 공식적으로 형식을 갖추어 정보를 수집하는 방법이다. 말하는 사람이 사전에 조사 도구나 질문을 통해 청중에게 필요한 특정 정보를 수집하는 것이다. 청중이 가진 주제에 대한 선호, 가치나 신념 등을 정확하게 수집할 수 있다는 장점이 있다[14]. 이렇게 수집된 정보는 청중이 얻고자 하는 정보들을 파악하여 청중의 몰입에 도움을 주는 내용들을 준비할 수 있다는 장점이 있다.

회사에서 회의 중이라든가 새로운 프로젝트에 대해서 기획안을 발표할 때 우리는 비형식적으로 정보 수집이 가능하다. 내부 구성원의 경우, 상대방이 어떤 이야기를 했을 때 더 선호하는지 알고 있다. 하지만 그렇지 못한 예도 있다. 갑자기 큰 자리에서 발표해야 하거나, 고객사나 협력사에 가서 사업 계획을 발표해야 하거나, 투자자 모집을 위해서 발표해야 한다면 형식적이거나 공식적인 정보 수집을 할 수도 있다.

청중에 대해서 우리가 어느 정도의 정보가 수집된다면 그 정보를 정리하는 것이 필요하다. 듣는 사람들이 어떠한 공통점과 차이점이 있는지 각각의 특성을 파악하는 것이 핵심이다. 청중의 유사성이 높을수록 우리가 준비해야 할 대화의 소재들이 집약적으로 될 수 있지만 다양한 사람들이 청중으로 있을 때는 여러 청중에 맞춘 설명과 자료들을 준비해야 한다. 그리고 화자와 청중 간의 공통점은 말하기의 내용이나 구성, 조직, 표현을 선택하는 데 훨씬 더 중요한 중심축이 될 수 있다.

3) Topic(주제 자료 수집)

말하기의 목적이 결정되면 목적을 달성하기 위해 주제와 관련된 다종 다양한 자료를 수집하게 된다. 현대 사회는 전문지식이 전 지구적으로 생산되고 공유되며 즉각적으로 재생산되고 있다[5]. 이러한 고도화된 전문지식 사회에서 말하는 사람은 어느 정도 전문지식을 학습해야 하고 주제와 맞으면서 청중이 듣고 싶어 하는 소재들을 찾아 제시하는 것이 중요하다.

예를 들어, 건강에 대한 주제를 선정했다면 어떤 자료를 수집하는 것이 필요할까? 우선 말의 목적과 청중에 대해 파악하고, 대상에게 적절한 자료를 찾는다. 40대 직장인을 대상으로 건강관리 방법을 주제로 말하기를 한다면, 40대가 가지고 있는 건강에 대한 염려들을 고려해 볼 수 있다. 건강에 대한 경각심을 주기 위해 신뢰할 만한 자료를 모아야 할 것이다. 또한 건강을 지키기 위한 실천 방법을 운동, 식습관, 정기적인 검진 등으로 나열할 수 있을 것이다.

주제	건강한 삶을 위한 성인의 건강관리 방법	
목적	설명 + 설득	
대상	40대 직장인 남녀	
화제	40대에게 건강관리가 중요한 이유	40대의 성인에게 나타나는 주요 질환
		최근 40대 건강 동향
	건강관리를 위한 방법 세 가지	1. 정기적인 건강검진
		2. 식습관
		3. 운동

자료 수집의 예

위의 표와 같이 말하기 전에 골격을 잡는다면 논리적 말하기의 준비 단계는 끝났다.

이제 위의 내용들을 청자들이 잘 이해하고 실천할 수 있도록 논리적으로 말을 구성해야 한다. "구슬이 서 말이어도 꿰어야 보배"라는 속담이 있다. 제아무리 좋은 주제와 화제, 다양한 소재가 있더라도 그것들을 나열하기만 하면 청자에게 전달되지 않는다. 일상의 대화로 진행하더라도 흥미를 잃기 쉽다. 따라서 적절하게 구성하여 상대방의 마음을 움직여야 한다.

03

논리적 대화를 위한 전략, LOGIC

논리적 대화가 한결 쉬워지는 말의 구조 LOGIC을 통해
말하기의 목적을 달성할 수 있다.

논리적인 대화의 구조

2023년 순살 아파트라는 신조어가 생겼다. 철근이 빠진 아파트의 붕괴 사고를 조롱하는 단어이다. 부실 공사로 인해 철근이 빠진 아파트는 겉보기에는 괜찮아 보이지만 언제 붕괴할지 모르는 시한폭탄이다. 논리적인 말도 건축물과 같다. 대화를 통해 상대방 또는 청자를 이해시키고 행동의 변화를 끌어내려면 이야기에 힘이 생기도록 기본적인 말의 구조가 튼튼해야 한다. 그다음에 좋은 소재들로 이야기를 구성해야 한다.

즉, 논리적인 대화를 위해서는 사람들이 이해하기 쉬운 말의 구조를 알아야 한다. 논리적인 대화의 구조는 핵심 메시지를 전달하기 위해 인과관계 혹은 문제와 해결 방법, 점진적 진행 순서에 따라서 이야기를 이끌어

간다. 이는 화자가 청중 또는 대화상대에게 말의 진행 순서에 따라 내용을 이해하고 받아들일 수 있도록 함으로써 대화의 목적이 달성되도록 말하는 것이다[15]. 논리적 말하기의 구조를 LOGIC의 법칙이라고 한다.

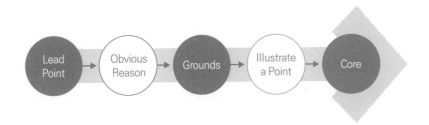

논리적 말하기를 위한 전략, LOGIC

1) Lead Point(핵심 말하기)

정신의학자 마크 코올스토는 사람들이 말할 때 듣는 사람은 말을 시작하고 20초 동안은 상대의 말에 호감을 느끼고 있으므로 핵심 내용을 빨리 말해야 한다고 주장한다. 반면, 말하는 사람은 20초 동안 사람들이 집중해주면 긴장이 풀어지고 해방감을 느끼게 되면서 도파민이 분출된다. 그러나 듣는 사람은 그때부터 스트레스가 쌓일 수 있으므로 처음 20초 이내에 핵심을 전달하는 것이 중요하다[16].

컨설팅 그룹 맥킨지앤드컴퍼니에는 '엘리베이터 테스트'라고 하는 유명한 테스트가 있다. 관리자들에게 한 쪽짜리 메모지를 만들라고 한 다음 고층에서 아래층으로 내려오는 30초 동안 엘리베이터 안에서 업무보고를 하라고 하는 것이다. 이것은 주어진 시간 안에 오랜 기간 준비했었던 사업에 대한 평가나 기획에 관한 내용을 모두 전달하는 훈련이다[17]. 이렇게 함으로써 짧은 시간 안에 일의 핵심을 정리하고 또 그것을 통해서 어떻게 업무의 순서를 정해야 하는지도 파악할 수 있도록 하는 것이다.

회사에서 다음과 같은 말을 들어 본 적이 있는가? "그래서 네가 하고 싶은 말이 뭐야?", "한마디로 무슨 말을 하고 싶다는 거야?!" 우리가 이런 말을 듣게 되었던 까닭은 듣는 사람에게 말의 핵심을 파악하기 어렵게 말했기 때문이다.

예를 들어 회사의 성과 발표와 함께 개선점에 대한 방안 모색 회의를 진행하려고 한다. 회의의 진행자가 아래와 같이 말한다면 당신은 어떻게 생각하겠는가?

"우리 회사가 지금 굉장히 성공적인 성과를 낸 것 같습니다. 이번에 인도가달에 사람을 보내면서 실적이 엄청 많이 올라서 지금 업계에서 인정도 많이받고 있고, 이번에 매출이 한 20% 정도 올랐다는데 멋지지 않아요? 일찌감치인도 우주산업에 투자하고 협업한 건 잘한 거 같아요. 근데 문제점도 있다고하는데, 그래서 이번에 이렇게 회의를 통해서 어떻게 성공했는지 그런 것들을 한번 말해 보면 어떨지 싶어서 회의를 연 겁니다."

어쩌면 위의 글은 읽으면서 당신은 '그래서 하고 싶은 말이 뭐야?'라고 생각했을지도 모른다. 위의 문장들이 하고자 하는 말의 목적은 분명하지만, 핵심을 정확하게 짚어 주지 않아서 중언부언하는 느낌을 준다. 이 말의 핵심만 요약하면 아래와 같다.

"인도의 달 착륙으로 인해 우리 회사의 이번 분기 실적은 작년 대비 20% 증가했습니다. 이 회의에서는 지금까지의 진행 상황과 문제점을 공유하고 다음 분기 실적 향상을 위한 해결 방안을 논의하고자 합니다."

이렇게 핵심을 정리해서 도입을 말하면 오늘 회의의 목적도 이해할 수 있고, 어떤 이야기들을 해야 하는지 사람들에게 인지시킬 수 있다. 그런 다음 핵심 내용과 관련된 주요 내용들을 설명한다면 하고자 하는 이야기는 훨씬 더 짧은 시간 안에 전달된다.

2) Obvious Reason(명확한 이유)

논리적인 말은 주장을 뒷받침하는 이유와 배경이 있어야 한다. 핵심 메시지를 말하게 된 배경과 이유는 명확할수록 좋다. 다음은 꿀벌의 중요성에 대해 설명한 것이다.

"UN 식량농업기구에서는 지금 인류가 먹고 있는 전 세계 100대 작물 중에 71%가 꿀벌의 수분 활동이 매개가 되기 때문에 그들이 사라지게 된다면 우리가 먹는 작물들이 사라지게 된다고 발표했다. 그리고 기초 작물이 사라지면 우리가 살아가기 힘들어진다고 밝혔다. 따라서 꿀벌의 존재가 인류의 생존에 얼마나 중요한 존재인지 기억해야 한다."

꿀벌이 멸종하면 인류가 4년 이내에 멸종하게 된다는 이론에 대해 이해하기 쉽도록 이유를 간명하고 정확하게 설명하고 있다. 제시한 자료와 이유가 타당하고, 영향력이 있는 기관의 정보임을 밝히고 있기 때문에 설득력이 더욱 높아졌다. 논리적인 말을 할 때 사용하는 근거는 권위 있는 믿을 만한 자료를 제시하는 게 중요하다.

3) Grounds(근거 제시)

근거를 제시하는 방법으로 대표적인 것은 전문가 또는 영향력 있는 사람, 단체, 학술지 등을 활용하여 자료를 제시하는 권위에 의한 논증이다. 이는 정확한 통계 수치나 측정값을 제시하거나 신뢰할 만한 사람의 말을 활용하는 방법이다. 이때 인용 자료의 출처를 밝힘으로써 신뢰성을 확보한다. 예를 들면, "아주대학교 심리학과 김경일 교수에 따르면 사람들은 공정하지 못한 상황에 대해서는 자신에게 이익이 돌아오지 않더라도 막으려고 한다[8]."라는 내용을 인용함으로써 제시한 말에 신뢰도를 높이는 방법이다. 그러나 권위에 의지한 근거를 제시할 때 유의해야 할 것이 있다.

하버드대학교의 카스노 베크로스 리 교수는 의사의 처방 없이 항히스타민제를 팔 수 있는지에 대한 논쟁을 두 개의 그룹에 들려 주었다. 그러면서 판매할 수 있다는 증거에 대해서 A 그룹에는 미국의 유명한 최신 유행 화보 잡지에서 나왔다고 말했고, B 그룹에는 뉴잉글랜드 생리학 및 의학 월간지 메시에서 이렇게 주장하고 근거를 찾아왔다고 설명하였다[18]. 이 두 그룹 가운데 어느 그룹에서 판매에 동의하는 사람들이 많았을까?

B 그룹이었다. 하지만 유감스럽게도 뉴잉글랜드 생리학 및 의학 월간지 메시라는 간행물은 존재하지 않았다. 그런데도 이를 근거로 주장한 것이 더 많이 받아들여진 것은 권위가 있다고 믿었기 때문이다. 근거는 객관적 사실로서 권위가 있고, 또 그 사실들을 확인할 수 있는 데이터가 정확한 것일수록 말에 힘이 생기게 되지만 그것에 함몰되지 않도록 해야 한다.

우리는 일상에서 인터넷을 활용해 자료를 찾거나 정보를 공유하는 것을 당연하게 여긴다. 게다가 과학기술의 발전으로 생성형 AI의 발달 속도도 빨라지는 추세다. 그러나 밝은 면만 있는 것은 아니다. 최근 AI가 만든 영상이나 이미지들을 이용한 가짜 뉴스가 많아지고 있다. 2023년 여름 제6호 태풍 '카눈'이 남해안에 상륙한 날 온라인 커뮤니티를 중심으로 과거 부산 해안가의 태풍 피해 사진을 '카눈 부산 피해 상황'이라고 속인 가짜 사진이 퍼져서 상인들이 피해를 호소했다[19]. 우리는 정보가 넘쳐 나는 시대에 살고 있다. 그 가운데 진짜처럼 위장한 가짜들이 섞여 있다. 이러한 정보들은 첨단 기술을 이용하여 교묘하게 숨겨져 있어서 사실 여부를 가려 내려는 노력을 기울여야 한다.

이유를 설명하기 위해서는 근거가 정확해야 한다. 그리고 그것을 보는 안목을 길러야 한다. 정보가 시시각각 생겨나고, AI와 공존해야 하는 현대와 같은 시기에 이러한 눈을 기르기 위해서는 비판적 사고가 필요하다. 정보에 대해 무조건 믿기보다는 사색하는 여유와 해석력을 갖춰야 한다. 동시에 사실과 진실을 파악하려는 확인 절차를 거쳐 정말 그러한지를 판단하기 위해 노력해야 한다.

4) Illustrate a Point(사례제시)

만약 당신이 물리학자라면 사람들에게 원자폭탄의 원리를 어떻게 설명하겠는가? 경희대 물리학과 김상욱 교수는 한 예능프로그램에서 원자폭탄의 원리를 설명하면서 색깔이 서로 다른 두 개의 사과와 블루베리를 보여 주었다. 어떤 화학적 요소가 수소에 접촉했을 때 분해되며 일어나는 폭발을 설명한 것이다. 어려운 화학 성분으로 설명할 때보다 훨씬 이해가 잘되었는데 그것은 시각적으로 재현하는 과정에서 우리가 일상에서 잘 아는 소재들을 두고 예시를 들어 설명했기 때문이다.

예시는 핵심 내용을 청중에게 제시한 다음 듣는 사람이 수긍할 수 있도록 설명하여 이해도를 높이는 과정이다. 특히 눈으로 그림이나 사진을 보고 있는 듯이 설명하는 것이 도움이 된다[20]. 또 구체적인 세부 묘사를 통해 청자도 화자처럼 느낄 수 있도록 해야 좋은 예시라고 할 수 있다. 이때 다양한 시청각 자료를 활용하는 것이 도움이 된다.

5) Core(핵심 요약)

마지막 핵심은 앞서 설명한 내용들을 기억에 남는 한 문장으로 다시 한번 말하는 것이다. 마치 인상적인 광고 문구를 말하는 것처럼 하는 것이 효과적이다.

예를 들어 "열심히 일한 당신, ○○○."이라고 하면 빈칸의 말이 떠오르는가? 광고 문구는 전달하고자 하는 제품의 핵심 가치를 짧고 명료하게 표현하면서 오래도록 기억에 남는 메시지가 된다[21]. 논리적 말하기의 코어는 앞에서 다양한 근거를 바탕으로 설명하고, 이해시켜서 설득한 내용을 다시 한 문장으로 정리하는 것이다. 코어 표현을 통해 앞의 내용을 상기시키고 기억에 남도록 해야 논리적 말하기의 목적을 이루었다고 할 수 있음을 기억하자.

마지막에 오는 코어 문장만으로도 전체의 이미지를 그릴 수 있다. 따라서 무엇을 전달하려고 했는지 파악할 수 있도록 정리된 한 문장을 말해야 한다. 화룡점정과 같은 코어 문장을 통해 자신의 준비 과정과 노력이 듣는 사람들에게도 명확하게 전달되고 기억에 남도록 하자.

04

논리적 대화를 위한 완성

논리적 대화법의 화룡점정,
유의 사항을 통해 대화의 고수가 되자.

글발이 말발이다

과거 동양에서는 관리를 등용할 때 중국 「신당서(新唐書)」 선거지(選擧志)에서 유래한 신언서판(身言書判)을 선발의 기준으로 삼았다[22]. 현대적 관점에서 해석하자면 지도자의 덕목으로 첫째 단정한 용모와 올바른 몸가짐이다. 둘째 간결하고 정확하게 의사전달을 하는 말솜씨다. 셋째는 필체와 문장력으로 자기 생각을 글로 표현하는 능력이다. 마지막으로 뛰어난 판단력이 요구된다. 여기서 지도자의 덕목 가운데 두 가지를 차지하는 것이 논리적인 말과 글이다. 다시 말해, 논리적으로 말을 구성하는 사람이 글쓰기를 잘하고 글쓰기를 잘하는 사람이 말도 잘한다는 의미이다. 또한 논리적인 사람들이 판단력도 뛰어나다고 보았기 때문에 리더의 자격을 갖추었다고 보았다.

작가 강원국은 「나는 말하듯이 쓴다」라는 책에서 논리적인 말은 생각을 정리할 수 있게 도와준다고 하였다. 또 듣는 사람의 반응을 살핌으로써 글을 쓸 때 운율을 준비할 수 있다고 주장하면서 말하듯이 쓰고 글을 쓰듯이 말하는 것이 바람직하다고 했다[3]. 즉, 논리적인 말과 글은 하나라는 것이다. 논리적 말하기를 위해서 글쓰기 연습을 하는 것도 하나의 방법이다. 동시에 논리적인 말을 하기 위해서는 논리적으로 잘 쓰인 좋은 글을 읽는 것이 필요하다.

학창 시절 국어 시간에 가장 많이 들었던 글의 구성법은 서론, 본론, 결론 혹은 기승전결이다. 글쓰기는 말하기의 구조를 이해하는 시작이 된다. 따라서 먼저 생각을 글로 쓰며 정리해야 논리적으로 말할 수 있다[15]. 글은 눈에 보이는 말이기 때문에 읽으면서 뺄 것은 빼고 더할 것은 더하는 연습을 하게 된다. 또한 쓴 글을 소리 내어 읽어 봐야 한다. 이를 통해 이야기의 전개를 어떻게 더 흐름에 맞도록 할 것인지 혹은 다른 사람들이 듣기 좋게 말할 수 있는지를 확인할 수 있다.

길을 잃지 않는 말하기 연습

베토벤의 교향곡 5번 '운명'은 그 음악을 들려 주지 않더라도 제목을 듣는 순간 그 시작 한 마디가 우리 귀에 들리는 듯하다. 강렬한 시작 음이 우리의 뇌리에 남은 것이다. 누구나 기억하는 시작 이후의 연주가 어떻게 전개되는지를 허밍으로 부를 수 있는 사람은 몇이나 될까? 도돌이표가 들어가 있는 노래를 하나 떠올려 보자. 도돌이표는 반복되는 멜로디와 리듬을 통해 노래 가사가 길 때, 긴 가사를 기억하고 노래의 주제를 잘 기억하도록 도와준다. 논리적인 말도 그와 같다. 논리적인 대화를 해야 할 때, 말의 목적을 잃지 않기 위해서 음악의 도돌이표를 기억하고 핵심 주제를 전달할 수 있는 내용들을 다양하게 적용해야 한다.

하고자 하는 말을 처음에 강하게 소개하고 나서 뒷받침하는 내용들과 전달하고자 하는 내용이 흐지부지 기억 속에서 사라지는 경우가 있다. 따라서 다양한 비유, 사례, 예시를 활용하면서 반복적으로 대화의 주제인 핵심 문장이 각인되도록 해야 한다.

설명의 도돌이표가 끝나면 마지막 마디에서 다시 한번 핵심을 정리해서 말하고 기억하도록 돕는다. 논리적인 대화의 구조 LOGIC은 나의 말이 샛길로 빠지지 않도록 안내하는 내비게이션과 같은 역할을 한다.

말이 가지는 힘에 반비례하는 말의 길이

논리적 대화를 통해 전달하고자 하는 핵심을 다양한 논리적 표현을 활용하여 설명할 때 반드시 기억해야 하는 것이 있다. 그것은 바로 말의 힘은 말의 길이에 반비례한다는 것이다.

「허클베리 핀의 모험」과 「톰 소여의 모험」을 쓴 작가 마크 트웨인의 유명한 일화이다. 그는 교회 예배에서 목사님의 설교를 듣고 감동해서 헌금을 많이 하겠다고 다짐했다. 그러나 목사님의 이야기가 점점 길어지자, 그는 지루함을 느꼈다. 그리고 조금 전 헌금을 많이 하겠다던 다짐을 바꾸어 헌금을 조금 하기로 결심했다. 그 후로도 목사님의 설교가 계속되자 그는 헌금을 내지 않기로 마음 먹고 교회를 나와 버렸다[23].

심리학에서는 이렇게 말을 많이 하는 것, 많은 정보를 주기 위해서 여러 가지 표현을 하는 것에 대해서 '과적 효과'라는 표현을 쓴다. 사람이 한 번에 너무 많은 정보를 받을 경우, 오히려 이해력과 집중력이 떨어지면서 짜증이나 반항심이 생기는 심리적 현상을 일컫는 말이다[23]. 논리적 대화를 할 때, 상대방의 이해를 돕겠다는 마음으로 말이 길어진다면 말하지 않은 것보다 못한 결과를 부를 수도 있다. 즉, 정도를 지나침은 미치지 못함과 같다는 '과유불급'을 기억해야 할 것이다. 그러므로 항상 말의 길이를 고려하려는 습관을 기르자.

호감 가는 이성적 대화를 위한 마음가짐

하버드 대학의 심리학과 교수 하워드 가드너는 커뮤니케이션이란 이성을 지배하는 좌뇌의 활동을 통한 논리적 과정과 의사결정을 지배하는 우뇌의 작용이 융합되는 과정이라고 했다[4]. 이성적으로 대화를 하는 것은 비즈니스 상황에서 논리적인 체계와 정확한 근거로 상대를 이해시키고 마음을 움직이는 강력한 무기가 된다. 그러나 지나친 논리적 대화는 다른 사람들로부터 반감을 사기도 한다. 논리만 따지며 상대가 궁금해하지 않는 온갖 정보를 백화점식으로 나열하게 되면 상대는 당신의 이야기를 듣지 않으려고 할 것이다. 상대의 주장을 하나하나 논리적으로 따지는 것은 상대방에게 당신이 틀렸다고 말하는 것과 마찬가지다[24]. 또, 지식으로 무장한 말은 지식의 포로가 되기 쉽다. 다시 말해 지식의 독단이 발생할 수 있다. 지식의 독단에 빠지면 직관적으로 파악된 현실을 외면하고 자신이 알고 있는 지식 이외에는 무시하게 된다[5]. 따라서 논리적인 말도 균형 감각이 필요하다는 것을 잊지 말아야 한다.

논리적인 말하기의 방법과 유의점을 잘 활용하면서 비즈니스 상황에서 성공적 대화를 이끌어 나가길 바란다.

마음을 교류하는
감성 대화법

직장 내의 의사소통은 관계보다는 일을 위한 언어로, 명확하고 간결함이 요구된다. 하지만 이것만으로는 충분하지 않다. 일을 잘하는 사람들이 공통적으로 잘 활용하는 비언어를 살펴보고 내 업무력을 향상해 보자.

01

왜 감성 대화를
해야 하는가?

현대는 공감을 끌어내는
사람들의 시대다.

"가슴으로 봐야 올바로 볼 수 있다. 진짜 중요한 것은 눈에 보이지 않기 때문이다(앙투안 드 생텍쥐페리(1943), 「어린 왕자」 중)."

  회의실에서 회의나 프레젠테이션을 진행하고 있는데, 상사가 아무런 말 없이 눈을 감고 팔짱을 끼고 있다. 이때 상사의 시그널을 어떻게 해석해야 할까? 사람마다 다르겠지만, 대체로 2가지 행동 유형이 나온다. 하나는 상사의 시그널을 외면한 채, 우선 진행 중이던 발표를 이어 가는 것, 다른 하나는 빠르게 발표를 마무리하고 상사에게 적극적으로 피드백을 요청하는 것이다. 과연 어떤 행동이 더 좋은 결과를 가져올까? 저자라면, 후자의 행동을 취할 것이다.

직장 생활을 잘하는 사람들에겐 공통점이 있다. 그중 하나는 상사나 동료들의 비언어 메시지를 잘 읽고 상황에 맞게 적절히 대처한다는 것이다. 사람은 단순히 자신의 의사소통을 말로만 하지 않는다. 몸짓과 말의 톤, 속도 등으로 자신의 감정과 의사를 표현하기도 한다. 즉, 직장생활을 잘하는 사람들은 말로 표현되는 내용 이외의 비언어 메시지를 빠르게 인지하여 대처할 수 있는 능력이 있는 사람들이다. 비언어 메시지를 잘 읽고 대처하는 능력이 필요하다 느낀 적이 있는 독자라면, 이번 챕터를 눈여겨볼 필요가 있겠다.

감성 능력이 필요한 이유

고대 철학자인 아리스토텔레스는 "머리에 호소하면 사람들의 고개를 끄덕이게 만들 수 있지만, 마음에 호소하면 사람들을 당장 움직이게 만들 수 있다."라고 이야기했다. 여기서 머리는 '이성적 대화' 그리고 마음은 '감성적 대화'로 비유할 수 있다.

그렇다면 감성과 이성은 반대의 개념일까? 일반적으로 이성과 감성을 상반된 개념이라고 오해할 수도 있다. 하지만 사실 이 둘은 완전히 분리되는 것이 아니라 기능적으로 상호작용을 하고 서로 보완해 주는 개념이다[1].

일반적으로 대다수 사람은 직장에서 정확한 정보를 상대에게 명확하게 전달하는 이성적 대화 방식을 중요하게 생각한다. 물론 이도 중요하지만, 감성을 뺀 이성적 대화만으로 과연 상대에게 명확히 내 의견과 의도를 전달할 수 있을까? 그렇지 않다.

지식이 고도화되어 있으며 정보가 넘쳐 나는 현대 사회에서, 모든 정보를 다 받아들이는 것은 불가능하다. 우리에겐 어떤 정보가 내 삶에 유용하고 업무에 도움이 되는지 선택하는 판단력이 중요하다. 우리가 최종 판단을 할 때 결정적인 도움을 주는 것이 바로 '감성'이다[2].

미래학자 다니엘 핑크는 그의 저서 「새로운 미래가 온다」에서 '현대는 공감을 끌어내는 사람들의 시대'라고 표현했다. 그의 주장에 따르면 새로운 트렌드는 늘 밀려오는데, 그 속에서 기회를 포착하고 그것을 자신의 업무와 어떻게 연결할 것인지 파악하는 능력을 '하이 콘셉트'라 하였다. 그리고 이러한 '하이 콘셉트'의 성공적인 구현을 위해서는 '하이 터치'가 필요한데, 이것은 사람들의 미묘한 감정을 잘 읽고 '공감'을 끌어내는 것에서 온다고 주장했다[3]. 따라서 현대 사회에서는 이성적 능력과 함께 감성적 능력이 꼭 필요하다.

감성 커뮤니케이션이란?

감성(Emotion)은 '움직이다'라는 뜻의 라틴어 동사 '모테레(Motere)'에 '밖으로, 외부로'의 뜻을 내포한 접두사 'e-'가 결합한 단어이다. 어원을 살펴보면 행동하려는 경향성이 감성에 내재되어 있음을 알 수 있다. 인간이 기계와 다른 점은 이러한 '감성'을 표현하며, 공유할 수 있다는 것이다. 인간이 가진 감성은 복잡한 심리구조로 이루어져 있기에 예측과 파악이 쉽지 않다는 특징이 있다. 그렇기에 상대방과의 원활한 의사소통과 정보 공유를 위해서는 반드시 감성 커뮤니케이션에 대해 알아 둘 필요가 있다[4].

일반적으로 사람들은 상대방과 교류하며 정보를 얻고 전달하기 위해서 대화로 바로 들어가기보다는 스몰토크로 상대의 마음을 열고 난 후 대화를 시작한다. 비즈니스도 인간이 하는 일이기에, 무엇을 하든 상대의 마음을 움직여야 한다.

한 연구에서 비언어의 중요성을 확인하기 위해 재미있는 실험을 했다. 실험에 참여한 사람 중 일부에게 손발을 사용하는 등의 비언어 제스처를 쓰지 못하도록 의도적으로 제한하였다. 어떤 결과가 나왔을까? 그들은 다른 사람들에게 지루하고, 위축되어 보이고, 불편하고, 냉담해 보이는 인상과 자신들을 속이는 것으로 평가받았다[5]. 실제로 비언어를 사용하지 않는 대화에서는 상대에게 불필요한 오해를 받거나 정확한 소통이 어려워질 수 있다. 반대로 비언어 커뮤니케이션 능력이 뛰어난 사람은 그렇지 않은 사람에 비해 더 설득을 잘하고, 자기 경력 설계, 포커 게임, 심지어 이성과의 관계에서도 더 많은 성공 기회를 얻는다[6]. 비언어적 신호를 보내고 이해하는 기술은 소통뿐 아니라 인기, 매력, 그의 정서적 안녕까지 보장해 주는 강력한 도구이다[7]. 이러한 비언어 커뮤니케이션을 조직 생활에 활용한다면 소통 능력, 인기까지 덤으로 얻을 수 있을 것이다.

02

비언어 커뮤니케이션의 이해

소통을 잘하려면 눈에 보이지 않는 것까지
파악할 수 있어야 한다.

"커뮤니케이션 과정에서 가장 중요한 것은 언어로 전달되지 않는 것을 파악하는 일이다." - 피터 드러커

"눈치가 빠르면 절에 가서도 젓갈을 얻어먹는다."라는 속담이 있다. 예나 지금이나 '눈치'는 사회생활을 유연하게 하기 위한 중요한 조건임을 알 수 있으며, 원뜻은 '눈이 있는 곳'을 의미한다. 긍정적인 의미로, '일의 정황이나 맥락 따위를 미루어 짐작하는 힘'으로 풀이할 수 있다. 만약 어떤 사람이 일은 열심히 하는데 눈치가 없다면 상사와 동료들에게 호감을 얻기 어렵고, 조직 생활이 힘들 것임을 쉽게 짐작할 수 있다. 반대로 조직이나 팀에서 진행되는 일에 반대를 하고 싶어도 눈치를 보느라 아무도 토를 달지 못했던 상황도 한 번쯤 경험했을 것이다. 어떻게 하면 꼭 필요할

땐 당당히 의견을 표현하고 때로는 현명하게 물러설 수 있는 지혜를 가질 수 있을까[8]?

비언어 커뮤니케이션의 특징

비언어 커뮤니케이션에 대하여 많은 학자의 정의가 있지만, 이 챕터에서는 '비언어적 수단으로 표현하는 메시지'라 정의한다. 짧지만 이는 상당히 넓은 의미를 포함하고 있다. 예를 들면 한숨, 웃음, 목소리의 크기, 속도, 억양 등의 소음으로 전달되는 메시지나 신체적인 표현, 의사소통하는 환경, 소통자 간 거리나 시간을 사용하는 방식까지 포함할 수 있는 것이다. 이 챕터에서 비언어 커뮤니케이션의 특징과 장점을 함께 알아보도록 하자.

첫째, 비언어 커뮤니케이션은 기본적으로 관계를 바탕으로 한다.

비즈니스 미팅에서 당신의 첫인상을 결정짓는 것은 무엇일까? 의외로 사람들은 당신이 하는 말보다 의상을 포함한 당신의 전체적인 이미지와 표정, 제스처 같은 비언어 커뮤니케이션을 보며 더 많은 판단을 내린다.

또한 사람들의 비언어 커뮤니케이션을 잘 살펴보면, 관계의 친밀도를 짐작할 수 있다. 그들을 한 발짝 떨어져 바라보라. 그들이 앉아 있는 거리, 서로를 향하는 몸의 자세나 눈빛, 어조 등의 반응으로 그들이 말하지 않는 '숨겨진 메시지'를 읽을 수 있다. 사내 비밀 연애를 하는 당사자 둘만 들킨 줄 모르고, 주변 모든 사람이 그들이 연애하는 것을 눈치챌 수 있는 이유도 바로 여기에 있다.

비언어 메시지를 해석할 때는, 처음 만난 사람보다는 이미 친숙한 사람의 비언어를 판독하기가 더 쉽다. 이유는 평소 그가 자주 쓰는 비언어에 대한 정보가 당신에게 있기 때문이다[9]. 당신이 평소와 조금만 달라져도, 당신의 오래된 친구와 가족은 미묘한 변화를 빨리 알아차리지 않는가? 오래된 친구나 배우자에게 거짓을 말하면 금방 들통나는 것은 그들이 이런 미묘한 변화를 잘 알아차리기 때문이다. 하지만 처음 만난 사람에게 이를 적용하기란 어렵다. 그의 평소의 비언어 습관을 모르기 때문이다. 비언어 전문가라 해도 첫 만남에 그를 함부로 속단하지 않는 것은 바로 이 때문이다.

둘째, 비언어 커뮤니케이션은 많은 기능을 수행한다.

언어와 비언어 커뮤니케이션은 서로 연결되어 있으며, 비언어 커뮤니케이션은 언어 커뮤니케이션을 보완하는 역할을 한다. 만약 이 두 커뮤니케이션의 메시지가 일치하지 않는다면 어떻게 될까? 상대방은 대화하며 혼란스러운 감정을 느끼고 스트레스를 받게 되어, 결국 당신에게 불쾌감을 느끼게 된다.

그렇다면 이 비언어 커뮤니케이션은 어떤 기능을 하는 것일까? 화자의 언어와 비언어가 일치할 때 상대방은 내용을 더 잘 기억할 수 있고, 비언어는 당신이 하는 말의 의미를 강조해 주는 역할도 한다[10]. 때로는 말로 표현하기 어려운 상황에서의 표정이나 감탄사, 제스처는 굳이 말을 보태지 않도록 도와주기도 한다. 또, 강조하고 싶은 메시지를 이야기할 때의 손짓이나 어조는 이를 강력히 도와주는 역할을 한다. 마지막으로, 비언어 커뮤니케이션은 대화의 주도권을 쥐고 싶을 때 도와주는 역할을 한다. 소모적인 대화를 빨리 정리하고 싶거나, 상대가 일방적으로 끌고 가는 대화의 흐름을 조절하고 싶을 때도 비언어 커뮤니케이션은 매우 유용하다[11].

셋째, 비언어 커뮤니케이션은 상대방의 심리 상태를 읽을 수 있는 힌트를 준다.

'동공 지진'이라는 단어를 들어 보았는가? 놀라거나 다급한 일이 생기면 동공이 흔들리는 경험을 하곤 한다. 이를 두고, 동공에서 지진이 일어나는 것 같다 하여 생긴 신조어다. 동공은 기분에 따라 축소 또는 확장되는데, 정도가 심하면 흔들리는 것처럼 보이는 것이다. 동공의 수축과 확대를 담당하는 근육은 자율신경계에 의해 지배를 받는다. 당황하거나 긴장할 때 부교감 신경이 활성화되면 동공 확대근이 자극되어 동공이 커지게 되는 원리다[12]. 아무리 표정 관리를 잘하는 사람도 이런 생리적 반응까지 조절하기는 어렵다. 상대가 심리적으로 흔들리고 있음을 알아차릴 수 있는 또 다른 단서는 말의 속도가 평소보다 미세하게 느리다거나 평소와 다른 작은 실수를 반복하는 것이다[11]. 상대의 비언어 메시지를 이해할 수 있다면 그의 심리적 상태를 읽고 비즈니스의 상황을 유리하게 주도할 수 있다.

유용한 비언어 커뮤니케이션

비즈니스 세계에서 첫인상은 무엇보다 중요하다. 후광효과가 작용해 비즈니스 결과에 영향을 미칠 수 있기 때문이다[13]. 그렇기에 비지니스 미팅의 첫 만남에서 긍정적인 첫인상을 남기기 위해 최선을 다한다. 여기서 가장 크게 작용하는 것은 비언어 커뮤니케이션이다. 첫 만남에서 당신의 자세, 표정, 제스처, 심지어 옷차림까지! 언어 이외에도 많은 부분에서 결과를 바꿀 수 있다. 나아가 이런 비언어의 효과를 잘 알고 있다면, 협상이나 계약 등 비즈니스의 결과를 짐작해 볼 수도 있다. 보다 구체적으로 이번 챕터에서 비언어 메시지를 익혀 비즈니스 전략에 활용해 볼 수 있도록 하자.

첫째, 몸과 발끝의 방향은 거짓말을 못 한다.

아래 그림에서 여성과 남성의 몸이 향하는 방향을 보자. 두 사람의 몸과 발끝의 방향이 서로를 향해 있는 것을 알 수 있다. 서로에게 호감이 있는 두 사람은 현재 서로의 이야기에 매우 집중하고 있다. 당연히 몸의 방향과 발끝이 서로를 향할 수밖에 없는 것이다. 실제로 많은 행동 전문가는 발끝의 방향으로 상대방의 호감도와 대화의 집중도를 알 수 있다고 한다.

누군가와 대화할 때, 상대의 발끝 방향과 몸의 방향을 살펴보기를 바란다. 만약 상대가 당신에게 호감이 있고, 이야기에 집중하고 있다면 그의 발끝의 방향은 나를 향할 것이다. 반대로 상대의 발끝이 입구를 향하고 있는 것을 발견했다면? 그는 지금 나의 말에 집중하기보다는 언제 이 자리를 떠나는 것이 좋을까 최적의 타이밍(탈출 전략)을 고민하고 있다는 뜻이다. 선택은 당신이 해야겠지만, 이럴 때는 상대에게 혹시 급한 일정이나 걱정거리가 있는지 물어보고 화제를 돌리거나 자리를 정리하는 센스를 발휘해 보는 것은 어떨까? 상대를 배려하는 당신은 좋은 기억으로 남을 것이다.

둘째, 자세는 상대의 심리 상태를 그대로 알려 주는 오픈북이다.

만약 한 사람은 자기 허리에 손을 대고 어깨를 쫙 펼치고 있고, 다른 한 사람은 팔 끝을 오므리고 손으로 배꼽과 중심부를 가리고 있다면 둘 중 어떤 사람이 더 상급자나 권력자로 보일까? 사람들은 자신이 속한 집단이나 자신이 있는 공간에서 자신감이 있다고 생각될 때는 무의식적으로 몸을 한껏 펼친다[14]. 만약 당신이 평소 자세가 위축되고 팔 끝을 오므리거나 굳어져 있다면, 상대에게는 소심하고 자신감 없는 사람으로 보일 수 있다. 의식적으로 몸의 긴장을 풀고 어깨를 펴 직장에서 자신감 있는 이미지를 만들어 보자. 그렇다면, 당신의 업무 역량도 더 돋보일 것이다.

셋째, 상대방의 비언어 메시지를 빠르게 읽고 눈치코치 빠른 센스 있는 일잘러로 거듭나자.

상대가 대화 도중 갑자기 팔짱을 낀다면 이는 보통은 부정적인 몸짓 언어로 해석할 수 있으며, 방어적인 마음의 표현 또는 상대에게 심리적 거리가 생기기 시작했다는 신호로 볼 수 있다[15]. 때로는 긴장이 되거나 다른 사람이 팔짱을 낀 것을 따라 했을 수도 있다. 이렇듯 부정적인 비언어 신호를 발견했다면 어떻게 하면 좋을까? 이때는 펜을 빌리는 등 작은 부탁으로 상대가 자연스럽게 팔짱을 풀도록 하는 것이 대화의 긍정적 결과를 유도하기 더 좋다. 물론 대화를 통해 상대의 마음이 상한 부분이 있다면 우선 그 원인을 찾아 해결하려 노력하는 것도 필요하다.

상대가 목 부분을 감싸는 행동은 무슨 의미일까? 상대방은 현재 스트레스를 많이 받았고, 또 불안함을 느끼고 있다는 의미이다[7]. 이렇듯 상대방의 비언어로 그의 상태를 알게 되었다면, 이를 배려하는 센스가 필요하다. 상대의 흥미 여부와 상관없이 대화를 길게 주도하는 것 대신 상대에게 휴식을 권하는 것이 좋다. 만약 회의 중이었다면 짧게라도 휴식 시간을 갖거나 추후 편한 시간을 잡아 다시 이야기를 나누는 것이 업무에 훨씬 효율적이다.

넷째, 눈빛이 말해 주는 것을 놓치지 말자.

"사람의 눈은 혀만큼이나 많은 말을 한다. 게다가 눈으로 하는 말은 사전 없이도 전 세계 누구나 이해할 수 있다."

– 랄프 왈도 에머슨

눈맞춤은 매우 짧은 시간 안에 사람 사이를 강력하게 연결해 주고, 상대와의 유대감과 신뢰를 순식간에 끌어올릴 수 있는 강력하고 효과적인 비언어이다[10]. 단 너무 지나치지 않아야 한다. 만약 당신이 상대를 강렬한 눈빛으로 계속 쳐다본다면, "나는 싸울 준비가 되어 있다. 절대 물러서지 않겠다."라는 메시지를 당신도 모르게 전달하는 것이다. 반대로 첫 만남에서 강렬한 눈빛으로 당신에게 부담을 주는 상대가 있다면? 이때 당신이 상대를 흔들림 없이 바라본다면, 그는 당신을 만만하지 않은 상대로 판단할 것이다. 단, 이 전략은 당신이 상대에게 이성적인 호감이 있는 경우에는 달라져야 한다. 이런 미세한 차이를 익히려면 연습이 필요하다.

대화를 나눌 때, 공들여 중요한 자리를 만들어 놓고 시선 처리를 잘못하여 성과가 없거나 그 효과가 반감된다면 공든 탑을 제 손으로 무너뜨리는 격이다. 이런 일은 주변에서 흔히 볼 수 있는데, 상대와 대화 중에 휴대전화의 메시지를 확인한다든가, 심지어 답장을 보내기도 한다. 심한 경우엔 전화를 받아 통화를 하기도 한다. 성공한 비즈니스를 운영하는 사람들은 자신의 시간 관리에 민감하다. '나와의 대화가 중요하지 않은가?'라는 느낌이 들면 이후 만회하기 어렵다. 만약 당신의 이야기를 듣고 있는 상대가 눈맞춤을 하지 않고 호응이 늦다면 그는 내 이야기에 집중하지 못하고 다른 생각을 하고 있으며, 지금 마지못해 '듣는 척'하는 중이다. 시간 낭비를 하고 싶지 않다면, 이 대화를 계속할 것인지 결정해야 한다. 당신의 시간은 소중하니까.

다섯째, 생각보다 많은 비언어 정보를 주는 입의 모양

코로나 시기에 마스크는 우리 생활의 필수품이었다. 거리는 물론이고, 학교에서도 학생들은 마스크를 쓰고 생활했는데, 마스크를 착용하면 얼굴 인식률이 15%나 낮아진다고 한다[16]. 코로나 팬데믹 기간 중 태어난 아기들을 생후 24개월 동안 관찰 조사한 결과, 다른 발달은 코로나 이전에 태어난 아이들과 뚜렷한 차이가 없었으나, 커뮤니케이션 발달은 이전에 비해 늦어졌다는 연구 결과가 있다. 이는 아이가 밖에 나가기 힘들었기 때문에 만날 수 있는 사람도, 듣는 말도 제한적이었던 것이 주원인으로 분석된다. 유아들은 주로 비언어로 언어 학습을 시작하는 점도 영향을 미쳤을 것이다. 한편, 국내 한 기관의 청소년 대상 설문조사에 의하면, 친구들과의 소통에 어려움을 호소하고 있는 것을 알 수 있다. 정서 발달 시기에, 학교에서도 장기간 마스크를 쓰고 생활했기 때문으로 보인다. 입의 모양은 상대의 감정을 파악하는 중요한 단서가 되기 때문이다.

여섯째, 눈과 입의 표정 부조화

비즈니스 상황에서 나의 감정을 온전히 표정에 드러냈다간 일을 그르치기 쉽다. 울고 싶은 상황이 생겨도 포커페이스로 감정을 내려 두고 상황에 집중해 전문가다운 모습을 보여야 한다. 그런데 만약 상대가 눈은 웃고 있는데, 입꼬리는 반대로 처져 있다면 상대에게 어떤 인상을 줄까? 이런 사례를 정치인에게 찾아볼 수 있다. 미국의 전 대통령 트럼프가 공화당의 대통령 후보 경선에 출마했을 당시, 상대인 크루즈 후보와 큰 표 차이가 나지 않았다. 오히려 초반엔 크루즈가 앞선다는 것이 언론의 평이었다. 그런데 TV 토론이 거듭될수록 두 후보의 표 차이는 더욱 크게 벌어졌는데,

그 이유는 무엇이었을까?

    도널드 트럼프 후보는 대통령 후보로서 자질이나 정책 등이 상대적으로 부족한 면이 많다는 평가였으나 결과는 트럼프 후보의 승리였다. 언론에선 두 후보의 미소를 비교하며 크루즈 후보의 입 모양이 아래로 처져 있는데 반면 눈의 표정은 웃고 있는 사진에 대해 '불편하다.' '오싹하다.'라고 평가했다. 전문가들은 크루즈 후보의 웃음이 대중에게 불안감과 혐오감을 주었기에 대중은 트럼프를 선택했다고 분석했다. 인간의 뇌는 본능적으로 웃는 얼굴을 더 선호하며, 환한 미소는 전두엽에 있는 안와전두피질을 자극하고, 이는 호의적인 반응으로 이어진다[17]. 이처럼 대중의 선택에 많은 영향을 미치는 비언어는, 비즈니스의 결과에도 영향을 미치는 중요한 정보이다.

03

비언어 커뮤니케이션
심화 활용법

비언어 커뮤니케이션을 활용할 때는
상대의 습관과 문화적 차이도 고려해야 한다.

비언어 커뮤니케이션 활용 주의점

지금까지 감성 커뮤니케이션의 활용을 비언어 커뮤니케이션을 중심으로 정리해 보았다. 그런데, 이 비언어 커뮤니케이션을 활용할 때의 주의점이 있다. 상대의 습관이나 문화적 차이를 알지 못하고 무조건 적용하면 오히려 독(毒)이 되는 경우이다. 이를 예방하기 위해 몇 가지 주의 사항에 대해 살펴보자.

첫째, 문화적 차이를 주의하라

유망한 기술 회사의 대표인 K씨는 중동의 한 업체와 계약 미팅을 갖게 되었다. 타고난 유머 감각과 언변으로 클라이언트의 마음을 사로잡은 그는 이제 계약서에 마지막 서명만 남겨 놓은 상황이다. 일이 잘 풀려 긴장이 풀린 그는 자세를 고쳐 앉다 다리를 꼬며 상대에게 신발 밑창을 보이게 되는데, 갑자기 상대가 인상을 찌푸리더니 자리를 박차고 나가 버린다. 이게 도대체 무슨 일인지 어안이 벙벙한 k씨가 상황을 수습하려 노력했지만, 결국 그는 계약 실패라는 쓸쓸한 결과와 함께 귀국하게 되었다. 이는 k씨가 중동의 일부 국가에선 자신의 발끝을 보여 주는 것이 상대를 모욕하는 비언어임을 전혀 몰랐기에 벌어진 일이다. 글로벌 비즈니스 시대에, 문화권에 따라 달라지는 비언어를 모두 다 익힐 순 없지만 적어도 비즈니스 상대방 국가의 문화적 비언어 신호는 미리 익힌 뒤, 미팅 자리에 참석하는 것이 좋다[18].

나라별 비언어 커뮤니케이션 주의점	
호주, 라틴아메리카	엄지를 척 올리는 행동은 무례한 태도, 욕이나 거절 의미
그리스, 영국, 터키 일부 지역	'브이' 손가락 사인은 상대에게 모욕을 주는 신호
이탈리아	대화할 때 턱 밑을 만지는 것은 상대의 말에 관심이 없다는 의미
오스트레일리아	이성 간 윙크는 친한 사이에서도 하지 않음. 성적인 암시를 주어 무례한 태도
브라질	O.K를 하는 손가락 제스처는 욕설에 해당함
일본	술잔이 1/3 이하로 남았는데 첨잔을 안 하면 술자리를 끝내자는 표시 (첨잔문화)

둘째, 신뢰를 위해 목소리를 상대에게 맞춰라

사람들은 본능적으로 자신과 비슷한 속도와 리듬으로 말하는 사람에게 호감을 느낀다. 상대의 말투, 억양이나 스타일, 리듬 등을 따라가는 것을 페이싱(Pacing)이라고 한다[19]. 이는 상대를 안심시키고 라포르(Rapport)를 즉각적으로 형성하는 데 도움이 된다. "나는 당신과 비슷합니다."라고 그에게 암묵적인 사인을 보내는 것이다. 코칭을 시작할 때, 코치들은 자연스럽게 고객의 대화 속도와 톤을 맞추며 상대의 마음을 열고 신뢰 관계를 형성한 후 대화를 시작하려고 노력한다. 라포르의 중요성을 잘 알고 있기 때문이다. 비즈니스에서 고객의 신뢰를 얻고 싶다면, 상대의 이야기를 들으며 그와 말의 속도나 말투를 맞추는 자연스러운 페이싱(Pacing)을 시도해 보자.

비언어 커뮤니케이션의 목소리 활용에서 주목할 점은 '정지(Pause)'이다. 이 정지에는 두 가지 면이 있는데, 비의도적 정지와 의도적 정지가 있다. 비의도적 정지인 침묵은 상대의 말에 대답하기 위해 멈추는 것이다. 상대의 질문이 정말로 어려워서 무슨 말을 해야 할지 생각하는 것일 수도 있고, 다른 경우는 상대의 예상하지 못했던 말에 당황하여 생각하기 위해 멈추는 것일 수도 있다. 두 번째는 '음', '아', '아시죠?'와 같은 습관적인 말을 포함한 의도적 정지인 '멈춤'이다. 연구 결과에 의하면, 이런 습관적인 말들은 그에 대한 신뢰성을 감소시키고, 심지어 취업 면접에서는 부정적인 영향을 준다고 하니 주의할 필요가 있다. 습관적인 추임새를 줄이고, 신뢰감 있는 말하기를 하고 싶다면, 가장 좋은 방법은 자신이 이야기하는 것을 녹음해서 들어 보는 것이다. 녹음된 자신의 목소리를 듣는 것이 어색하겠지만, 꼭 시도해 보자. 평소 자신이 인지하지 못했던 언어습관을 발견하기 가장 쉽고 빠른 방법이기 때문이다. 실제로 스피치 전문가나 아나운서, 유명 방송인들도 추천하는 효과가 인증된 방법이니 믿고 시도해 보길 바란다.

셋째, 침묵도 전략이다

대화 도중 갑작스레 침묵이 흐르면 왠지 무슨 말이라도 해야 할 것 같아 불안하고 초조해하는 사람들이 있다. 결국 어색한 순간을 참지 못하고 침묵을 없애려 아무 말이나 건넸다가 말 실수를 하고 뒤돌아 후회하기도 한다. 하지만 침묵은 잘 활용하면 커뮤니케이션을 윤택하게 만들어 준다.

"말하면 백 냥 금이요 입 다물면 천 냥 금이다."라는 속담이 있다.

필요 없는 말은 되도록 하지 않는 것이 좋고, 하고 싶은 말이라도 참는 것이 더 낫다는 뜻이다. 비즈니스 상황에서는 한 마디 실수로 낭패를 보기보다는 상대의 반응을 기다리며 준비하는 시간을 갖는 '침묵의 미학'을 즐기는 여유도 필요하다.

넷째, 옷은 훌륭한 비언어 커뮤니케이션 전략이다

옷이 커뮤니케이션의 역할을 하냐고? 답은 물론 '그렇다'이다. 옷은 현재 그 사람의 의식과 무의식 상태를 동시에 들여다볼 수 있는 단서가 된다. 이를테면 직장에 출근할 때와 중요한 비즈니스가 있을 때, 그리고 가족이나 친구들을 만나 편안한 시간을 가질 때 입는 옷은 다르다. 누구나 중요한 일정이 있는 날 자신이 가진 옷 중 최대한 단정하고 고급스러운 옷을 입으려고 노력한다. 비즈니스 매너의 기본은 T.P.O(Time, Place, Occasion)에 맞는 차림새이다. 상대의 차림새를 보면 지금 그의 심리 상태가 어떤지 파악할 수 있다.

  공식 석상의 사례를 살펴보자. 세계 정상들의 외교에 동행한 영부인들의 의상 선택 기준은 일반인들의 그것과 다르다. 단순히 아름답고 자신이 돋보일 수 있는 의상을 고르는 것이 아니다. 영부인의 의상은 그 자체로 외교적 메시지가 있기 때문에, 방문국의 문화나 역사, 대한민국을 대표할 수 있는 의미가 담긴 옷을 고심하여 고르는 것이 정석이다. 따라서 방문국에서 선호하는 색상이나 국기 등 상징적 의미나 이번 외교의 중심 메시지 등을 고려해 가장 좋은 메시지를 전할 수 있는 것을 선택한다.

  다른 사례로, 강사들은 강연을 의뢰받은 기업의 로고 컬러를 활용한 의상을 입고 출강을 하기도 한다. 의상으로 호감의 메시지와 시각적인 라포르를 형성하는 전략이다.

다섯째, 문자와 이메일은 업무의 필요조건이다

  복잡한 현대사회, 좋은 관계를 유지하고 싶지만, 감정표현이 서툰 현대인들에게 이모티콘은 상당히 유용한 커뮤니케이션 도구다. 초창기 이모티콘은 1980년 초 미국 카네기 멜런 대학의 한 학생이 최초로 사용했는데, 초기에는 웃는 모습의 이모티콘이 대부분이었다. 요즘은 SNS나 문자 커뮤니케이션의 한계 극복을 위해 이모티콘을 많이 활용한다. 특히 연령이 어려질수록 더욱 그러한데, 이들은 직장에서도 이메일이나 문자 등 비대면 소통을 대면 소통보다 더 선호한다. 비대면 소통으로 전달자의 의도가 잘 전달된다면 좋겠으나 실상은 잘못 해석될 가능성이 상당히 높다. 따라서 문자만 보내기보다는 자신의 감정, 상황에 맞는 표현을 도와주는 개성 있는 이모티콘을 여러 개 구매해 활용한다. 이는 소통의 오해를 줄이는 데 많은 도움을 준다. 게다가 자신의 개성과 센스를 뽐내는 양념 역할을 하기에 많은 사람이 구매하고 활용한다. 이런 유행으로 이모티콘 산업 규모는 총 7천억 원이 넘는 규모가 되었다. 그러나 과연 비언어가 전혀 없는 문자나 이메일로 하는 비대면 소통이 직장 업무 수행에도 아무런 지장이 없을까?

저스틴 크루거 등의 연구로 이를 알아보자. 연구자들은 대학생들에게 몇 가지 주제를 주고 주제별로 빈정거림, 슬픔, 화, 진지함이 전달될 수 있는 메시지를 만들도록 했다. 그리고 이 메시지를 다른 사람들에게 전달하도록 하였다. 전달 방법은 3가지로, 직접 얼굴을 보고 이야기하는 것, 목소리를 녹음하여 들려 주는 것, 이메일로 보내는 것이었다. 메시지 전달 전, 학생들에게 소통의 결과를 예측해 보게 하였는데, 참가자들은 대부분 3가지 모두 상대방에게 자신이 전하고자 한 의미가 잘 전달될 것이라 확신하였다. 하지만 결과는 그들의 예상과 크게 달랐다. 3가지 경우 모두 전달자가 의도한 바를 상대가 이해한 비율이 예상보다 훨씬 떨어졌다. 더 재미있는 것은 심지어 참가자와 매우 친한 학생들도 그가 보낸 이메일 작성의 의미 파악이 상당히 어렵다고 한 것이다[20]. 친구 사이의 오해는 후일 만나 이해를 위한 기회가 있겠으나, 비즈니스는 그렇지 않다. 업무의 진행을 위해 메시지와 이메일을 잘 활용하되, 중요한 이야기는 꼭 만나서 해야 하는 이유다.

여섯째, 호감을 높여 주는 공간 배치와 자리 배치

낯선 공간, 회의나 강연 등 처음 참석한 모임에서 어디에 앉아야 하나 고민을 한 번쯤은 했을 것이다. 회의실에선 어떤 자리가 리더를 위한 자리일까? 어떤 공간이라도 리더의 자리는 입구에서 가장 먼 안쪽이고, 실세들의 자리는 그 양옆이다. 이런 것을 알아야 하는 이유는 무엇일까? 사람들이 편안함을 느끼는 거리와 공간을 이해한다면, 타인의 공간을 침범하지 않으면서 존중하는 마음을 표현할 수 있기 때문이다. 개인이 편안함을 느끼는 사적인 영역은 60에서 120cm 사이이고, 사회적인 영역은 120에서 360cm, 그리고 공적인 영역은 360cm에서 750cm 사이다[11]. 만약 당신이 상대의 사적인 영역 안으로 예고 없이 불쑥 들어갔을 경우, 그는 불안함과 불쾌감을 느끼게 된다. 당신이 상대와 친해지고 싶은 욕심에 개인적인 영역을 나도 모르게 자꾸 침범한다면, 당신을 호감은 커녕 불쾌한 상대로 여길 수도 있다.

요즘 조직에선 평등한 회의 문화를 지향하는 사례가 점점 늘어나고 있는데, 이때 회의 공간은 가능하다면 원형 테이블이 가장 좋다. 하지만 테이블을 모두 다 바꿀 수 있는 여유가 없다면 직사각형 테이블에선 나란히 앉거나, 직각으로 마주 보고 앉는 배치를 통해 약간의 공간적 여유를 준다면 도움이 된다.

중요한 만남에서 상대가 나에게 오롯이 집중하도록 하고 싶다면 식당이나 카페에서 당신은 통로 쪽보다는 벽을 등지고 앉아 상대가 나에게 집중할 수 있도록 해야 한다. 상대가 벽을 등지게 앉게 하고 내가 사람들이 뒤로 지나가는 통로 쪽에 앉는다면, 상대는 나와 이야기를 하면서 뒤쪽 사람들의 움직임에 시선을 빼앗기기 때문에 주의가 흐트러지기 쉽다. 자리 배치는 중요성이 작아 보이나 결과의 차이는 크다.

일곱째, 바른 자세는 무엇보다 나를 돋보이게 하는 방법

당연한 이야기라 생각할 수 있겠지만 기본이 가장 중요한 법이다. 당신이 몸의 좌우 대칭을 잘 맞추어 힘 있고 바르게 서 있는 것은 권위와 자신감을 보여 주는 가장 좋은 방법이다. 다음 그림에서 왼쪽 사람과 오른쪽 사람 중 어느 쪽이 더 자신감 있고 신뢰감 있어 보이는가?

나이와 상관없이 바른 자세는 상대에게 호감을 주고, 또래보다 젊고 활력 있어 보이는 중요한 조건이다. 오른쪽 사람처럼 다리를 적절히 벌리고, 팔은 옆으로 자연스럽게 내려놓으며 팔꿈치는 살짝 굽혀 주는 자세가 가장 좋다. 이 자세가 좀 어색하다면, 노트나 펜 같은 소도구를 활용해 보자. 펜을 쥐거나 노트를 든다면 좀 더 편안하게 자세를 잡을 수 있다. 이 자세는 상대에게 좋은 인상도 줄 수 있지만, 스스로 자신감과 여유를 갖게 도와주므로 주변에 유리창 등 모습을 비출 수 있는 기물이 있다면, 때때로 자신의 자세를 자주 살펴보며 가다듬는 게 좋다. 성공적인 사회적 이미지는 하루아침에 만들어지지 않는다.

04

신뢰를 주는
비언어 커뮤니케이션 전략

비즈니스의 성공을 위해서는 말 자체가 아닌
상대의 신뢰를 얻을 수 있는 비언어 전략이 필요하다.

상대의 마음을 얻기 위한 비언어 커뮤니케이션 전략

비즈니스는 상대의 마음을 얻는 것으로부터 시작된다. 일반적으로 성
공적인 비즈니스를 위해서는 훌륭한 커뮤니케이션 능력이 필요하다. 인
간이 중요한 결정을 내릴 때, 감성 시스템에 영향을 많이 받는다는 것을
알고 있는 커뮤니케이션 고수라면, 자신의 비언어를 미리 점검하여 의도
하지 않은 실수를 예방하고 상대의 신뢰를 얻을 수 있다. 상대에게 신뢰를
얻으면, 말은 필요한 만큼 짧게 해도 된다. 이 챕터에서는 비즈니스 관계
에서 신뢰를 형성하는 비언어 커뮤니케이션 전략을 정리해 보자.

첫째, 상대의 눈높이를 배려하라

상대를 존중하는 마음을 표현하고 싶다면 그와 눈높이를 맞추어 서라[21]. 2000년대 초반 입소문을 타고 전국적으로 큰 성공을 이루었던 T.G.I.Friday's 패밀리 레스토랑은 처음 오픈하였을 때 당시로선 새로운 메뉴들도 화제였지만, 고객과 눈높이를 맞추기 위해 서버가 몸을 낮추어 주문받는 서비스가 더욱 큰 화제였다. 이는 상대를 존중한다는 메시지를 비언어로 전하는 심리 마케팅 전략이다. 비즈니스 미팅에서 상대에게 자연스럽게 눈높이를 살짝 맞춰 주는 배려는 상대와 내가 비슷하고 동등한 사람이라는 인상을 주는 비언어 메시지로, 상대의 호감과 신뢰도를 상승시킨다.

둘째, 상대의 공간과 시간을 배려하라

비즈니스에서 상대의 마음을 얻는 것은 그의 인맥이 나에게도 열린다는 것을 의미한다. 만약 상대와 충분히 친해진 것 같은데, 지인들을 소개받지 못했다면 그는 아직 당신을 신뢰하지 않는 것이다. 여럿이 만난 모임에서, 다른 사람의 이야기를 끊고 혼자 이야기를 계속하는 사람이 있다. 이는 함께하는 시간을 혼자 독점하는 것이다. 또 어딜 가나 함께 있는 공간에서 제일 목소리가 쩌렁쩌렁 울리는 사람도 있다. 이는 함께 있는 사람들에 대한 공간을 독점하는 사례로, 역시 상대에 대한 기본적인 배려가 부족한 것이다[22]. 다른 사람을 배려하지 않는 매너를 가졌다면 사석에서 아무리 재미있는 사람이라도, 지인을 소개해 주고 싶지는 않다. 그의 평판이 나의 평판에도 영향을 주기 때문이다.

개인의 사적인 공간을 침범하는 행동은 상대를 불편하게 하거나 불안하게 만든다. 외부의 낯선 장소나, 회의실에서 사람들이 무의식적으로 자리를 비울 때 자신이 쓰던 컵이나 노트 같은 것들로 자리를 맡아 두고 이동하는 것을 볼 수 있다. 이는 동물들의 영역 표시와 같은 본능적인 영역 지키기 행위로 해석할 수 있다. 암묵적으로 타인의 물건이 있는 자리엔 앉지 않는 것은 이 때문이다. 자리가 부족하면 물건 주인의 허락을 구하고 앉는다. 미국의 전 대통령 트럼프는 회의할 때 독특한 습관이 있었는데, 회의 테이블에서 자신의 앞과 옆에 있는 물건들을 계속 바깥으로 밀어내는 것이었다. 행동 심리학자들은 이를 자신의 권위를 과시하려는 행동으로 분석했다[23].

버스나 지하철 등 대중교통을 이용할 때, 사람들이 빈 자리가 많은데도 가까운 자리 대신 멀리 빈 자리에 앉는 것을 쉽게 볼 수 있는데, 이는 최소한의 사적인 공간을 유지하여 편안함을 느끼려는 본능적인 행동이다. 만약 당신이 상대방의 사적인 공간을 배려해 주지 않는다면 그의 호감이나 신뢰를 얻기는 힘들다.

셋째, 상대와 함께 이동하라

처음 만난 사람과 오랫동안 알아 온 사람처럼 친해지고 싶다면, 그와 만났을 때 장소를 옮겨 다니면서 시간을 보내는 것이 좋다. 예를 들어 업무로 회사를 방문한 사람과 한자리에서 오랫동안 상담을 진행하기보다는, 장소가 익숙해질 즈음에 마치 관광하는 것처럼 새로운 장소로 안내해 주면서 이야기를 나눈다. 사내의 카페에서 차를 마신 다음, 근처로 옮겨 점심을 먹고, 마무리 미팅은 회사의 회의실에서 하는 것이다. 이는 함께 새로운 경험을 여러 개 하면서 마치 오랫동안 여러 개의 경험을 함께한 것 같은 착각을 하게 한다. 한 가지 주의점은 적절한 시간 머무름과 이동이 이루어져야 효과가 있다는 것이다. 장소를 너무 자주 옮기는 것은 상대를 정신없고 피곤하게 하므로 역효과를 준다[21].

넷째, 비즈니스는 기본이 중요하다

직급이 높은 임원들이 말하는 가장 함께 일하기 힘든 사람은 기본적인 예의를 지키지 않는 사람이라고 한다.

예를 들어, 비즈니스 모임인데 '상석'에 신입 사원이 냉큼 먼저 앉아 버리는 일이라든가, 비즈니스 식사의 자리 배치를 잘못하는 경우다. 사무실에서도 마찬가지로, 사소해 보이지만 은근히 사람을 불쾌하게 하는 것이 자리 문제다. 공간에서 무의식적으로 느껴지는 비언어 메시지가 있기 때문이다[22]. 상대는 같은 공간에 있는 내내 불쾌한 감정을 느끼게 되고, 이 부정적 감정이 나의 평판과 연결되는 것이다. 임원들은 몰라서 그럴 수 있다고 이해하려 하지만, 기본적인 매너를 계속 실수하는 경우엔 일을 아무리 잘하는 직원이라도 좋게 평가하기는 어렵다고 이야기한다.

비즈니스 미팅에서 가장 기본은 예의를 갖춘 옷차림이다. 격식을 갖추어야 하는 비즈니스 미팅임에도 불구하고, 자율복장 근무 규정을 주장하며, 지나치게 편안한 차림으로 등장하는 사람들이 있다. 비즈니스에서 시간과 장소, 때를 잘 구분하는 것은 프로 직장인의 기본 매너다. 유연하고 수평적인 근무 환경을 위한 자율 복장 문화가 모든 복장에 관대하다는 의미는 아니다. 적어도 외부 고객과의 미팅에선 그렇다. 비싼 옷이 필요한 것이 아니다. 만약 근무복이 티셔츠라면 외부 고객 미팅 시엔 최소한 격식 없는 재킷이라도 한 벌 준비해 이 만남에 '성의'가 있음을 표현해 주어야 한다. 비즈니스에선 언제 어떠한 인연을 만나게 될지 모른다. 당신의 미래를 위해 자신에게 잘 맞는 기본 비즈니스 복장 하나는 계절에 맞춰 마련해 두자.

다섯째, 성공한 사람들의 2가지 특징

성공한 사람들의 공통적 특징 중 하나는 자아의식이 확고하고 일에 대한 만족도가 높다는 것이다. 그리고 다른 하나는 타인과 관계 맺는 능력이 뛰어나다는 것이다. 이들은 누구를 만나도 당당해 보이며, 마음이 통하고 신뢰감 있는 사람이라는 인상을 준다[22]. 성공을 위해 필요한 역량을 계발하는 것은 당신의 몫이다. 그러나 이 역량을 펼칠 기회는 감성 커뮤니케이션 능력이 만들어 줄 수 있다. 비언어 커뮤니케이션 능력은 당신의 역량과 자신감을 상승시켜 줄 것이며 이를 활용한 상황 이해와 문제 해결 능력은 당신의 분야에서 성장할 수 있는 '기회'를 열어 줄 것이다.

상황을 파악하는
센스 대화법

직장 내 소통문제, 조직 탓, 남 탓은 이제 그만! '주장형, 침묵형, 설명형, 요약형, 업무형, 관계형, 계획형, 변화형'의 8가지 유형에 따른 상황별 센스 있는 대화법으로 무장하고 '내적 · 외적 인간관계 성숙도'를 높여 직장 내 불편한 대화 상황에서 스스로를 해방시키자.

01

어서 와!
'나와 너'의 센스 대화법

인간적인 대화의 힘! '나와 너'의 대화 관계 맺기와
'상대적 대화 성향'을 이해하다.

대화형 AI솔루션 등장

마이크로 소프트 업무 동향 지수 2023 보고서에 따르면 전 세계적으로
64%의 근로자들이 의사소통에 많은 업무 시간을 쓰느라 창의성과 전략
적 사고를 발휘하는 데 어려움을 겪는다고 한다. 이 같은 복잡한 의사소통
의 어려움을 피하고자 직장 상사, 동료에게 '넵'으로 형식적이고 건조하
게 대답하거나, 반복적인 '넵' 대신 이모티콘으로 가볍고 명확하게 의사
를 표시하기도 한다. 라이프스타일 플랫폼 '오늘의 집'의 경우 메신저 '슬
랙'을 통한 이모지 소통이 자리 잡았다. 굳이 단어나 문장으로 대답하지
않고 간단한 이모지로 의사를 밝히는 경우가 많다고 한다[1].

더 나아가 의사소통에 과한 업무 시간을 쓰는 상황을 해결하기 위해

'직장인 전용 생성형 AI'를 사용하는 방안, 즉 'AI 근로자 동맹'이 새롭게 등장하고 있다. NH농협생명의 '코대리'는 보험업계 최초로 '온라인보험 1호 AI 설계사'라는 인격을 챗봇 서비스에 부여한 캐릭터이다. 사람처럼 자연어 대화가 가능한 대화형 챗봇 기능과 웹소설 형식으로 보험금 지급 사례 등을 설명해 주는 스토리형 챗봇 기능도 탑재되었다[2]. 이처럼 새롭게 등장한 AI 발전에 따른 실직의 두려움에도 불구하고 한국의 직장인 74%는 업무량을 줄이기 위해 가능한 많은 업무를 AI에 위임할 것이라고 답했다[3]. 이 같은 흐름에 따라서 2023년 나우앤서베이가 실시한 '대한민국 직장인 생성형 AI 이용 현황 조사'에 따르면 직장인 10명 중 7명은 생성형 AI를 사용한 경험이 있는 것으로 나타났다. 특히 응답자의 절반은 글로벌 생성형 AI 플랫폼 출시가 재직 중인 회사의 경쟁력에 긍정적인 영향을 미칠 것이라고 답했다[4].

대한민국 직장인들의 'AI 플랫폼' 니즈에 발맞춰 실제 업무에 생성형 AI를 사용할 수 있도록 토대를 마련한 국내 AI 스타트업과 중소기업들 역시 등장하고 있다. 특히 '스켈터랩스'는 대화형 AI 기술력을 담은 신규 브랜드 '벨라(BELLA)'를 출시하며 본격적인 '거대 언어 모델(Large Language Model, LLM)' 서비스 상용화에 나섰다. '벨라-큐나(QNA)'는 기업 내부 정보나 실시간 변동되는 이벤트성 정보 등에 즉각 대응해 질의응답이 가능하고, 문서 등 기업 내 데이터를 학습해 사용자가 질문을 하면 필요한 답을 바로바로 찾아 주는 서비스를 제공한다[5]. 이와 같이 시대의 흐름과 필요성에 의해서 갈수록 정교화되는 기업용 '대화형 AI 솔루션'은 직장 내 의사소통에 어려움을 겪는 직장인들의 고민을 깔끔하게 해결해 줄 수 있을까?

　텍스트 생성형 AI의 문제점 역시 간과할 수는 없다. 텍스트 생성형 AI는 소통 시 상황과 맥락을 정확히 고려하지 못한 정보 중심의 전달을 하는 경우가 많았고, 정확하지 않거나 틀린 내용을 사실처럼 이야기하는 '할루시네이션(환각)' 현상을 보이기도 한다. 또한 사용 중에 회사기밀정보의 노출과 유출의 위험이 있고, 생성형 AI가 만들어 낸 거짓 뉴스와 거짓 정보 확산 등의 문제점을 동시에 지니고 있다. 이와 같은 수많은 문제점과 AI 윤리 문제를 지속해서 보완 및 개발하여 실제 업무 소통에 생성형 AI를 사용할 수 있도록 토대를 마련한 기업들이 계속해서 등장하는 지금, AI와 공생하며 살아남기 위해서는 인간에게 더욱 유리한 두 가지 대화법을 반드시 익혀야 한다.

〈AI와 공생하며 살아남기 위한 두 가지 대화법〉

첫째, AI처럼 텍스트(내용, 정보전달)에 매몰되지 않고 콘텍스트(맥락, 상대적인 분위기 파악)에 집중하는 인간적인 대화를 할 수 있어야 한다.

둘째, 직장 내 수시로 바뀌는 상황과 입장 차이에 따라 변화하는 팀원들의 *상대적 대화 성향'을 고려한 '상처받지 않는 성과지향의 효율적 대화'를 할 수 있어야 한다.

*상대적 대화 성향: 직장에서 한 사람에게 절대불변의 대화 성향은 존재하기 어려우며, 상황과 입장 또는 관계에 따라 상대적인 대화 성향을 보이게 된다.

직장에서의 무례한 소통 경험

2022년 6월 한국EAP협회는 직장인을 대상으로 '직장 내 무례함 경험 실태'에 관한 설문조사를 실시했다. 설문조사 결과 최근 6개월 이내에 직장에서 무례함을 경험한 적이 있다고 응답한 직장인 비율이 100%에 달했다[6]. '말 자르기와 의견 무시, 다른 사람 앞에서 면박주기, 성과나 노력 무시'와 같은 의사소통의 문제로 무례함을 경험한 경우가 큰 비중을 차지했다. 이처럼 대다수의 직장인이라면 직장 내 원활한 소통이 어려워 불편함을 느껴 본 것에 고개를 끄덕일 것이다. 소통 중 상호 간의 오해로 갈등 상황까지 이어져 어려움을 겪어 본 직장인이라면 무례한 말을 무조건 참아내거나 '화'를 내는 것이 아닌, '이성적 판단 및 대처'가 필요하다는 것을 명심하자[7].

〈상대방에게 상황과 감정을 통제하기 어려운 무례한 말을 들었을 때 마음가짐〉

1. 침착함을 유지하기 어렵고 흥분된 상태라면 차라리 말을 아끼자. 괜한 말실수로 무례한 말을 하는 똑같은 사람이 되어 버릴지도 모르니까. '나까지 상대의 부정적인 감정에 휘둘려 말실수하고, 그로 인해 신경 쓰이고 눈치 보고 후회하며 하루를 망쳐 버리지 않을 거야.'라고 생각한다면 화낼 가치가 없다는 것을 알아차릴 것이다.

2. 상대방의 무례함은 나의 책임이 아니고 '그 사람의 선택일 뿐'이다. 즉, 상대방의 말이나 행동은 내가 통제할 수 있는 영역이 아니고, 내가 통제할 수 있는 것은 오직 내가 하는 말과 행동뿐이라는 사실을 기억하자[8].

3. '오늘 기분 다 망쳤네! 어떻게 나한테 이런 말을 하지? 나를 도대체 어떻게 생각하는 걸까? 더 이상 도저히 참을 수 없어!'와 같은 생각으로 무례한 말을 하고 싶은 순간을 참아 내고 '이성적으로 판단하고 대처'해 냈는가? 그렇다면 원만한 직장 생활 소

통을 위해 마음을 잘 다스려 이성적으로 행동한 자기 자신, 소통 스킬이 한 뼘 더 성장한 스스로를 아끼지 말고 칭찬하자.

"만일 당신이 논쟁, 언쟁, 반박을 한다면 흔히 승리를 거둘 수 있다.
그러나 그것은 무익한 것이다.
당신은 상대방의 호의를 절대로 얻을 수 없기 때문이다."

– 벤저민 프랭클린

'나와 너'의 대화 관계

상처받지 않고 효율적으로 대화하고 싶다면 접근 방법은 매우 간단하다. 먼저 상대방과 '나와 너'의 대화 관계를 맺어야 한다는 것이다[9]. 나와 상대방 모두를 '주인공'으로 생각하는 '나와 너'의 대화 관계를 맺음으로써, 상황과 입장 또는 관계에 따라 달리하는 상대방의 '상대적인 대화 성향'을 이해해야 한다. 예를 들면, A 패션 회사 입사 동기 김사랑 씨가 아침에 모닝커피를 사 주며 기분 좋은 표정으로 "이것 좀 봐요. 새로 산 스카프인데, 어제 남편이 예쁘다고 골라 줬어요. 어때요?"라고 묻는다. 과연 어떻게 대답하는 것이 좋을까?

① '나와 나'의 대화 관계(나는 주인공, 당신은 엑스트라)
"사랑 씨는 이런 도트 무늬 스카프보다 스트라이프 무늬 스카프가 더 잘 어울리는 것 알죠? 그리고 퍼스널 컬러와도 안 맞아서 얼굴이 좀 더 칙칙해 보이는 것 같아요. 차라리 이런 스타일은 저한테 더 잘 어울릴 것 같은데요?"

② '나와 너'의 대화 관계(나와 당신 모두 주인공)

"사랑 씨 남편분께서 골라 주셨다고요? 정말 다정하시네요. 평소 스
트라이프 무늬 스카프를 즐겨 하셨는데, 도트 무늬 스카프를 하시니
색다르고 산뜻한 것 같아요. 사랑 씨가 평소에 즐겨 입는 블랙 계열
브이넥 블라우스랑 같이 착용하시면 더 예쁠 것 같은데요?"

위 ①의 '나와 나'의 대화 관계에서는 상황과 맥락, 상대방의 기분은 고
려하지 않은 채 내가 하고 싶은 말을 정보 위주의 직설적 전달 방식으로
표현한 것이다. 그저 나의 입장에서만 생각하고 상대방을 배려하지 않는,
즉 나만을 주인공으로 생각하고 상대방은 엑스트라로 만들어 버리는 '나
와 나'의 대화 관계가 되어 상대방을 불편하게 만드는 것이다. '나와 나'의
대화 관계를 지향하는 사람의 경우, 무의식적으로 언제나 자신만이 대화
의 주인공이 될 수 있다고 생각한다. '나와 나'의 대화 관계는 직장생활을
함에 있어 인간관계에 오해와 갈등의 싹이 되기도 한다. 만약 같은 질문에
②와 같이 대화의 맥락을 이해하고, 상대방의 상황을 존중하고 배려하는
마음으로 대답한다면, '나와 너'의 대화 관계가 맺어지면서 모두가 기분
좋게 주인공이 될 수 있다. 그뿐만 아니라 서로에게 호감을 느끼며 업무적
인 도움을 주고받음은 물론, 직장에서 함께 성장하는 든든한 인간관계를
만들어 갈 수 있을 것이다.

'나와 너'

주인공 : 주인공

가장 중요한 것은
당신이 다른 사람들을 그리고 세상을 대할 때
그것이 살아 있는 것처럼 대하는 것입니다.
당신이 함께 일하는 사람들이나 당신과 결혼한 사람,
그들은 당신을 위한 드라마에 출연하고 있는
엑스트라들이 아닙니다.
그들은 실제로 살아 있고 당신의 세계도 진짜입니다.

David Whyte

챕터 7에서는 '나와 너'의 대화 관계와, 상황과 입장 또는 관계에 따라 달리하는 '상대적 대화 성향'을 바탕으로 조직 내 8가지 유형에 따른 상황별 센스 있는 대화법을 소개하겠다.

02

'주장형 vs 침묵형'의
상황별 센스 대화법

'주장형 & 침묵형'에게 상처받지 않고,
센스 있게 대화할 수 있는 소통비법을 찾다.

'주장형'과의 대화법

채용플랫폼 사람인이 실시한 설문조사에 따르면, 무려 직장인 95.6%가
회사 생활에서 중요한 덕목으로 대화기술을 뽑았다[10]. 그중 47.4%는 대화
에 어려움을 느끼고 있었으며, 비호감 말하기 유형 1위는 '자기중심적이
고 권위적인 말'이었다[11]. 자신의 의견을 적극적으로 표현하는 조직원일
수록 '문제해결'과 '비난과 강요'라는 갈등관리 방식을 선호하게 된다[12].
이와 같은 소통방식은 상대방에게 '자기중심적이고 권위적인 말을 종종
한다'는 느낌을 주어 직장 내 불편함을 초래하는 '주장형' 소통방식을 지
닌 사람이 될 수 있다. 이처럼 자신의 의견을 적극적으로 표현하는 주장형
의 특징은 추진력이 강하고 결정권을 갖기를 원하며, 업무 진행 속도가 빠
르다. 인정받고 싶은 욕구가 강하며 자존심을 상하게 만드는 말이나 무시

하는 말투에 매우 민감하게 반응하기도 한다.

주장형이 높은 톤의 목소리로 빠르게 말하며, 신속한 선택 및 결정을 압박하는 상황

나주장 선임: 팀장님! 지시하신 ○○○ 프로젝트 진행 관련 경쟁사 분석 결과, 마감 기한에 맞추기 위해서는 지원 인력이 3명 더 필요합니다. 시간이 촉박 하니 오늘까지 바로 인력지원 해 주세요. 현재로서는 터무니없이 부족 합니다.

나차분 팀장: 나주장 선임이 하는 일이 많을 텐데, ○○○ 프로젝트도 꼼꼼히 살펴보 고 준비해 줘서 고마워요. 짧은 준비시간이었는데 경쟁사 분석 자료가 매우 디테일하여 큰 도움이 될 것 같습니다. (목소리 톤 낮추고)지원 인력 관련 나주장 선임 의견 충분히 이해하고 존중합니다. 우선은 검토 를 해 보고 내일 출근하자마자 다시 미팅하면 어떨까요?(결정권 부여)

이와 같은 주장형과 소통을 잘하고 싶다면 두 가지 대화법을 기억하자.

1) 높여 주고 인정해 주기

인정욕구가 강한 주장형의 의견에 바로 반대 의사를 표현하기보다는 '~에 관해서 말씀을 아주 잘해 주셨는데요, 잘 알고 계시는 바와 같이, ~ 해주신 덕분에 많이 배울 수 있었습니다.'와 같이 먼저 높여 주고 해당 의 견을 인정해 주는 표현을 사용해야 한다.

2) 목소리 낮추고 검토 의사 표현

만약 주장형의 의견에 반대하거나, 부정적인 결과만을 답해야 한다면 더욱 정중한 태도로 임해야 한다. 먼저 주장형의 높고 빠른 톤의 목소리를 따라가지 않고 낮은 톤의 목소리로 정중하게 검토 의사를 표현한 후 사실을 바탕으로 한 반대 근거자료를 확보해야 한다. 또한 주장형이 직접 결정할 수 있도록 대화 분위기를 조성하는 것이 중요하다.

'침묵형'과의 대화법

침묵형은 평소에 말을 잘 하지 않아 업무 및 직장생활 자체에 의욕이 없는 사람으로 보이거나, '내 의견을 무시하나? 나를 싫어하나?'와 같은 오해를 발생시킨다. 이와 같은 침묵형의 특징은 질문을 받고 생각 후 대답하기까지 시간이 오래 걸리며, 갑작스러운 질문 후 적극적인 대답을 유도하면 심적 부담을 느낀다.

침묵형이 자신의 의견을 잘 말하지 않고, 거의 듣기만 하려는 상황

나선택 사원: 나침묵 선임님, 요즘 업무가 힘들어 보이시는데, 이번 인증심사 건 자료 준비가 힘드세요? 아니면 업체 미팅이 힘드세요?

나침묵 선임: 업체 미팅이 힘들어요.

이와 같은 침묵형과 소통을 잘하고 싶다면 두 가지 대화법을 기억하자.

1) 양자택일형, 선택형질문

양자택일형이나 선택형질문과 같은 닫힌 질문을 활용한 대화법은 적극적인 대답 유도 및 열린 질문을 자제해서 침묵형의 피로도 및 부담감을 낮출 수 있다. 또한 둘 중의 하나의 답이 더욱 빠른 속도로 나오면서 관련된 추가 질문 응답이 자연스럽게 이어질 수 있다. 말수가 적은 침묵형의 표정, 눈빛과 같은 비언어적 커뮤니케이션에 더욱 집중해 의도를 파악하는 것도 잊지 말자.

2) 느린 반응속도 맞춰 주기, 회의 주제 및 규칙 사전 공유

침묵형의 느린 반응속도에 맞춰 답변을 기다려 줘야 한다. 침묵형과의 대화가 힘들었던 직장인이라면 한 번쯤 스스로를 성찰해 보자.

*성찰 포인트: 그동안 생각하는 시간이 오래 걸리는 침묵형에게 스스로가 기대하는 반응 속도가 너무 빨랐던 것은 아닐까? 조급한 마음에 상대방의 답변을 기다려 주지 못하고 계속해서 다른 질문을 던져 상대가 말할 틈을 찾지 못하고 그저 침묵할 수밖에 없었던 것은 아닐까?

또한 침묵형과 회의 및 토론을 해야 할 경우, 빠른 진행을 원한다면 사전에 회의 주제 및 규칙을 공유하여 침묵형이 미리 준비할 시간을 주는 것도 좋은 방법이다. 만약 회의 진행 중 생각할 시간이 더 필요하다고 판단되면 침묵형에게 상대적 여유 시간을 주기 위해 다른 사람에게 먼저 발언권을 준다.

03

'설명형 vs 요약형'의
상황별 센스 대화법

'설명형 & 요약형'에게 상처받지 않고,
센스 있게 대화할 수 있는 소통비법을 찾다.

'설명형'과의 대화법

링컨, 케네디, 처칠과 같은 위대한 연설가들이 공통으로 지킨 원칙은
'KISS'다. 이는 'Keep It Simple, Stupid(단순하게 그리고 머리 나쁜 사람도
알아듣게 하라)'는 말을 축약한 것이다[12]. 연설로 성공한 그들에게 배울
점은 무엇보다도 간결함이다. 직장 내 소통도 마찬가지 원리이다. 바쁘게
돌아가는 직장에서 업무보고 및 지시를 할 때 구구절절 설명하는 것보다
는 꼭 전달해야 하는 중요한 사항을 키워드 중심으로 간결하게 전달해야
효과적이다. 만약 불필요한 설명으로 시간을 끈다면 상대방은 매우 불편
함을 느낄 것이다.

하지만 설명형의 경우 정확하고 세세한 정보를 중시하는 만큼 상대방

에게도 꼼꼼히 설명하는 것을 좋아한다. 서론과 결론에서 같은 말을 반복적으로 강조하며 정리하기와 구체적 사례제시를 좋아하며 세부적인 것을 강조한다. 또한 상대방이 잘 이해하고 있는지를 대화 중간에 곧잘 묻기도 한다.

설명형이 업무보고를 지나치게 길게, 심지어는 했던 말을 반복하는 상황

나설명 선임: 팀장님, 업체 연결진행 상황에 대해서 말씀드리겠습니다. 세 군데 업체 중 단가가 가장 낮은 A 업체로 진행할 경우 기간이 조금 더 소요될 것 같습니다. 만약 기한을 맞추자고 B 업체를 연결한다면 단가가 너무 올라가서 예산을 더 받아야 할 것 같은데, 단가를 낮춰서 진행한다면 번거롭지 않을 것 같기도 합니다. 그렇지만 기한도 중요한데 지금 다른 업체를 다시 알아보기에는 시간도 부족하고, 같은 문제가 발생하지 않으리라는 보장도 없고…….

나인정 팀장: 나설명 선임, 미안하지만, 오늘까지 업체 연결이 어렵다는 말씀이죠? 꼼꼼히 잘 이야기해 줘서 빠르고 쉽게 이해됐어요. 내일 오전까지 기한을 우선순위로 3일 안에 보수공사 진행할 수 있는 업체 연결하시면 됩니다. 시간이 여유롭지 않으니 내일 오전에는 간략 구두보고 양식에 맞춰 주요키워드 중심으로 3분 미만의 효율적인 보고 부탁드립니다.

이와 같은 설명형과 원활히 소통하고 싶다면 두 가지 대화법을 기억하자.

1) '쿠션 용어+인정의 말' 사용 후 간략 구두보고 양식 요청

"시간도 없는데 같은 말 반복하지 마시고, 요점만 말하세요.", "그래서 결론이 뭐라는 거죠?"와 같이 직설적으로 표현하거나, 혹은 참고 듣다가 인내심의 한계로 표정이 어두워지는 등의 행동은 자제해야 한다. '죄송하지만, 실례지만'과 같은 쿠션 용어와 '~을 잘 정리해 주셔서, 미리 꼼꼼히 잘 살펴주셔서'와 같은 세심히 준비한 것에 대한 수고로움을 인정해 주는 말을 사용하자.

2) 先 맞장구, 後 화제전환

직장에서 인간관계 형성을 위한 사적인 대화를 시도하며 같은 말을 반복할 때는 "지난번에 이미 했던 말이에요. 제가 시간이 없으니, 다음에 이야기해요."와 같은 표현은 자제해야 한다. '先 맞장구, 後 화제전환' 전략으로 "~해서 정말 다행이라고 생각했겠어요."와 같이 먼저 결과를 정리하는 표현을 사용하여 맞장구를 치며 상대방이 이야기를 빨리 끝마칠 수 있도록 유도한다. 그다음 "아 참, 이번 ○○ 프로젝트~"와 같이 바로 업무 이야기로 자연스럽게 화제를 전환한다.

'요약형'과의 대화법

'요약형'은 직관력이 뛰어나고 촉이 좋은 편이기 때문에 거시적인 관점에서 맥락을 빠르게 짚는 능력이 탁월하다. 미래에 포인트가 맞춰져 있어 과거의 이야기보다는 미래지향적인 발언에 동기부여를 받으며 창의력과 상상력이 뛰어나다. 이와 같은 '요약형'은 반복적으로 길게 말하는 상대방을 불편하게 느끼며 도중에 말을 끊기도 한다. 직장에서 보고 및 피드백 전달 시 핵심 사항을 키워드 중심으로 간결하게 전달해야 하지만, '요약형'의 경우 너무 빠른 속도로 큰 그림만 전달하여 상대방이 이해하기 어려운 경우가 있다.

> 요약형이 거시적인 관점에서 맥락만을 빠르게 설명하여 세부 내용이 궁금한 상황
>
> 나요약 책임: 팀장님, 기획안 A는 24년 조직 문화 트렌드에 맞게 잘 기획되었고, 기획안 B는 ○○○ 경쟁사에서 현재 진행하고 있는 정책을 바탕으로 우리 기업의 특색에 맞도록 재구성해 보았습니다. 두 기획안 모두 정말 괜찮은 것 같은데, 어떤 것으로 추진하면 좋을까요?
>
> 나미래 팀장: 나요약 책임님, 큰 틀에서의 맥락 설명으로 인해 전체적인 구도가 잘 그려졌습니다. 기획안 A, B 관련 세부 자료 작성 폼에 맞춰 내일까지 부탁드립니다. 앞으로 세부 자료 작성 폼에 맞춰 업무보고 하신다면 성장 속도가 엄청 빠르실 것 같아요.

이와 같은 요약형과 원활히 소통하고 싶다면 두 가지 대화법을 기억하자.

1) 말을 끊는 것에 상처받지 않기

직관력이 뛰어나고 맥락을 짚는 능력이 탁월한 '요약형'은 상대방의 말을 조금만 들어도 요지를 금방 파악한다. 따라서 직장 내 일 처리 시간의 촉박함으로 인해 말을 끊는 경우가 종종 발생하는데, 이때 상대를 향한 공격이나 비난의 이유로 말을 끊는 것이 아님을 알아차리고 상처받지 않아야 한다. 또한 '요약형'과 대화할 때는 '내가 같은 말을 반복하고 있지는 않은가?, 키워드 중심의 주요 내용만 빠르게 전달하고 있는가?'를 성찰해 보며 중복되는 이야기는 최대한 자제하도록 한다.

2) 세부 자료요청과 미래지향 동기부여

큰 틀의 맥락 설명을 좋아하는 '요약형'에게 "뜬구름 잡는 것 같다, 현실성이 없어 보인다."와 같은 표현은 자제하고, 감사 인사 표현 후 세부적인 자료를 요청하면 된다. 대화 끝에 '앞으로~, 이렇게만 계속 노력하신다면~, 내년에는~'과 같이 미래 지향형 동기부여를 제시해야 한다는 것도 잊지 말자.

04

'업무형 vs 관계형'의
상황별 센스 대화법

'업무형 & 관계형'에게 상처받지 않고,
센스 있게 대화할 수 있는 소통비법을 찾다.

'업무형'과의 대화법

'업무형'의 특징은 사람의 상황과 감정보다는 업무의 목표 달성 및 성과 창출에 더욱 관심이 있다는 것이다. 문제해결에 포인트를 둔 정보 수집을 좋아하며, 비판적 사고가 뛰어나기 때문에 정보 불일치에 예민하게 반응하며 논리적 근거가 뒷받침된 Fact를 신뢰한다.

회의 전 사담을 나누며 웃고 있는 사원에게 냉정한 말투로 자제 요청하는 상황

나업무 팀장: 나객관 씨, 우리가 1분기 실적 최하위 팀인 것 아시죠? 회사에서 이렇게
사적인 이야기 나누실 시간 있으시면 영업실적 높이는 마케팅 방법에
대해 공유하는 것이 더 유익할 것 같은데요?

나객관 사원: 팀장님, 회의에서 팀 영업실적 창출에 도움이 되는 정보를 얻고 싶으
시죠? 모두가 열린 마음으로 업무 회의를 진행하다 보면 더 효율적인
의견이 도출될 것 같아, 지난주 팀원 대상 설문조사를 실시했는데요,
87%의 팀원이 회의 시작 전 15분간 사담을 나누는 것에 동의했습니
다. 보다 효율적이고 성과 있는 회의 결과를 위해 향후 회의 시작 전 15
분간 사담을 나누는 자유로운 시간을 가지면 어떨까요?

이와 같은 '업무형'과 원활히 소통하고 싶다면 두 가지 대화법을 기억
하자.

1) 울고 화내는 감정표현 자제

업무형은 '사실 기반의 근거 있는 판단을 위한 정보수집' 차원에서 업
무적 질문을 한다. 감정을 살펴 주는 말이나 개인적인 이야기 없이 바로
일과 관련된 질문으로 들어가기 때문에 상대방에게 '나한테 불만이 있는
건가? 나를 공격하는 건가? 내가 눈물을 글썽이는데도 계속 추궁하는 것
보니 많은 사람 앞에서 나를 비난하고 싶은 거야.' 등의 감정적 오해를 불
러일으킬 수 있다. 하지만 이러한 오해로 인한 감정을 '흥분, 눈물, 화'와
같은 방식으로 표출한다면, 조직에서의 공과 사를 엄격히 구분하는 업무
형은 당황함과 동시에 상대를 무능력한 사람으로 생각할 수 있다는 것을
명심하자.

2) 객관적인 Fact만을 제시

문제해결 포인트에 맞춰 객관적인 Fact를 제시한다. 업무형은 자신이

놓쳤던 논리적 근거가 뒷받침된 Fact를 상대방이 먼저 제시할 때 '일 정말 잘하는군, 믿고 맡겨도 되겠어, 역시!'라고 생각하며 업무능력을 인정하고 함께 일하는 것을 좋아한다.

'관계형'과의 대화법

'관계형'은 상대방의 능력이나 성과보다 그 사람 자체의 상황과 그 사람이 나에게 주는 의미에 따라 판단하고 행동하는 경우가 많다. 상대방의 말과 행동에 주관적인 의미를 부여하는 것을 좋아하고, 업무 성과와 관계없이 있는 그대로의 상대방을 칭찬하고 동기부여 해 줌으로써 부드러운 조직 분위기를 만들어 낸다. 또한 사적인 관심을 받고, 스스로가 도움주거나 나눈 것에 대한 감사 표현 받는 것을 좋아한다. 하지만 관계형의 지나친 사적인 관심이나 질문은 상대를 불편하게 만들 수 있다.

직장에서 감정적인 표현을 사용하며 쉽게 흥분하거나 우는 행동을 종종 하는 상황

나관계 책임: 팀장님, 그러니까 돌려 말씀하지 마시고요, 이번 설비교체 작업은 1공장만 진행한다는 것이죠? 아니 왜 매번 우리 공장은 뒷전인 거죠? 저를 무시하시는 겁니까?

나공감 팀장: 나관계 책임님, 이번 제2공장 설비교체 작업 보류 결정에 많이 당황스러우시죠? 충분히 이해합니다. 매번 제2공장을 위해 애써 주셔서 감사한 마음도 큽니다. 하지만 팀 예산과 인력 사항을 고려하여 고심하고 고심한 끝에 결정된 사항임을 이해해 주시면 대단히 감사하겠습니다. 다음 팀장 회의 참여 시 나관계 책임님 의견을 충분히 검토해 달라고 다시 한번 강조하여 부탁드리겠습니다.

팀원 간 조화와 화합을 중시하며 따뜻한 존재감을 인정받고 싶어 하는 '관계형'과 원활히 소통하고 싶다면 두 가지 대화법을 기억하자.

1) 성과 창출을 위한 관심 공식, 칭찬키워드 '사람'

'일'이 아닌 '사람'을 키워드로 칭찬하자. 관계형에게 "일 정말 잘한다." 라는 칭찬을 하면 '나를 일로만 판단하는구나, 그럼 나도 딱 거기까지만 해야지.'라고 생각할 수 있다. 반면에 "○○ 씨처럼 밝고 긍정적이고 일까지 잘하는 사람이 우리 팀원이라서 팀 분위기가 얼마나 좋은지 몰라요, 존재만으로도 참 든든합니다. 늘 고마워요."라는 칭찬을 하면 관계형은 상사에게 인정받으며 일한다는 자부심으로 가득 차 스스로와 팀 모두의 성장을 위해 최선을 다할 것이다.

2) 先 감정 공감, 後 문제해결

관계형에게 일과 관련된 지시 및 피드백을 할 때는 먼저 개인 SNS 및 상대를 향한 관심을 통해 얻은 정보를 활용해야 한다. '사소한 개인적 관심 및 격려와 위로의 말, 인정의 말, 배려받은 것에 대한 감사의 말'을 표현하고 이후에 일 이야기를 시작한다. 관계형에게는 업무와 관련 없는 '개인적인 사소한 말 한마디'가 매우 중요하다는 것을 꼭 기억하자.

05

'계획형 vs 변화형'의
상황별 센스 대화법

'계획형 & 변화형'에게 상처받지 않고,
센스 있게 대화할 수 있는 소통비법을 찾다.

'계획형'과의 대화법

'계획형'은 미리 준비하여 최대한 완벽하고 깔끔하게 일 처리 하는 것을 좋아하기 때문에 일의 진행 상황을 미리 알고 통제 및 제어하는 것을 좋아한다. 따라서 계획에 없던 갑작스러운 변화에 매우 민감하게 반응하고, 계획 및 목표에 따라 진행되어야 심리적 안정감을 느끼기 때문에 마감기한 및 시간 약속을 중시한다.

업무지시 후 수시로 간섭하며 계획에 맞춰 철저히 진행되고 있는지 확인하는 상황

나계획 선임: 나미리 씨~ 하반기 워크숍 상품 20종류 목록에 맞게 차질 없이 준비되고 있지요? 수량, 색상의 다양함, 가격 잘 따져서 꼼꼼히 신경 써 줘요~

나미리 사원: 나계획 선임님, 물어보시기 전에 제가 먼저 말씀드렸어야 했는데, 신경 쓰게 해 드려 죄송합니다. 현재까지 15개 상품 목록에 맞게 구매 진행 되었습니다. 나머지 상품 구매 도중 계획에 어긋나는 일이 조금이라도 생기면 바로 중간보고 드리겠습니다.

이와 같은 '계획형'과 원활히 소통하고 싶다면 두 가지 대화법을 기억 하자.

1) 변화의 매뉴얼화

조직에서의 갑작스러운 변화 상황에 스트레스를 받고 매우 민감하게 반응하는 계획형에게는 변화가 생기는 즉시 전화 통화 및 메신저를 활용 해 조금이라도 미리 알리는 것이 중요하다. 가령 미팅이 갑자기 잡힌 상 황에 따라 다짜고짜 지시를 내린다면 계획형은 매우 불편함을 느낀다. 따 라서 전화 통화 및 메신저를 활용해 "마무리되었던 ○○○ 프로젝트에 큰 문제가 생겼습니다. 오늘 안으로 함께 보완하면 괜찮을 것 같은데, 혹시 2 시간 후에 미팅 가능하실까요?"와 같이 계획형이 미리 생각하고 제어할 수 있는 시간을 부여한 후 협조 요청을 하는 '변화 충격지수 낮추기 매뉴 얼화'를 시도해 보자.

2) 통제, 제어 본능 충족시키기

일의 진행 상황을 자신이 알고 통제 및 제어하는 것을 편하게 여기는 계 획형에게는 업무수행 중에 발생하는 약간의 변동 사항도 지체 없이 공유 및 중간보고 하여 그들의 통제, 제어 본능을 충족시켜 주자.

'변화형'과의 대화법

'변화형'은 통제와 제어에 답답함을 느끼기 때문에 자율적, 개방적, 즉흥적인 것을 좋아한다. 마지막까지 발생할 수 있는 변수를 고려하기 위해 최종 선택을 보류하기 때문에 결정을 미루는 것으로 보일 수 있다. 또는 마감 기한을 지키지 못하는 경우도 발생한다. 하지만 늘 변수가 존재하는 조직의 특성상, 융통성이 뛰어나고 리스크관리에 탁월한 변화형은 모두가 당황하는 순간에도 능숙하고 자연스럽게 문제를 해결한다.

변화형이 마감 기한을 지키지 않는 경우가 자주 반복되는 상황

나변화 책임: 팀장님, 죄송합니다. 요즘 처리할 업무가 너무 많아서 오늘까지 전달해 드릴 보고 자료를 완성하지 못했습니다.

나청유 팀장: 나변화 책임님, 이번 프로젝트 전체적인 방향이 잘 진행되고 있는지 확인해야 할 것 같아서요, 혹시 지금까지 진행된 것 먼저 보여 주실 수 있을까요? 그리고 앞으로 중요한 프로젝트는 마감 전날까지 2회 자유로운 중간보고를 규칙으로 생각해 주시고 준비 부탁드립니다.

이와 같은 '변화형'과 원활히 소통하고 싶다면 두 가지 대화법을 기억하자.

1) 청유형 맺음말 사용 선택권 부여

'~실까요?, ~을까요?, ~할까요?' 등의 청유형 맺음말을 사용하여 선택권을 부여하자. 자율성을 중시하는 변화형에게 선택권과 결정권을 부여하기 위해서는 '~해야 합니다.'와 같은 통제와 지시가 아닌 '~하면 어떨

까요?'와 같은 표현으로 자유롭게 선택하고 결정할 수 있도록 하자.

2) 자율성에 근거한 잦은 데드라인 설정

모든 변화와 변수가 자연스러운 변화형은 마감 기한이 되어야 긴박하게 업무 마무리를 하는 경우가 많다. 따라서 마감 기한을 지키지 못하는 경우가 자주 발생한다면 자율성에 근거한 2~3회 정도의 데드라인을 설정하자. 즉, 최종 마감 기한 이전에, '중간 마감 기한 통제권(마감 전날까지 2회 자유롭게 중간보고해 주세요)'을 변화형에게 부여해 자율성을 확보해 준다.

06

이젠 안녕!
'나와 나'의 불통 대화법

성과 & 관계를 모두 잡기 위한 소통비법!
'내적·외적 인간관계 성숙도'를 높이다.

상황과 성향의 상대성

직장에서 한 사람에게 절대불변의 대화 성향은 존재하기 어려우며, 상황과 입장 또는 관계에 따라 상대적인 대화 성향을 보인다. '주장형, 침묵형, 설명형, 요약형, 업무형, 관계형, 계획형, 변화형' 8가지 성향에 따른 상황별 대화법을 활용하여 상황과 성향의 상대성에 따라 상처받거나 실수하지 않고 '관계와 성과'를 모두 잡는 센스 있는 대화법을 사용하자.

내적 인간관계 성숙도, 외적 인간관계 성숙도

상대방에게 진정한 관심을 가져라.
가능한 한 상대방의 눈을 똑바로 바라보며 말하고, 진심으로 그들을 존중하라.

만일 앞에 앉은 사람의 말에 관심이 없거나 존중하지 않으면
그와 성공적으로 대화를 나눌 생각은 버려야 한다[13].

– 래리 킹

직장에서 '나와 나'의 이기적인 불통 대화를 원하는가? 아니면 '나와 너'의 진정한 관심과 상호존중을 바탕으로 한 상황과 맥락에 맞는 효율적 대화를 나누고 싶은가? 후자를 원한다면 관계와 성과를 모두 잡으면서도 상처받지 않고 센스 있게 대처하기 위한 두 가지 역량을 꼭 키워야 한다.

첫째, '내적 인간관계 성숙도'이다[14]. '내적 인간관계 성숙도'란 대화 상황에서 불편함과 상처를 느끼는 포인트를 스스로 먼저 알아차리고 인정하여, 불편한 마음을 조절할 수 있는 역량이다. 예를 들면, 인정과 공감받기를 중요시하는 나, 주어진 예산으로 해결하기 어려운 업무를 개인 시간을 쪼개고 잠을 줄여 가며 노력했다. 게다가 대면 만남이 힘든 성향임에도 불구하고 외부 미팅을 늘려 가며 간신히 마무리 지었다. 그런데도 상사는 "이 어려운 일을 잘 마무리해 줘서 정말 든든하고, 고마워요."라는 인정과 공감의 말 한마디 없이 "당연히 해야 하는 것이다."라며 다음 업무를 바로 지시할 때 불편함을 느낄 수 있다. '내적 인간관계 성숙도'가 낮은 사람은 '내가 이렇게 인정도 받지 못하고, 내가 고생하는 것을 아무도 알아 주지 않는다면, 더 이상 여기에서 버틸 필요가 없다.'라고 생각하기 쉽다. 하지만 '내적 인간관계 성숙도'가 높은 사람은 다음과 같이 생각한다.

〈'내적 인간관계 성숙도'가 높은 사람〉

1단계-자기 성향 이해 나는 '인정과 공감을 받으면 동기부여가 되어 일을 더 열심히 하는 스타일'(관계형)이다. 따라서 인정과 공감이 없는 분위기에서는 쉽게 상처받을 수 있다.

2단계-자기 상황 이해 우리 상사는 업무 중심의 사람(업무형)이라 인정과 공감에 서툴다. 하지만 업무적으로 배울 것이 상당히 많으므로 나의 직무능력 향상에 큰 도움이 되고 있다. 상사에게 인정과 공감을 바라기보다, 직무능력 향상에 포인트를 두고 상처받지 말자.

둘째, '외적 인간관계 성숙도'이다[14]. '외적 인간관계 성숙도'란 상대방이 어떤 대화 상황에서 불편함을 느끼고 상처받는지의 포인트를 먼저 알아차려, 상대방의 불편한 마음을 조절할 수 있는 역량이다. 예를 들면, 업무를 중요시하며 빠른 일 처리를 좋아해 상대방에게 인정의 말이나 칭찬의 표현이 서툰 나, 나서운 사원의 업무 완료 보고에 바로 다음 업무지시를 내려 시간을 효율적으로 활용하는 일이 잦았다. 얼마 후 다른 동료를 통해 나서운 사원이 이직을 고려한다는 말을 들었다. 갑작스러운 소식에 당황했고 불편한 마음을 숨길 수 없었다. '외적 인간관계 성숙도'가 낮은 사람은 '나서운 사원은 일을 깔끔하게 잘해서 참 좋았는데, 왜 갑자기 이직을 생각한다는 것이지? 경쟁사에서 좋은 조건으로 스카우트 제의가 들어왔나?'라고 생각할 수도 있다. 하지만 '외적 인간관계 성숙도'가 높은 사람은 다음과 같이 생각한다.

〈'외적 인간관계 성숙도'가 높은 사람〉

1단계-타인 성향 이해 나서운 사원은 '인정과 공감을 받으면 동기부여가 되어 일을 더 열심히 하는 스타일'이다. 따라서 인정과 공감이 없는 분위기에서는 쉽게 상처받고 일의 의미를 찾기 어려울 수 있다.

2단계-타인 상황 이해 내가 업무 중심의 사람이라 그동안 나서운 사원을 향한 인정과 공감 표현에 인색했고, 칭찬의 필요성을 느끼지 못한 것은 사실이다. 그로 인해 나서운 사원이 동기부여를 받지 못해 이직과 같은 생각을 했을 가능성이 높다. 나서운 사원과 개인 면담을 통해 "매번 어려운 업무도 깔끔하게 잘 해줘서 든든하고 고마웠어요. 그동안 마음으로 생각하고 있던 것을 표현하지 못해 미안합니다. 저는 우리 팀에서 나서운 사원이 정말 중요한 역할을 하는 소중한 사람이라고 생각합니다."와 같이 그동안의 성과에 대한 인정과 공감의 말투로 소통을 시도한다.

'내적 인간관계 성숙도'와 '외적 인간관계 성숙도'를 높이기 위한 방법으로, 상황에 따른 '나와 너'의 센스 있는 대화법을 익히는 것은 직장 내 의사소통역량을 강화하는 데 있어 매우 유익하며 실질적인 도움이 될 수 있다. 직장 내 대화 상황에서 상대방도 나도 불편하지 않게, 관계와 성과를 모두 잡으면서도 상처받지 않고 센스 있게 대화하고 싶은가?

공자께서 말씀하셨다.

자왈: "군자구저기, 소인구저인."

[子曰: "君子求諸己, 小人求諸人."][15]

"군자는 자기 자신에게서 잘못을 찾고, 소인은 남에게서 잘못을 찾는다."

직장 내 소통의 문제를 바라볼 때 조직 탓, 남 탓은 이제 그만. '주장형, 침묵형, 설명형, 요약형, 업무형, 관계형, 계획형, 변화형' 8가지 유형에 따른 상황별 센스 있는 대화법으로 무장하고 나 스스로를 정돈하여 직장 내 불편한 대화 상황에서 스스로를 해방시키자.

"

챕터 08

목적을 달성하는
밀당 대화법

비즈니스에서 밀당은 필수다. 그런데 동료에게까지 밀당해야 할까? 밀당
전략을 통해 자신의 가치를 높이고 동료에게 도움을 줄 수 있는 사람이
된다면 개인과 조직의 성과를 높이는 사람이 될 수 있다.

01

직장에서 밀당이
필요할까?

직장에서 밀당을 잘하는 사람이
일도 잘한다.

어떤 상황에서도 밀고 당기기는 계속된다

김 책임의 하루

AM 7:00

상쾌한 아침! 어제 운동을 했더니 역시나 가뿐하게 눈이 떠진다.

트레이너와 함께 하는 운동은 체계적이라 만족스럽다. 남편은 PT 비용이 못마땅한 눈치다. 곧 재등록일이 다가오는데 고민이다.

오늘도 딸은 아침부터 강아지를 키우게 해 달라고 조른다. 정작 강아지를 키우는 건 내 몫일 텐데…

AM 9:30

기획팀에서 자꾸 지시하듯 업무를 하달하는 느낌이다. 팀장님이 오후 출장으로 부재라, 기획팀과의 회의에서 우리 팀의 결정자가 내가 되어 버린 상황.

어떻게 하면 우리 팀 입장을 부드럽지만 강경하게 어필할 수 있을까. 어쨌든, 이제 일을 시작해 볼까!

오전 중으로 프로젝트 기획서를 팀장님께 보고해야 한다. A 안과 B 안을 만들었는데 무엇이 나을지 더 깊이 있게 생각해 보자. 팀장님의 짧은 피드백과 빠른 승인을 위하여!

그때 핸드폰이 울렸다. 박 팀장님이다. 우물쭈물 당황한 투로 말을 시작하시는데…

"김 책임 미안해서 어쩌지? 내가 김 책임 차를 긁었지 뭐야!"

김 책임의 하루에서 몇 번의 밀고 당기기가 있었을까?

총 5번이다. 첫 번째는 PT 비용으로 인한 남편과의 심리적 밀당, 두 번째는 강아지를 키우자고 조르는 딸과의 밀당, 세 번째는 기획팀과의 밀당, 네 번째는 기획서의 빠른 승인을 위한 팀장님과의 밀당, 다섯 번째는 김 책임의 차를 긁어 버린 박 팀장님과의 밀당이다. 박 팀장과의 관계, 차의 상태 등을 파악하여 보험처리를 할지, 소액 현금으로 대체할지, 아니면 쿨하게 넘어갈지… 이렇게 밀당은 삶에서 계속된다.

밀고 당기기란 무엇인가? '상대와의 실랑이'라고 하며 '심리전'이라고도 할 수 있다. 대부분 연애할 때 '밀당한다'는 말을 많이 하는데 직장 내에서까지 밀고 당기기를 해야 할까? 직장 내에서 밀고 당기는 대화, 이 심리전이 중요한 이유가 무엇인지 알아보자.

조직 문화의 변화

1) 수평적 관계를 지향하는 조직 문화

주요 기업에서 수평적 조직 문화 확산을 위해 직급과 호칭을 파괴하는 사례가 많아지고 있다. 2000년 초반에 CJ그룹과 아모레퍼시픽이 직급 통폐합을 시작하면서 2010년대에 이르러 삼성과 LG, SK그룹에서도 직급과 호칭을 파괴하는 사례가 많이 늘어났다. CJ그룹은 2000년대부터 부장, 과장, 대리 등의 호칭을 쓰지 않고 서로의 이름에 '님'자를 붙여 부르기로 했으며 공식 석상에서 CJ그룹의 이재현 회장을 '이재현 님'으로 호칭하고 있다. 삼성전자는 지난 2016년부터 직원 간 호칭 시 '님'을 사용하고 업무 성격에 따라 '프로' 또는 영어 이름으로 수평적 호칭을 사용하고 있으며 경영진과 임원으로까지 확대되었다. 삼성그룹의 이재용 회장은 자신을 'JY'로 호칭해 달라고 했으며 삼성그룹은 상호존중의 철학 기반으로 수평 호칭 문화 정착에 관심과 실천을 당부했다[1]. 현대자동차 그룹은 5단계의 직급을 통합하여 매니저, 책임 매니저로만 호칭하며 SK이노베이션은 임원 이하 일반 직원을 PM이라고 하는 단일 직급으로 통일했다. 호칭 파괴의 배경은 보고 체계를 간소화해 의사결정 속도를 높이기 위함이며 MZ세대와의 소통을 강화하기 위한 목적이 크다[2].

2) 쌍방향 커뮤니케이션으로 변화하는 조직 문화

「두려움 없는 조직」의 저자 에이미 에드먼슨(Amy C. Edmondson)은 조직 문화를 '일하는 방식'으로 정의했다. 심리적 안전감을 갖춘 조직은 Speak-Up이 자유로운 조직, 곧 자신의 의견을 솔직하게 개진할 수 있는 조직이라고 했다. 건설적인 아이디어를 제안할 수 있고 부정적인 영향을 끼치는 관행에 대해 소신 있게 말할 수 있는 문화이다.

수직적이고 경직되어 있는 조직 문화에서는 구성원들이 침묵을 택하는 경우가 많다. 리더의 편향적인 의사결정이 많은 조직의 경우, 구성원들이 창의적이고 다양한 의견을 개진하기 어렵다. 이러한 침묵이 생산적인 소통을 막는 걸림돌임을 자각한 기업에서는 자유롭게 의견을 나눌 수 있는, 심리적 안전감을 갖춘 조직 문화를 지향하며 쌍방향 커뮤니케이션 문화로 변화해 가고 있다[3].

3) 파트너 관계로 변화하는 조직 문화

삼성전자와 애플 두 회사는 스마트폰 시장에서 1위를 두고 치열하게 경쟁하는 라이벌 관계다. 2011년 애플은 삼성전자가 자신의 특허를 침해하였다고 미국 법원에 제소, 소송하였다. 그러나 이와 별개로 삼성은 애플의 스마트폰에 들어가는 메모리 등의 부품 공급하는 것을 중단하지 않았다[4].

'너희가 감히? 우리도 맞대응하겠어!' 식의 태도가 아닌, '그건 그렇고 우리가 했던 비즈니스는 계속 이어 나가자.' 식의 태도였다. 경쟁사와 소모전은 피하고 파트너 관계로 협력하는 방식의 비즈니스를 보여 주었다. 조직에서도 위계적 문화가 만든 갑을 관계가 아닌, 파트너 관계를 맺을 때 더 나은 성과를 낼 수 있다고 믿는 조직 문화로 변화하고 있는 조직이 많아지고 있다.

조직 내 정치적 기술이 필요한 이유

"홍 책임, 참 정치적이야."

이 말이 긍정적으로 들리는가, 아니면 부정적으로 들리는가? 내 동료가 정치적인 사람이라고 거론될 때 그 평가는 대부분 부정적으로 해석된다. 그렇다면 정치가 나쁜 것인가? 아리스토텔레스는 '인간은 정치적인 동물'이라고 했다. 정치의 사전적 정의는 권력을 획득하고 유지하며 행사하는 활동이다. 국민들이 인간다운 삶을 영위하기 위해 상호 간의 이해를 조정하며, 사회 질서를 바로잡는 역할을 의미한다. 정치의 순기능을 역기능으로 사용하는 일부 정치인들의 모습에서 '정치'라는 단어가 오염되고 퇴색된 것이다.

그렇다면 조직 내 정치적 기술이 필요한 이유는 무엇일까? '정치적 기술'에 대해 연구한 페리스(Ferris)는 조직 내에서 사회적, 정치적인 현실을 이해하고 이를 자신의 목적에 맞게 이용하는 사회적 능력을 정치적 기술로 정의하며, 정치적 기술은 개인 차원과 조직 차원에서 모두 필요하다고 했다.

정치적 기술이 개인에게 필요한 이유는 본인의 업무에 필요한 자원을 유리한 쪽으로 확보하고 협상을 끌어내기 위함이다. 조직 차원에서 정치적 기술이 필요한 이유는 급변하는 환경에서 정치적인 기술이 부족할 경우, 필요한 자원을 적재적소에 배치하지 못해 조직이 설정한 목표 달성이 어려워지기 때문이다. 자원기반이론을 살펴보면 기업들은 필요한 자원 확보를 위해 노력하는데 효과적인 자원 확보를 못 한 조직은 당연히 경쟁에서 뒤처질 수밖에 없다. 그렇기에 조직 차원에서도 정치적인 기술은 매우 중요하다. 정치적 기술에 관한 메타 분석 연구에서는 조직 내 정치적 기술을 잘 활용하면 업무 생산성 및 성과와 전반적인 경력에서의 성공에 긍정적인 영향을 미친다고 밝혔다[5]. 이렇듯, 정치적인 기술을 부정적으로만 해석할 것이 아니라 순기능으로 잘 활용한다면 분명 직장 생활에서 개인과 조직을 살리는 상생 전략이 될 것이다.

현재 당신은 팔로워인가? 그렇다면 정치적 기술이 필요하다. 성과를 잘 내기 위해 필요한 인적 자원, 물적 자원, 정보 등을 확보한다면 더 완성도 높은 결과를 낼 수 있기 때문이다. 현재 당신은 리더인가? 그렇다면 정치적 기술은 더욱 중요하다. 업무에 필요한 자원을 확보하지 못하면 팀원들에게 무능한 리더로 평가받기 때문이다. 정치적 기술은 구성원 개인과 조직의 목적달성을 돕는 역할을 하며 개인과 조직 전체의 상생을 위한 것이다. 신입사원과 CEO를 제외한 조직 내 구성원은 팔로워이자 리더의 역할을 모두 수행하고 있다. 그렇기에 누구든 정치적 기술을 활용하여 목적을 이루는 대화로 끌 수 있는 밀당 기술이 필요하다. 다음으로는 목적을 이루는 밀당 대화를 하기 위해 준비하고 파악해야 할 것이 무엇인지 알아보도록 하겠다.

02

상생을 위한
밀당 대화 준비

동료의 욕구를 찾으면
일이 잘 풀린다.

요구 속 욕구를 찾아라

조직 안팎에서 상대와의 대화 시 중요하게 살펴야 할 것은 바로 상대의
요구와 욕구를 구분하는 것이다.

요구는 상대방의 입장(Position)에서 상대가 원하는 것을 표현하는 말
그 자체이다. 즉, '무엇(What)을 원한다고 말하는가?'이다. 반면 욕구는
상대가 진정으로 중요한 것(Interest)으로 즉 '왜(Why) 그것을 원하는가?'
이다. 요구 속 욕구를 잘 읽을 수 있다면 무엇이 좋을까?

1) 문제 해결
상대의 욕구를 찾을 수 있다면 보다 쉬운 문제 해결이 가능하다. 문제

해결을 위해 스스로 '왜'라고 묻는 사고 습관은 매우 중요하다.

김 팀장은 갓 입사한 A 사원과 B 사원에게 메시지를 보냈다.

"연필과 자를 가지고 3시까지 회의실로 오세요."

3시가 다가오자 A 사원은 연필과 자를 챙겨 회의실에 들어갔고 B 사원은 연필과 자 그리고 지우개를 챙겨 들어갔다. B 사원은 김 팀장의 메시지를 받고 왜 연필과 자를 챙겨 오라고 했을까 고민했다. '뭔가를 좀 그리겠다. 혹은 쓰겠다.'라고 생각한 것이다. 간단히 말하면 A 사원은 팀장이 시키는 일을 한 사람이고 B 사원은 일의 목적을 생각하고 실행한 사람이라 할 수 있겠다. 상대의 말에 '왜'라는 생각을 가지고 움직이는 것은 매우 중요한 결과로 나타난다.

박 책임은 울산연구소에서 근무하다 사내 핵심 인재로 뽑혀 서울 본사에서 1년째 근무 중이다. 어느 날, 박 책임은 김 팀장에게 심각한 표정으로 면담을 요청해 왔다.

"김 팀장님, 말씀드리기 송구스럽지만… 다시 울산연구소로 복귀하고 싶습니다."
"그간 본사에서 일 잘해 왔는데 갑자기 무슨 말인지… 지금 일이 많이 힘든가요?"

김 팀장은 한참 동안 말을 빙빙 돌려 가며 울산연구소행을 고집하는 박 책임에게 또 다른 이유가 있지 않은지 더 자세히 알려 달라고 하였다. 박 책임은 우물쭈물하며 입을 열었다.

"사실 서울 집값이 너무 많이 올라 감당할 수 있는 상황이 아니라서요. 제 아내도 서울에서 취직이 안 되고 있었는데 마침 예전에 다녔던 울산 회사에 다시 입사할 기회가 생겨 다 함께 울산으로 가는 게 맞는 건가 생각했습니다. 저는 사실… 본사에서 일하고 싶긴 합니다."

표면적인 요구 아래 다른 이유가 있음을 알아챈 김 팀장은 박 책임의 욕구를 끌어냈고 본사 기숙사를 연결해 주었다. 덕분에 박 책임은 본사에서 계속 근무하게 되었고 아내와 아이들만 울산으로 내려가게 되었다.

2) 갈등관리

몇 달 후, 김 팀장은 조직개편으로 인해 다른 부서로 인사 발령이 났고 박 책임은 팀에서 매우 중요한 프로젝트를 맡게 되었다. 박 책임은 프로젝트 책임자로 3개월 동안 실무를 맡아 일했고 박 책임에게 도움 요청을 받은 김 팀장은 부서가 달라졌음에도 시간을 따로 내면서까지 물심양면 도왔다. 그리고 마침내 박 책임이 주도한 프로젝트가 성공리에 마치게 되었다.

"박 책임! 이번 프로젝트 잘 끝마쳤네요. 정말 고생했습니다."
"네. 김 팀장님, 이번 프로젝트 도와주셔서 감사합니다."
"다 박 책임이 했지, 뭐. 정말 고생했습니다."

이러한 인사말을 주고받은 후, 박 책임에게 한동안 연락이 없었다. 박 책임이 프로젝트가 끝나자마자 새로운 프로젝트를 또 맡게 되었으니 많이 바쁘겠거니 싶다가도 이내 서운한 마음이 들었다. 김 팀장의 숨은 욕구는 무엇이었을까. 박 책임으로부터 인정과 존경의 표현을 듣고 싶은 것이었다. 박 책임이 김 팀장의 숨은 욕구를 파악하지 못하고 지나간다면 이 사건에서 일어난 감정 문제로 다른 갈등이 발생할 수도 있을 것이다.

존 듀이는 "사람은 누구나 중요한 사람이 되려는 욕망이 있다."라고 했다[6]. 사람들은 관계에서 나와 함께하는 파트너에게 중요한 사람이 되고 싶은 욕망이 있다. 박 책임이 김 팀장의 숨은 욕구를 알아채고 진중한 감사의 표현을 더 했더라면 차후에도 좋은 파트너십을 유지하며 서로 도움을 주고받는 돈독한 멘토 · 멘티 관계가 되었을지도 모른다.

3) 협상 관리

'나는 무엇을 원하는가?' 자신의 욕구를 아는 것이 중요하다. 때로는 자신의 욕구가 무엇인지 자신도 인지하지 못하는 경우가 있다. 자신의 욕구를 정확히 확인하는 연습을 하지 않았기 때문이다[7].

마케팅 전문가로 여러 기업에 강의 및 자문을 맡아 일하던 홍보갑 강사는 평소 꿈에 그리던 K사 화장품 부문의 마케팅팀 팀장으로 입사 제의를 받게 되었다. K사에서는 당장 다음 주부터 출근하길 원했으나 입사 관련 협상이 아직 완료되지 않은 상황이었다. K사는 정식 입사 전 수습 기간을 둔다고 했고 신입사원도 아닌 자신에게 수습은 너무하다며 면제 요청을 시도했다. 이에 K사는 기존 관행을 깨고 예외적으로 수습 기간 면제를 수락해 주었다. 홍보갑 강사는 자신의 연봉이 과장 3년 차로 책정된다는 계약서의 내용을 보고 인사담당자에게 연봉에 대한 솔직한 마음도 터놓았다. K사에 온 것 자체로도 좋지만 자신의 이력을 다시 어필하며 차장급의 연봉 협상을 시도했다. 며칠 후 K사로부터 연봉 협상이 가능하다는 통보를 받았고 꽤 만족스러운 금액으로 연봉 협상이 체결되었다. K사에서 매우 긍정적인 답변을 계속 받게 되자 홍보갑 강사는 급기야 한 가지를 더 요구하기에 이르렀다.

"혹시 입사를 한 달만 미뤄 주실 수 있나요? 현재 거주하는 곳에서 회사까지 거리가 멀어 이사를 진행하려고 해서요."

말문이 막힌 인사담당자는 이 부분 또한 논의가 필요하다면서 차후 연락하겠다며 자리에서 일어났고, 일주일 뒤 홍보갑 강사는 K사로부터 이메일을 받게 되었다.

'죄송합니다만, 당사에서는 홍보갑 님의 채용 제의를 철회합니다.'

무엇이 문제였을까? 상대와의 밀고 당기기 게임에서는 마지노선이 있음을 명심해야 한다. 홍보갑 강사는 K사에서 입사일 변경을 거절한다 해도 회사가 지정한 날부터 출근할 마음이었다. 그러나 이렇게 갑자기 입사 제의를 철회할 줄은 몰랐다. 홍보갑 강사가 가장 원한 것은 K사 입사였지 다른 건 부수적이었다. 다만 고민하던 부분을 말했을 때 상대편에서 모두 수용해 줬기 때문에 다음 요구도 쉽게 한 것이다. 자신의 요구에만 집중했지, 상대의 입장을 공감하는 기술이 부족했다. 결국 자신의 욕구에 집중하지 못하고 마지노선을 넘는 협상 요구로 인해 진정한 자신의 욕구, 커다란 가치를 놓치게 되었다[8].

밀당 스타일을 파악하자

밀고 당기기의 기술이 중요하지만 먼저 자신의 밀당 스타일이 어떠한지 파악하는 것이 중요하다. 또한 상대의 밀당 스타일을 확인해 보는 것도 필요하다. 킬먼과 토머스의 갈등 접근 스타일로 밀당 스타일을 점검해 보자.

1) 공격적 밀당가

공격적 밀당가는 매우 경쟁적이고 독단적이다. 자신의 목표를 이루기 위해 자신의 주장과 욕구를 강하게 밀어붙이는 타입이다. 반면 다른 이의 목표를 이루는 데는 비협조적이다. 해결 수단을 승리 혹은 패배로만 보는 경향이 있다. 이러한 시선을 가지고 있다면 자신의 승리를 위해 적대적이고 일방적인 의사소통을 하게 될 것이며 결국에 타인의 욕구와 감정을 무시하는 결과로 이어져 상대에게 분노를 일으키고 인심을 잃어버리는 결과를 초래한다. 당신이 공격적 밀당가라면 한 발 물러서는 연습이 필요하다. 상대의 말에 조금 더 귀를 기울여 상대의 욕구를 파악해야 한다. 진정한 승리는 상대방도 이겼다고 느끼게 하는 것이다. 서로가 필요한 부분을 주고받는 밀당이 가장 이상적인 밀당이다.

2) 협력적 밀당가

협력적 밀당가는 자기주장과 더불어 타인의 이익에도 협력적인 협조가다. 새로운 방식으로 서로의 이익, 공동의 이익을 추구하여 파이를 키워나가는 사람이다. 협력적 밀당가는 상대와 내가 교환할 수 있는 것을 찾아 문제를 해결하려는 모습을 갖추고 있다. 모든 문제를 잠재적인 기회라 여기는 협상가의 특성을 가졌다. 다만 이 유형이 주의해야 할 것은 신뢰할 수 없는 상대에게 무조건 협조하기보다는 협력 가능 여부를 살펴보며 점진적으로 접근할 필요가 있다는 것이다. 그러지 않으면 너무 많은 시간을 할애하고도 얻는 것이 없을 수 있다.

3) 타협적 밀당가

타협적 밀당가는 균형을 중요시한다. 이는 상대방과 자신의 의견을 절충하여 반은 이기고 반은 패하는 결과를 가져온다. 양측의 만족도를 높이기 위해 '최선'이 아닌 '차선'을 선택하려는 경향이 있다. 이는 적당한 수준의 타협을 원하는 것이다. 당신이 타협적 밀당가라면 '좋은 게 좋은 것이다.'라는 식의 생각은 내려놓고 조금 더 전략적으로 정보를 수집하고, 치밀하고도 깊게 상대와 대화하는 연습이 필요하다.

4) 회피적 밀당가

회피적 밀당가는 문제를 회피하는 습관 때문에 대개 아무런 목표도 달성하지 못한다. 적극적으로 주장하지 않으며 상대방의 관심사도 무시하는 모습이 드러난다. 갈등을 꺼리고 있기 때문에 이기는 것은 고사하고 아무것도 얻지 못할 때가 많다. 회피 유형에게는 더 적극적으로 커뮤니케이

선을 시도할 것을 당부한다. 상대에게 점진적으로 다가가서 대화하는 연습이 필요하다. 먼저 스몰토크로 시작해, 상대의 욕구를 파악하고 자신이 원하는 것을 표현해 보는 연습이 필요하다.

5) 순응적 밀당가

순응적 밀당가는 자기주장은 약하지만 다른 사람의 말을 잘 들어주는 특징이 있다. 이러한 태도는 손해를 감수하면서까지 합의하려는 경향을 보인다. 조화로운 관계를 위해 자신의 가치나 이익을 희생하며 조화로운 관계를 유지하려고 한다. 당신이 순응적 밀당가라면 상대의 힘이나 감정에 이끌리기보다 기준과 목표에 초점을 맞춰야 한다. 제삼자를 통해 객관적으로 이야기를 해 보는 것도 방법이 될 수 있다. 이를 위해 무엇보다 정보를 많이 획득한 후에 협상해야 할 것이다.

자신이 어떤 밀당 스타일인지 확인했는가? 자신의 스타일을 파악하고 자신에게 무엇이 필요한지 적용해 보길 바란다.

관계 정도에 따른 밀당 단계

관계를 크게 세 가지로 구분한다면 이익관계, 이해관계, 인간관계로 나눌 수 있다.

이익관계는 이익을 취하고 다시 보지 않아도 될 관계다. 이해관계는 서로 주고받는 것이 자주 일어나는 사이로 비즈니스에서 많이 있는 관계다.

인간관계는 이익의 여부를 떠나서 앞으로도 계속 관계를 유지할 친구나 가족 등의 관계다.

이익관계는 두 사람 혹은 두 집단이 일회성 관계로 종결될 수 있는 관계이기에 자신의 이득을 강하게 밀어붙일 수 있다. 하지만 지속적으로 봐야 할 이해관계와 인간관계에서 자신의 주장을 무리하게 밀어붙이게 되면 어떨까? 이해관계와 인간관계의 범위에 있는 사람들은 인간적인 신뢰가 쌓인 관계다. 이 관계의 사람들에게 어떠한 스킬보다 중요한 것은 강도를 조절하는 것이다. 인간관계에서는 손상이 가지 않는 한계선을 지키는 것이 중요하다. 가령, 좋은 인간관계를 맺고 있는 상대가 있다 하자. 상대는 힘든 시기에 자신을 챙겨 준 그 마음이 고마워 언젠가는 갚아야겠다는 마음의 빚이 있다. 그런데 상대에게 자신의 주장만을 너무 강하게 밀어붙이면 상대는 그 마음의 빚이 없어지게 된다. '당신도 나를 통해 이익을 극대화하는구나.'라는 생각에 관계가 소원해질 수 있다. 인간관계가 이익관계로 전락하면서 서로 주고받을 수 있는 건강한 혜택을 잃게 될 수 있다는 것을 명심해야 한다.

스탠퍼드대학교 사회학과 교수인 마크 그라노베터(Mark Granovetter)는 이직한 사람들을 대상으로 '새로운 직장에 대한 정보를 어떻게 알게 되었는가?'에 대한 실증연구를 했다. 연구 결과 16.6%가 강한 연결을 통해, 27.8%가 약한 연결을 통해, 55.6%가 중간 세기의 연결을 통해 직장을 얻게 되었다고 한다[9]. 약한 연결도 의외로 우세한 힘을 보여 준다는 것을 알 수 있다. 조직에서 만나는 사람들은 서로에게 자주 도움을 주고받을 수 있는 이해관계의 사람들이다. 이해관계를 잘 만들고 관계를 우호적으로 이어 간다면 조직 내에서 필요한 자원 또한 잘 얻을 수 있을 것이다. 다음 장에서 밀당의 전략을 살펴보도록 하자.

03

상생을 위한
밀당 대화 전략

자신과 동료에게 득이 되는
밀당의 기술

선택권 주기

사람들은 스스로 선택한 일에는 불만을 표현하지 않는다. 따라서 동료와의 관계에서 선택권을 준다면 좋은 효과를 얻을 수 있다. 예를 들어 혼자 결정하고 간 회식 장소가 동료들 맘에 들지 않는다면 어떨까? 이런 위험을 줄이기 위해 회식 장소를 추천받아 보자. A, B, C 등으로 선택지를 주는 것도 방법이다. 모든 구성원이 합의하여 결정한다면, 설령 아쉬운 점이 있더라도 자신의 선택이므로 불만을 말하기 어렵다. 선택지를 기획하여 고객 또는 상사, 동료가 스스로 비교해서 결정할 기회를 제공한다면 훨씬 더 좋은 효과를 얻을 수 있다.

기획서를 제출할 때 한 가지 기획서만 제시하기보다는 두 가지 정도의 기획서를 제안해 보자. 기획안 A를 검토하는 상사는 '더 좋은 방법이 있지 않을까?'를 고민하며 피드백을 줄 수 있다. 이때 기획안 A와 B를 함께 제시한다면 두 가지 기획안을 받은 상사는 고민하게 된다. '어느 쪽이 더 나을까?' 그리고 적어도 기획안을 작성하는 데 노력했다는 것을 어필할 수 있다. 또한 기획안을 제시한 사람도 두 가지 기획안에 대한 피드백을 받을 수 있으니, 보다 더 완성도 있는 기획안을 만드는 데 도움이 될 것이다.

승인은 받는 것이 아니라 끌어내는 것이다. 두 가지 방안을 제시하는 것이 결재율을 높일 수 있다. 이것을 '대비효과'라고 한다[10]. 패션 브랜드 C사는 매장마다 한두 개의 초고가 가방을 배치한다. 이는 초고가 가방을 팔기 위한 전략이 아니다. 일반 가격의 가방 옆에 초고가의 가방을 배치하여 상대적인 가격의 저렴함을 느끼게 만들어 실제 구매로 연결하는 전략을 쓴 것이다. 비교 대상이 있으면 더 쉽게 판단을 내린다는 것이 대비효과 전략이다.

양보의 기술

양보를 잘하는 것도 기술이다. 업계 수준보다 낮은 연봉을 받고 있다고 생각한 이 책임은 다가오는 연봉 협상에서 연봉을 올리기 위해 자신의 성과 및 연봉을 올려야 하는 이유, 업계 연봉 수준 등 다양한 자료를 꼼꼼히 준비했다. 그런데 완벽히 준비한 연봉 협상 자리에서 그가 준비한 말을 다 끝내기도 전에 인사팀의 승인을 받았다. 연봉 협상에 성공한 그의 기분은 어땠을까? 마냥 좋지만은 않을 것이다. '미리 연봉을 올릴 수 있었던 게 아닐까?', '당연히 오르는 것이었는데 괜히 나만 전전긍긍 힘들었던 것이었나?', '더 큰 금액을 제시했어야 했나?', '혹시 회사에서 생각했던 금액은 더 큰 금액이었나?' 등의 생각으로 연봉 협상에서 성공을 하고도 찜찜한 마음이 들었을 것이다.

A 팀은 B 팀과의 협업 중이다. 과다한 업무를 하고 있다고 생각한 A 팀은 Z 프로젝트를 B 팀으로 이관하고자 한다. 평소 호락호락하지 않은 B 팀을 어떻게 설득할까, A 팀은 B 팀을 설득하기 위해 회의까지 하고 어렵게 말을 꺼냈는데 B 팀은 Z프로젝트 이관을 너무 쉽게 받아들였다.

"네. 이관하시죠."

A 팀은 이관이 쉽게 되어 좋기만 할까. 상대가 너무 쉽게 양보하니 우리가 지금까지 왜 이렇게 힘들게 회의까지 했을까? 허탈감마저 느꼈을 것이다.

비즈니스에서는 양보의 기술이 중요하다. 양보를 통해 원하는 것도 얻고 상대방에게 만족감까지 줄 수 있다면 가장 좋다. 때로는 너무 쉬운 양보가 상대의 만족감을 떨어뜨린다. 그렇다면 어떻게 양보를 하면 좋을까? 너무 쉬운 양보보다는 긴장감 있는 양보가 좋을 때도 있다.

"어렵지만 그렇게 말씀하시니 저도 고민해 보겠습니다."

혹은, 작은 대가를 요구해 보라.

"그렇다면 저희도 이 부분을 요청하고 싶습니다."

"어렵지만 말씀하신 대로 해보겠습니다. 차후에 저희에게도 도움주시는 거죠?"

어렵게 얻어 낸 양보에 상대는 더 흡족해하며 만족감이 상승할 것이다. 그렇다고 매번 어렵게 양보하라는 것이 아니다. 우호적 관계가 필요하다 면 때로는 쿨한 양보가 득이 되는 경우도 있다.

"그럼요 제가 해 드리겠습니다!"

상황에 맞게 양보의 기술을 활용해 보자.

나는 동료에게 좋은 자원인가?

직장에서 좋은 관계는 호혜 관계를 바탕으로 형성된다. 호혜는 관계에 서 비롯된 이로움이다. 즉 서로에게 도움을 주고받는 관계가 되어야 한다. 도움을 주고받으려면 먼저 직장에서 스스로 가치 있는 존재가 되어야 할 것이다. 다음 사례를 살펴보자.

유 선임은 함께 일했던 한 선임이 육아휴직에 들어가자 업무량이 2배 가량 늘었다. 대체인력을 채용하기도 했지만 그는 입사 후 며칠 만에 다른 회사의 정규직 합격 소식을 알리며 퇴사하고 말았다. 계속해서 대체인력을 찾고 있지만 아직 채용되지 않은 상태다. 유 선임은 업무 과중으로 매우 힘든 상태에 봉착했고 그때 용기를 내어 나 책임에게 말을 걸어 보는데…

"나 책임님, 지금 업무가 너무 밀려서 잠시만 도움 요청해도 될까요?"
"아… 저도 지금 업무가 너무 많아서요. 도와드릴 수 없네요."

그렇게 말하던 나 책임의 모니터에는 오후 내내 온라인 기사가 떠 있다. 평소 유 선임이 인사를 제대로 하지 않아 탐탁지 않게 봤던 나 책임이 유 선임을 도와주고 싶지 않았던 것이었다. 조직에서 호혜 관계를 만들려면 먼저 자신이 호감을 줄 수 있는 사람이 되어야 한다.

호혜 관계를 만들기 위해서는 실제로 기버가 되면 좋겠다. 애덤 그랜트(Adam M. Grant)의 「기브앤테이크」를 보면 조직 내에는 기버, 매처, 테이커가 존재한다[11]. 기버는 자신이 할애하는 노력보다 타인이 받는 이익이 클 때 자신에게 아무런 대가가 없더라도 흔쾌히 돕는 사람이다. 매처는 받은 만큼 되돌려 주는 사람을 말하며 테이커는 준 것보다 더 많이 받기를 원하는 사람이다. 이 책에서는 세 가지 유형의 사람들을 성공 사다리에 두었다. 흥미로운 것은 사다리의 가장 상위 구간에 기버가, 그리고 가장 하위 구간에도 기버가 있다는 사실이다.

성공한 기버는 조직 측면과 개인 측면에서 모두 성공적 목표를 세운 사람이다. 반면 실패한 기버는 타인을 돕다가 정작 자신의 이익을 희생하는 사람이다. 거절을 못 하고 베풀기만 하는 사람은 타인과 관련된 업무 과부하로 정작 자신의 업무 성장을 방해할 수 있다. 결국 밀고 당기기를 제대로 하지 못해 실패한 기버는 스스로를 이용하기 쉬운 사람으로 전락시켜 버리고 만다.

조직에서 호혜성을 가지려면 반드시 먼저 자기 자신이 가치 있는 사람이 되어야 한다. 자신의 이익을 도모하면서도 타인을 도울 수 있는 자원을 가진 사람은 개인과 조직의 이익의 극대화하는 밀당 전략의 대가이다. 이 대가들이야말로 정치적 기술을 효과적으로 쓰는 똑똑한 이타주의자이다.

또한 이 가치는 업무 역량과 더불어 태도까지 포함한다. 당신은 존중의 태도를 갖추고 있는가? 똑똑한 기버는 동료에게 칭찬과 격려를 아끼지 않으며 사과 또한 아끼지 않는다. 짐 론(Jim Rohn)은 「당신의 성공을 결정하는 단 한 가지」라는 글을 통해 "태도를 보면 그 사람의 결과를 예측할 수 있다."라고 하였다. 또한 찰스 스윈(Charles Swindoll)은 "태도는 그의 사회적위치나 교육 수준, 경제력과 평판을 넘어서는 성공의 디딤돌이다."라고 했다[12]. 나는 동료에게 좋은 자원인가? 먼저 자기 자원을 충분히 만들어야 할 것이다.

나를 도울 자원을 찾아라

그렇다면 직장에서 도움을 받을 수 있는 유형의 사람에 대해 알아보자.

1) 오래 근무한 사람

오래 근무한 사람은 조직의 역사를 잘 알고 있으며 회사 및 부서 전반의 일과 구석구석의 일을 잘 알고 있을 가능성이 높다. 누구보다 회사에서 여러 상황을 오랫동안 보았기 때문에 참고할 수 있는 이야기가 많을 것이다. 그를 존중하고 관계를 원만하게 유지하는 것이 중요하다.

2) 그만둔 사람

더 좋은 조건의 회사로 이직하였거나 회사로부터 실망하여 떠난 사람, 개인사로 인한 자발적 퇴사 등 여러 종류로 그만둔 사람들이다. 그들의 말을 무조건 수용하기보다는 상황에 따라 냉정하게 생각해 보고 차후 자신이 어떤 방향성을 가지고 나갈 것인가에 도움이 되는 전략으로 활용할 수 있다.

3) 보안담당자

회사마다 보안의 강도는 다르겠지만 출입 카드를 안 가져왔거나, 긴급하게 들어가야 할 때 도움이 될 수 있다. 물론 기준과 규칙 안에서 업무를 수행하겠지만 밝게 인사하고 짧은 스몰토크라도 하는 관계를 형성한다면 데면데면한 사이보다는 훨씬 낫지 않을까? 긴급할 때 빛을 발하는 순간이 찾아올지 모른다.

4) HRD 담당자

조직 내 교육 및 조직 문화를 관리하는 HRD(Human Resource Development) 담당자들이다. 근래에는 조직문화혁신팀, 피플팀 등 기업마다 부서 이름도 변화하고 있는데 통상적으로 조직 내 교육을 전담하고 있는 사람들이다. 현 조직의 문제점을 개선할 수 있는 교육을 제안할 수 있고 여러 교육을 조달받는 데 도움이 된다.

5) 청소담당자

청소를 담당하시는 분들은 직장 안의 많은 것을 보고 듣는다. 매시간 그 자리를 지켜 주고 있기 때문에 핵심 정보를 들려 줄 이는 아닐 수 있으나 가벼운 정보라도 주고받을 수 있다[13]. 편하게 이야기를 주고받을 수 있는 관계가 형성될 수 있도록 밝게 인사하고 고마움을 표현해 보자.

04

건강한 기브앤테이크의
완성

동료에게 얼만큼 신뢰를 받고 있는지 점검하고
우호적 관계로 나아가자.

신뢰 단계를 올려라

나우앤서베이에서 직장인 1,000명을 대상으로 직장 만족도에 대한 설문 결과, 직장 만족도에 가장 큰 영향을 미치는 것은 '직장 내 인간 관계'였다[14]. 업무 몰입도가 높은 사람일수록 직친(직장 친구)과의 관계가 좋다는 갤럽조사 결과를 보더라도 직장 내의 인간관계는 매우 중요하다[15].

LG케미토피아에서는 사내 직원들을 대상으로 '직장생활에서 신뢰가 차지하는 비중이 얼마나 크다고 생각하십니까?'에 대한 설문을 실시했다. 그 결과 '매우 크다'가 72.2%로 1위를 차지했다. '신뢰가 결정적으로 필요한 순간은?'이라는 질문에 '협업 시에 가장 중요하다'고 65.4%가 답했다[16]. 신뢰를 획득하면 직장생활에서의 파란불이 켜진다.

『나는 영업부터 배웠는가』의 저자 도키 다이스케는 '5단계 신뢰 관계도'를 통해 고객과의 신뢰 관계를 체크해 보라고 했다. 대화 분위기를 통해 신뢰 단계를 알 수 있다고 했는데 이를 통해 직장 동료와의 5단계 신뢰 관계도를 체크해 보자. 동료 반응으로 재구성하였다.

신뢰 단계	대화 분위기	동료 반응
1단계	차갑다.	"지금 어려운데요." "원래 ○○부서 일 아닌가요?"라며 쌀쌀맞게 경계한다.
2단계	형식적이다.	"확인해 보겠습니다." 형식적인 대화만 할 뿐 생산적인 피드백이 없다.
3단계	조금 따뜻하다.	"어느 부분 도와드리면 될까요?" 열린 자세로 들어준다.
4단계	협력적이다.	"지금 도와드릴게요." 조언과 격려까지 해 준다.
5단계	친밀하다.	적극적으로 도우며 따로 시간을 할애해 주기까지 한다.

[표 8-1] 대화 분위기를 통한 신뢰 단계 알기

출처: 도키 다이스케(2018). 왜 나는 영업부터 배웠는가(김윤수 역). 파주: 다산북스. 저자 재가공.

함께 협업하는 동료, 고객사 직원에게 돌아오는 반응이 1단계의 차가운 반응이라면 이제 신뢰관계를 형성해야 할 시기라는 뜻이다. 2단계의 '형식적이다'는 것은 매번 얼굴 보는 사이이기 때문에 형식적인 답변만 할 뿐 도움을 받기 힘든 관계다. 3단계의 '조금 따뜻하다'는 신뢰를 보여 주는 단계로 요청을 해 볼 수 있는 단계가 비로소 시작되었음을 의미한다. 4단계의 '협력적이다'는 도움을 주는 것뿐 아니라 더 잘될 수 있도록 조언과 격려까지 해 주니 조직에서 정말 고마운 사람이다. 5단계 '친밀하다'는 이해관계를 넘어선 인간관계까지 들어가 있는 사람일 수 있겠다[17]. 나는 동료에게 몇 단계의 사람인가? 동료들과 신뢰 관계 3단계 이상을 유지할 수 있다면 당신은 직장생활 만족도가 큰 사람일 확률이 높다. 또한 건강한 기브앤테이크를 이룰 수 있는 사람이다. 이제 조직과 개인의 목표를 이루기 위하여 우호적 관계 유지는 선택이 아닌 필수다.

우호적 관계를 위한 실천사항

신뢰를 보여 주면서 우호적 관계를 유지하려면 어떻게 해야 할까? 켄 블랜차드(Kenneth H. Blanchard)의 〈신뢰 형성을 위한 ABCD 신뢰 모델〉을 살펴보자.

ABLE	핵심역량을 보여 줄 것	문제 해결 능력이 있으며 탁월한 성과를 거둔다.
BELIEVABLE	솔직하고 진심으로 대할 것	섣불리 판단치 않고 남의 뒷이야기를 하지 않는다.
CONNECTED	상대를 존중하고 배려할 것	동료의 이야기를 귀담아 들으며 때로는 조언을 부탁한다. 동료의 노력을 칭찬하며 조화를 이루며 일한다.
DEPENDABLE	일관되게 행동할 것	시간약속을 잘 지키며 말한 대로 실천한다.

[표 8-2] 신뢰 형성을 위한 ABCD 신뢰 모델
출처: 켄 블랜차드 외(2013). 신뢰가 답이다(정경호 역). 서울: 더 숲. 저자 재가공.

먼저 'Able'이다. 일로 만난 관계이므로 업무성과 및 문제 해결 능력이 가장 중요한 요소다. 국내 취업포털 서비스가 MZ세대 직장인들을 대상으로 설문한 결과, 66.5%가 직무 경쟁력 강화를 위해 자기 계발에 매진하는

.로 나타났다. 직장 내에서도 점심 식사를 가볍게 한 후 자기 계발을 |어가는 스내킹(Snacking)문화가 확산하고 있다[18]. 이렇듯 개인 역량 강화를 위한 지속적인 학습 실천은 매우 중요하다.

B, C, D는 모두 태도를 기반한다. 'Believable'은 동료와의 신뢰 형성을 위해 정직함과 진정성으로 다가가야 함을 의미하고 'Connected'는 동료를 배려하고 조화를 이루는 사람이 되도록 노력해야 함을 의미한다. 'Dependable'은 동료가 자신을 신뢰할 수 있도록 일관되게 행동해야 함을 말한다[19].

이를 실천하기 위해서는 첫째, 상대방보다 우위에 서려는 생각은 금물이다. 각 기업이 호칭 파괴와 호칭 단순화로 수평적인 조직 문화를 지향하려는 노력에 발맞추어 수평적 관계를 유지하려는 노력이 필요하다. 둘째, 어려운 문제일수록 대면으로 소통해야 한다. 요즘은 SNS 소통이 많다 보니 전화 통화를 꺼리는 '콜포비아'를 겪는 사람들이 더욱 많아졌다[20]. 대면 만남과 통화를 기피하고 메신저나 이메일로만 소통하려고 하면 원활한 소통이 어려워져 업무 생산성까지 떨어질 수 있다. 어려운 문제일수록 이메일, 메신저보다는 만남을 통해 상황, 감정까지 모두 전달될 수 있도록 소통하는 능력이 필요하다.

마지막으로, 관계를 손상하지 않으려면 자신의 감정을 다스려야 한다. 직장에서의 자기 행동은 평판으로 귀결된다. 또한 직장에서 매너 없는 행동, 무례한 모습은 조직 구성원들에게 생산성과 사기, 충성심을 떨어뜨린다[12]. 조직과 개인의 상생을 위하여 자신의 감정 또한 다스려야 할 것이다.

직장 내 구성원들과 상생할 수 있는 밀당 전략에 대해 알아보았다. 상황에 따른 밀당 전략으로 지혜롭게 대처할 수 있다면 개인과 조직의 이익을 극대화하는 똑똑한 비즈니스맨이 될 것이다. 밀당 전략이 빛을 발휘하는 때가 있지만 그럼에도 조직 내에서 매 순간 밀당 대화를 적용하려고 해서는 안 된다. 먼저 신뢰를 보여 줄 수 있는 태도가 중요하며 때로는 쿨한 양보도, 쿨한 승낙도 필요할 때가 있다. 우호적 관계를 위해 필요한 순간에 필요한 전략을 잘 활용해 보길 바란다.

관계를 설정하는
건강 대화법

관계 속에서 일하다 보면 선을 그어야 하는 순간은 반드시 온다. 모두가 공존할 수 있는 지점에서 올바르게 그어 주자. 진정한 의미의 선 긋기는 건강한 대화를 통해 서로에게 건강한 관계가 되어 준다.

01

선 긋기가 힘든
당신에게

선 긋기를 다시 정의하다.
이제부터 선 긋기는 '共 Zone(공존)'이다.

선 긋기, 왜 어려울까?

김 프로

> 항상 하루 전에 발표자료 요청이 오는데..
> 우리 부서를 위한 일이니까 좋은 마음으로 했지 ㅜ.ㅜ
> 늦게 퇴근하고, 다른 업무가 밀려도...

> 그런데 이번에는 연차 하루 전에 말씀하시길래...
> 어쩔 수 없이 못 한다고 얘기했더니
> 분위기 완전...

박 프로

> 네가 잘못했네... 호의가 계속되면 권리인 줄 알아...

> 그리고 말을 안 하는데 네가 힘들게 만들었다는 걸
> 어떻게 아니? 할 만하니까 했다고 생각하지~~~

김 프로

> ....

대화를 보면 알 수 있듯이 김 프로는 지금 몹시 서운하다. 매번 열심히 했기 때문에 결과적으로 이런 상황이 올 줄 몰랐다. 애초에 선 긋기를 잘 했다면 이런 상황이 생기지는 않았을 것이다.

요즘 직장생활에서는 대화의 기술이 참 중요하다. 채용 플랫폼 사람인에서는 직장인 1,441명을 대상으로 직장생활 말하기(회사어) 구사 능력 설문조사를 실시했다. 응답자의 95.6%가 '대화 기술은 업무에 중요한 역할을 한다'고 답했다. 특히 20대와 30대는 직장에서 꼭 필요한 회사어 1위로 '지혜로운 거절어'를 선정했다. 2020년 10월 조선일보에서도 이 설문조사 내용을 다루면서 지금 이 시대를 살아가는 직장인들이 회사 생활에서 지혜롭게 거절하는 것에 관해 관심이 높다는 것을 강조했다[1]. 이렇게 많은 직장인이 관심을 두는 '지혜로운 거절어'를 사용하는 데 어려움을 느끼는 이유는 뭘까?

선 긋기를 어렵게 하는 원인

첫 번째는 심리적인 원인이 가장 크다. 상대방의 요구나 부탁을 거절하는 것 자체도 고통스럽지만 '내가 이렇게 거절하면 나도 나중에 거절당하겠지?', '나는 혼자가 되겠지?'라는 생각을 하게 된다. 그러면서 사람들은 '고립 불안'이나 '소외에 대한 공포'를 느끼고 고통스러워한다[2]. 타인의 눈치를 보고 자기 주도성이 약한 '착한 사람 콤플렉스'의 경우에도 "아니요."라고 주도적으로 말하기 어렵다[3].

'요구 특성 효과'라는 말이 있다[4]. 미국 펜실베이니아 대학의 심리학자 마틴 오른 교수가 제시한 개념이다. 심리학 실험을 할 때 피험자가 무의식적으로 실험자가 요구하는 대답을 하게 되는 현상을 말한다. 상대방이 "이렇게 해 줄래요?", "이렇게 하는 건 어때요?"라고 했을 때 무의식적으로 상대가 의도한 방향으로 따라가게 되는 것을 의미한다.

마찰을 벗어나기 위해서 일단 알겠다고 대답하는 상황도 있다. 상사나 동료와 직접 충돌하는 것이 좋지 않다는 것을 우리는 이미 너무 잘 알기 때문에 방어기제가 작동하기 쉽다. 다시 말하자면 방어기제가 작동하게 되면서 일단 알겠다는 대답이 나오는 것이다[5].

두 번째 이유는 업무적인 원인이다. 상급자나 손윗사람과의 관계에서는 쉽게 선을 긋기 힘들다. 특히 상사나 선배 등 수직 관계에서는 선뜻 나서기가 어렵다. 업무적인 보복에 대한 두려움도 어느 정도 작용한다. 가깝게 지내는 관계에서도 명확하게 선을 긋기는 쉽지 않다. 친밀함을 무기로, 평소 자신의 상황을 누구보다도 잘 알고 있다고 생각하기 때문에 이해해 주길 바라는 것이다.

세 번째는 문화적 원인이다. 개인보다는 조직을 중요하게 생각하는 우리의 문화적 원인도 선 긋기를 어렵게 만든다. 우리 사회 속에 깊숙하게 자리 잡은 관계 중심 문화는 개인의 의견보다는 사람들과의 조화를 더 중요하게 여긴다[6]. 개인의 의견보다는 전체의 분위기를 해치지 않는 것을 우선으로 여기는 것이다. 최근 많이 사용하는 말 중에 'K장녀'라는 말이 있다. K는 Korea의 앞 글자 K를 의미한다. 한 집의 장녀로 태어나 과도한 배려심과 책임감을 느끼고 맏이로서 해야 할 역할을 해 내며 살아가는 사람을 말한다. 이러한 장녀 콤플렉스도 가족이라는 관계 속에서 자신을 억제하고 가족을 위해 자신의 의견을 있는 그대로 말하기 어려워한다.

선 긋기는 '共 Zone(공존)'이다

프리랜서 윤마리 씨는 그동안 여러 기업과의 프로젝트 계약을 거치며 수많은 곳의 면접을 봤다. 늘 새로운 환경에서 새로운 사람들과 함께 일했다. 어느 기업의 면접 전형 중 평판 조회 단계에서의 일이다. 윤마리 씨의 옛 동료는 담당자와의 통화에서 마리 씨에 대해 이렇게 표현했다. "한마디로 말씀드리자면 협업이 잘되는 사람이에요."

우리는 관계 속에서 일하는 경우가 대부분이다. 겉으로 보이는 근무 형태는 달라도 누군가와 작은 관계도 맺지 않고 일하는 경우는 거의 없다. 그래서 조직에서의 협업은 필수적인 요소이다. 서로 소통하고 협력하는 가운데 조직의 공동 목표를 달성하고 성과를 창출한다.

그렇기 때문에 우리는 조직에서 만나는 대부분의 사람과 우호적 관계로 지내길 바란다. 사람들과 잘 지내야 조직 생활이 즐거울 것이 당연하다. 또한 성과 창출, 평판 관리 등 많은 부분에서 긍정적인 영향을 가져다줄 것이라 믿고 있다. 이렇게 우호적 관계가 중요한 조직 안에서는 '선 긋기'를 통해 관계를 잘 지키는 것이 필요하다.

관계 속에서 일하다 보면 선을 그어야 하는 순간은 반드시 온다. 꼭 필요한 순간에 현명하게 선을 그을 수 있도록 생각의 전환이 필요하다. 그런 의미에서 챕터 9에서는 선 긋기를 '공존'이라고 정의하고자 한다.

'공존'은 한자로 共存이다. 한 가지 공(共), 있을 존(存)을 사용한다. 국어사전에 따르면 '서로 도와서 함께 존재함'을 의미한다. 여기서 '존'은 영어 zone의 뜻을 함께 사용하려고 한다. 영어 zone은 여러 의미가 있는데 '조직화를 위해 나눠 놓은 지역'을 뜻하기도 한다. 그리고 지역을 나누는 '구획 짓는다'라는 뜻의 동사로 사용되기도 한다. 이제부터 선 긋기는 '共 Zone(공존)'이다. 선을 그어서 구획을 나누기도 하지만 공간을 공유하며 서로 돕고 함께 존재한다.

둘 이상 모인 곳에서 선 그을 일은 꼭 생기기 마련이다. 그럴 때 어떻게 하면 건강한 관계를 지키면서도 선을 잘 그을 수 있을까? 그야말로 공존을 위한 선 긋기를 하려면 어떠한 기준으로 생각하고 어떻게 대화로 풀어 나가야 하는지 본격적으로 알아보자.

02

건강한 관계를 위한 마음가짐

꼭 필요한 순간에 제대로 선을 긋는 것이
더욱 건강한 관계를 만든다.

선 긋는 사람은 나쁜 사람일까?

사례 1

처음에는 간단한 자료 정리, 문서 작업을 도와주는 것으로 생각했다.
그런데 일을 진행하다 보니 주객이 전도된 상황. 정작 내 업무는 밀려 가고,
상대방 일을 돕는 데 너무 많은 시간을 써 버리게 됐다.

사례 2

주말 근무를 피하고 싶어 하는 동료들을 위해 내가 주말 근무를 도맡아 했
다. 나는 주말에 특별한 약속이 자주 있는 편이 아니어서 그렇게 해도 괜찮다
고 생각했다. 처음에는 그랬다. 동료들로부터 착하다는 소리도 많이 들었다.
그런데...!

매주 반복되고 몇 달이 지속되다 보니 괜찮지 않았다. 어쩔 수 없이 주말에 볼 일이 생기거나 개인적으로 시간이 필요한 일들이 생겼다. 하지만 내가 갑자기 못 하겠다고 하면 동료들이 실망할 것 같았다. 생각만으로도 그 상황이 너무 불편하다. 내 의견을 말하는 게 어려웠다.(동료들이 시킨 것도 아니고 내가 자발적으로 하겠다고 했던 주말 근무인데….)

사례 1과 사례 2는 선 긋기가 필요한 순간에 제대로 선 긋지 못해서 힘들었던 순간들이다. 물론 동료를 위한 선한 마음에서 시작한 일이다. 마찬가지로 '좋은 게 좋은 거지' 하며 넘어갈 수도 있었을 것이다. 하지만 이것은 좋은 게 아니다. 주변에는 좋은 동료였을지 몰라도 스스로에게는 나쁜 사람이 되는 행동이다. 주변 동료를 신경 쓰고 잘 챙기면서 착하다는 말도 많이 들었을 것이다. 그 노력이 조금 버거운 순간에는 괜찮은 척, 힘들지 않은 척 행동했을 것이다. 하지만 잘 생각해 봐야 한다. 나 자신을 잊어버린 채 상대방만 존재하는 관계는 건강한 관계가 아니다.

'피플 플레저'라는 말이 있다[7]. 캠브리지 영어사전에 등재된 말로 '남을 기쁘게 하는 사람'이라는 의미를 지녔다. 이들의 특징은 자신의 감정이나 욕구에 초점을 맞추기보다 타인의 기분이나 필요를 살피는 것이다. 타인에게 인정받고자 하는 경향이 강하다. 즉, 남들에게 잘 보이고 싶고 안 좋은 평가와 비난에 과도한 두려움을 갖는다[3]. 어느 종합편성 채널의 프로그램에서는 한 방송인이 주변 사람들과의 술자리 약속을 거절하기 어려워서 연달아 40일 동안 술을 마신 일화가 소개되기도 했다[8]. 이런 경우도 피플 플레저라고 볼 수 있다.

이제는 인식의 전환이 필요하다. 선을 긋는다고 해서 내가 나쁜 사람이 되는 것이 아니다. 선 긋기를 잘하는 사람도 좋은 사람이다. 나의 상황과 의견을 분명하게 말하고 올바르게 선을 그으면서 건강한 관계를 이어가자.

스스로를 믿는 사람

주변의 말과 시선에 흔들리지 않기 위해서는 자신에 대한 믿음이 필요하다. 스스로에 대한 단단한 믿음과 기준이 있어야 한다. 그래야 휘청거리지 않는다. 책에서 제시하는 기준도 좋고 본인만의 기준을 만들어 봐도 좋다. 조직 안에는 정말 다양한 사람들이 있다. 공동의 목표를 가지고 함께 협력하는 관계라고 할지라도 한 명 한 명의 시선을 모두 신경 쓸 수는 없다. 자신의 생각과 판단을 믿고 움직여야 한다. 그것이 자신을 지키는 방법이고 장기적으로 건강한 조직 생활을 이어 갈 수 있다.

애초에 터무니없는 부탁은 들어줄 필요가 없다. 가끔 상대의 선한 마음을 악용하는 경우가 있는데 그럴 때는 딱 잘라서 "아니요."라는 말을 할 수 있어야 한다. 반면 충분히 납득할 수 있는 요청을 받았지만 어쩔 수 없는 사정 때문에 거절해야 할 때도 있다. 그럴 때도 용기를 내자. 말 못 하고 속 썩지 말고 분명하고 정중하게 나의 상황을 설명하자. 그렇게 해야 나의 시간과 에너지를 잘 사용할 수 있게 된다. 선한 마음을 가진 동료라면 이해해 줄 것이다. 만약 동료가 성숙하지 못한 사람이어서 욕을 하고 비난한다고 해도 상관없다. 상대가 무슨 말을 하든지 나에 대한 단단한 믿음이 있다면 상대의 말에 흔들리지 않는다.

나 자신에게 가장 좋은 사람이 되자. 물론 동료들과 좋은 관계로 잘 지내는 것은 중요하다. 하지만 자신을 힘들게 할 만큼 주변 동료를 의식하고 좋은 평가를 듣기 위해 과도하게 신경 쓸 필요는 없다. 자신에게 인정받는 사람이 되어야 한다. 장기적으로는 그런 마음가짐이 건강한 조직 생활을 가능하게 한다. 선 긋기를 하는 이유는 개인주의나 이기심 때문이 아니다. 결과적으로 나와 동료 모두가 우호적 관계 속에서 조직 생활을 하기 위해 올바른 선 긋기가 필요한 것이다.

반대로 상대방이 선을 그었을 때 그것을 잘 받아들일 수 있는 마음가짐도 필요하다. 내가 상대에게 부탁이나 요청해야 하는 순간에도 상대방 입장에서 생각해 봐야 한다. 그리고 상대방이 선을 그으며 거절하더라도 그 상황을 이해하고 잘 받아들이는 성숙한 태도를 기억해야 한다.

선 긋기를 잘하는 것도 업무 능력이다

업무 요청을 받았을 때 고민이 되는 순간이 있다면 세 가지 기준에 대해 생각해 보자.

첫째, 이 일이 조직에 도움이 되는 일인지 혹은 부정적인 영향을 주는 것은 아닌지 생각해 봐야 한다. 둘째, 이 일을 실행하는 것이 내 업무를 수행하는 데 지장을 주지 않는 정도인지 생각해 봐야 한다. 오늘 안에 끝내기 어렵거나 너무 많은 시간이 필요한 일이라면 잘 생각해야 한다. 직장인에게 이 문제는 매우 중요하다. 만약 나에게 익숙하지 않은 업무라면 더욱 고심해야 한다. 내가 일을 도와주는 것이 오히려 긴 시간이 필요하고 비효율적이라면 또 다른 대안은 없는지 생각해 봐야 한다. 셋째, 나에게 충분한 자원이 있는지 확인해 봐야 한다. 예를 들어서 전문가용 포토샵 프로그램을 사용할 수 없는 환경에서 그림판을 실행시켜 요청받은 작업을 진행하는 것은 너무 비효율적이다. 따라서 해당 업무를 처리하는 데 추가적인 자원이 필요한 일인지 확인해야 한다.

앞에서 이야기한 기준이 아니더라도 각자의 환경과 상황에 맞는 나만의 기준을 몇 가지 생각해 두는 것이 좋다. 만약 동료의 일을 돕고 싶은 순수한 마음에 혹은 당장 눈앞의 상황을 넘기려는 마음에 "넵!" 대답했다가는 엄청난 후폭풍을 만나게 될지도 모른다. 책임질 수 있는 일에 대해서만 "넵." 하고 대답해야 좋은 관계를 잘 유지할 수 있다. 그런 의미에서 필요한 순간에 선 긋기를 잘하는 사람도 업무 능력이 탁월한 사람이라고 할 수 있다.

그런 사람은 업무에 대한 메타인지가 잘되어 있다. 메타인지는 자신의 인지적 활동에 대한 지식과 조절을 의미한다. 내가 무엇을 알고 모르는지에 관한 판단과 보완을 위한 계획이 가능하다. 업무에 대한 메타인지가 잘되어 있다면 판단 오류를 범하지 않는다. 어떤 요청을 받았을 때 '내가 잘할 수 있는 일인가?'라는 생각을 해 봐야 한다. 상황을 정확하게 보고 적합한 해결책에 대한 안목이 필요하다. 내가 그 일에 대해서 전문성을 갖고 있다면 빠르고 정확한 판단이 가능하다. 시간은 어느 정도 걸릴 것인지 또 어떤 방식으로 도움을 줄 수 있는지 머릿속에 그려질 것이다.

이렇게 잘 아는 일이라면 선 긋기의 오류를 범하지 않고 올바른 판단이 가능하다. 지금 이 순간 선을 진하게 긋는 것이 맞을지 융통성을 발휘해서 선을 지우는 것이 맞을지 판단할 수 있다. 선 긋기에 대한 올바른 판단이 가능한 것도 업무 능력의 일부라고 생각해도 좋다. 그리고 그런 사람이야 말로 현명하게 조직 생활을 잘하는 사람이라고 할 수 있다.

더 나은 관계로 가는 길

우리가 흔히 착각하기 쉬운 것이 있다. 메시지와 메신저를 구분하지 못 하는 것이다. 메시지는 내용이고 메신저는 사람이다. 이 부분을 잘못 생각 했을 때 관계를 해치는 경우가 발생하기 쉽다.

업무 요청 했을 때를 생각해 보자. 단번에 상대방에게 긍정적인 답변을 들을 수도 있겠지만 부정적인 답변을 듣게 될 수도 있다. "아니요. 그건 어 렵습니다.", "죄송하지만 오늘까지는 힘들겠네요." 거절의 메시지를 받을 때 오해하지 말자. 결코 동료가 '나'라는 사람을 밀어내는 것이 아니다. 해 당 사안에 관한 답변을 받은 것일 뿐이다. 내가 동료의 입장일 때도 마찬 가지다. 해당 사안에 관한 메시지를 거절하는 것이지 메신저인 동료를 밀 어내는 것이 절대 아니다. 이 부분을 오해해서 관계가 상하는 일은 없어야 한다. 선을 긋는다고 해서 상대방 자체를 거부하거나 철벽을 치는 것이 아니다. 그러므로 선 긋기에 대한 과도한 부담은 내려놓고 조금은 마음 편히 생각해도 좋다.

그런데도 선을 그었다가 관계가 흔들릴까 봐 걱정되는가? 만약 선을 긋는 상황이 한 차례 있었다고 해서 흔들리는 관계라면 그리 건강한 관계는 아닐 수 있다. 때로는 필요한 순간에 제대로 선 긋는 것이 더 좋은 관계를 유지해 주는 경우도 있다.

선을 긋는다는 것 자체가 쉽지 않은 일이기도 하지만, 무엇보다 중요한 이유는 자신의 평판과 연관되어 있기 때문이다. 그래서 그동안 선을 그어야 하는 순간에 제대로 선 긋지 못하고 힘들어했다. 만약 평판을 중요하게 여기지 않고 관계를 신경 쓰지 않는다면 이렇게 고민할 필요도 없었을 것이다. 협업하는 관계에서 평판이라는 것은 그 사람에 대한 신뢰를 보여준다.

때로는 모두가 공감하는 상식적인 거절이 평판 관리에 도움이 되기도 한다. 조직 내에서 무리한 요구를 수용하거나 불가능한 제안을 통과시켜주는 사람을 본다면 어떠한가? 그 일을 처리한 사람을 보면서 대단히 어려운 결정을 했으니 존경할 만하다고 여겨지는가? 오히려 그 사람에 대한 신뢰가 떨어질 것이다. 선 긋기는 누구나 인정하고 받아들일 만한 범위 안에서 이뤄져야 한다.

그렇다고 선 긋기가 무조건적인 원칙주의를 의미하는 것은 아니다. 우리는 하이브리드가 되어야 한다. 꼭 필요한 순간에는 아주 진하게 선을 그을 수 있어야 한다. 그리고 때로는 선을 살짝 지워 줄 수도 있어야 한다. 융통성이 필요한 특별한 상황도 생기기 때문이다. 우리가 선 긋기를 하는 이유는 나 혼자 잘 먹고 잘 살기 위해서가 아니다. 건강한 관계 속에서 조직 생활을 잘하기 위함이라는 것을 잊어서는 안 된다.

03

현명하게 선 긋는
'3단계 대화법'

현명한 선 긋기를 위해서는 3단계를 거친
촘촘한 노력이 필요하다.

1단계, 선 긋기 전

직장에서는 원칙이 중요하다. 원칙은 중요한 명분이 된다. 따라서 원칙적으로 내 업무가 아닌 것을 요청해 왔을 때는 선을 그어도 무방하다. 하지만 사람 일이 또 조직에서 일어나는 일이 꼭 원칙대로 하는 게 능사는 아니다. 현실적으로 조직 내에서 일어나는 모든 일을 원칙대로 처리할 수만은 없다.

한번 떠올려 보자. 우리가 출근해서 하게 되는 모든 일들이 직무기술서에 작성되어 있지는 않다. 먼저 내가 해야 하는 본연의 과업이 있다. 그리고 본연의 과업은 아니지만 내가 해야 하는 다른 업무도 있다. 또 담당자가 모호한 업무도 있고 매일 누군가 하고 있지만 크게 드러나지 않는 업무도 있다. 이렇게 조직에서는 선으로 반듯하게 그어 놓은 일들만 존재하는 건 아니다. 원칙이라는 이름으로 명확하게 선을 긋지 못한 부분도 분명 존재한다.

그러므로 본격적으로 선 긋기 대화에 들어가기 전에 잘 생각해 봐야 한다. 조직 생활에서 사람 관계가 중요하다는 것은 누구나 아는 사실이다. 동료와 우호적 관계를 유지하는 것도 중요하고 그에 못지않게 조직의 성과를 내는 일도 중요하다. '원칙'이라는 글자는 잠시 넣어 두고 다양하게 고려해 봐야 한다.

당장 이 일을 해결하기에 내가 가장 적합한 사람인가? 혹은 이 일에 참여한다면 나의 업무 역량이나 경험이 크게 발전할 가능성이 있을까? 동료애를 발휘해서 이번 일을 함께한다면 누군가와의 관계가 좋아질까? 혹은 관계가 틀어질까? 이렇게 다양한 시선으로 유연하게 생각해 보고 그게 맞는다면 함께 가는 것이 좋다.

2단계, 선 긋는 중

선을 긋는 중에도 센스 있는 태도가 필요하다. 앞에서 몇 번이나 강조했지만 선 긋기를 하는 이유는 더 좋은 관계를 위함이다. 현명하게 말하는 방법을 연습하고 상황에 맞는 적절한 태도를 갖춰야 한다는 것을 기억해야 한다. 'Yes, but 화법', '대안 제시 화법', '최선을 다하는 No 화법' 세 가지 화법에 대해 알아보자.

Yes, but 화법

처음부터 딱 잘라서 안 된다고 대답하지 않고 상대방의 의견에 일단은 긍정적(Yes)으로 대답하는 방식이다. 이것은 언어의 초두 효과를 노리는 방법이기도 하다. 먼저 긍정적으로 대답하고 그 뒤에 거절 의사를 표현하면서 그럴 수밖에 없는 이유를 설명한다. 이 화법을 쓰게 되면 상대방에게 거부감을 덜 느끼게 한다는 장점이 있다. 상대방의 요구를 어느 정도 인정하고 존중하는 분위기를 형성하기 때문이다.

Yes, but 화법 예시

한 팀장: 오늘 분위기 왜 이래? 날씨도 좋은데 말이야. 점심시간에 다 같이 회사 앞 공원이나 한 바퀴 걷자고 해야 되겠네. 아예 우리 부서에서 그룹 활동으로 만드는 건 어때? 우리 부서원 건강은 내가 책임져야지~ 안 그래?

김 프로: 네~ 팀장님 말씀이 맞습니다. 걷기만큼 좋은 운동이 없죠. 맨날 책상 앞에 앉아 있는 회사원은 더 그렇죠~ 그런데 아마 다음 주 발표 때문에 다들 피곤해서 그런 것 같습니다. 일단 다음 주 발표 이후에 다시 생각해 보시는 건 어떨까요?

만약 처음부터 김 프로가 한 팀장의 제안에 싫다고 대답했다면 그 뒤에 이유를 말하는 것이 변명처럼 들릴 가능성이 크다. 하지만 먼저 긍정적으로 대답한 뒤에 이유를 설명하면 끝까지 상황을 잘 전달할 수 있다. 그리고 처음에 제안했던 한 팀장도 본인의 제안이 단번에 거절당했다는 느낌을 받지 않게 된다.

대안 제시 화법

부정적인 대답으로 끝내는 것이 아니라 긍정적인 대안을 제시하는 방법이다. 이 문제를 해결할 수 있는 다른 사람이나 부서를 제안하는 것처럼 적절한 방법을 제시한다. 여기서 중요한 것은 문제를 함께 해결하고자 하는 태도를 보이는 것이다. 끝까지 협력하려는 의지를 보여야 한다.

> **대안 제시 화법 예시**
>
> 최 프로: 제가 진행하던 프로젝트와 관련해서 급하게 중간 보고를 해야 하는데, 해외 시장조사 자료가 필요해서요~ 제가 가지고 있는 걸로는 부족하네요. 혹시... 손이 빠른 김 프로님이 자료 수집을 같이 해 줄 수 있을까요?
>
> 김 프로: 아... 지금 하는 업무부터 마무리해야 하는데 시간이 좀 걸릴 것 같습니다. 팀장님이 따로 지시하신 내용이라서요. 차라리 R&D부서에 요청해 보시는 게 어떠세요? 그쪽은 이미 확보된 자료가 많이 있을 텐데요. 제가 나서는 것보다 더 쓸 만한 자료일 것 같고요.

김 프로는 팀장님이 따로 지시한 업무가 있다며 철벽을 치는 것처럼 보였지만 문제를 해결할 수 있는 다른 방법을 제안했다. 특히 다른 부서에 요청해 볼 것을 제안하면서 본인의 제안이 최 프로에게 훨씬 도움이 될 만한 자료일 것이라고 말한다. 다시 말해서 본인의 제안은 이 상황을 회피하기 위해 대충 둘러대는 대책에 불과한 것이 아니라 매우 긍정적인 대안이라는 의미이다. 이렇게 다른 대안을 제시하면서 동시에 문제 해결을 위해 함께하려는 의지를 내보이는 것이 대안 제시 화법의 핵심이다.

최선을 다하는 No 화법

지금 No라고 대답할 수밖에 없는 상황이지만 상대방의 상황을 함께 해결하기 위해 최선의 모습을 보인다. 상대방은 원하는 대답을 듣지 못했더라도 공감을 얻었기 때문에 관계가 크게 상할 염려는 없다.

"제가 다시 한번 알아볼게요", "다시 확인해 보고 연락드릴게요." 성의 있는 말로 대화를 풀어 간다. 이때 상황을 부드럽게 해 주는 대화 기술인 쿠션 멘트를 함께 사용하면 더 좋다. "제가 잘 모르는 분야지만 다시 한번 알아볼게요.", "가능할지는 모르겠네요. 그래도 다시 확인해 보고 연락드릴게요."와 같이 부드러운 말투를 사용한다. 말은 내용도 중요하지만 말을 담는 그릇인 말투도 중요하다[9]. 부드러운 말투로 최선의 노력을 기울이고 있다는 것을 느끼게 해 줄 수 있다.

이 프로: 프로님~ 이번 주 토요일에 추가로 판촉 행사가 생겼는데요. 현장 지원
이 가능한 분들이 계실까요?

김 프로: (혹시 모르니 다시 확인해 봐야겠지만... 아마 이번 주 토요일은 안 될
게 뻔한데...) 아~~ 갈 수만 있다면 제가 나가서 도와드리고 싶네요!
음... 너무 급한 일정이라서 가능한 인력이 있을지 모르겠어요. 그래도
한번 알아보고 다시 말씀드릴게요.

이 프로는 곧바로 원하는 대답을 듣지 못한 상황이다. 하지만 상대방이
난처한 상황에 부딪힌 자신을 어느 정도 공감하고 있다는 것을 느끼기 때
문에 관계를 크게 해치지는 않는다. 그런데 여기서 주의할 점이 있다. 상
대방의 상황을 공감은 하되 너무 길게 여지를 주지 않도록 주의해야 한다.
너무 큰 기대와 실망을 주게 되면 오히려 관계가 상할 수 있으므로 그 경
계를 잘 맞춰서 현명하게 대화를 풀어 가야 한다.

3단계, 선 그은 후

사람 관계에서는 성의를 보이는 것이 참 중요하다. 지난 안부를 물으면
서 인사하는 것, 상대방의 근황에 관해 다정한 말 한마디 건네는 것처럼
몹시 간단한 일이다. 이렇듯 너무 당연하고 사소해 보이는 일이기 때문에
쉽게 생각해서 놓치기 쉬운 일이기도 하다. 선 긋기 대화법으로 상황을 잘

풀어 냈다고 해서 모든 것이 마무리된 것은 아니다. 선 긋기 이후에도 예의가 필요하다.

첫 번째, "지난번 그 일은 어떻게 해결됐나요?" 상대방에게 그 일은 어떻게 해결됐는지 마무리는 잘 되었는지 물어보며 관심을 표현해 주는 것이다.

두 번째, 지난번 일에 대해 인사를 한다. "(지난번에는 어쩔 수 없는 상황 때문에) 도와드리지 못해서 아쉬웠어요."라고 인사를 건넨다. 성의 있게 아쉬움을 표현하는 것이지 미안하다고 사과하는 것은 아니다. 잘 구분해야 한다.

세 번째, 다음을 기약한다. "다음에 또 도울 일이 생기면 다시 얘기해 주세요."라고 예의 있게 대화를 마무리한다. 이렇게 상대방과 우호적인 관계를 유지하고 신뢰를 이어 가기 위해서는 선 긋기 이후도 잘 챙겨야 한다.

직장 생활을 하면서 좋은 관계를 유지하는 일은 촘촘한 노력이 필요하다. 절대 어려운 일은 아니다. 누구나 할 수 있지만 작은 포인트를 놓치느냐 혹은 놓치지 않고 잘 챙겨서 함께 가느냐의 차이라고 생각한다. 따뜻한 시선으로 조금만 주의를 기울이고 성의를 보인다면 그게 바로 좋은 관계를 위한 일이라고 할 수 있다. 이렇게 선 긋기 전, 중, 후 3단계를 거쳐서 현명한 선 긋기를 했다면 분명 그 관계는 흔들림 없이 건강한 관계로 유지될 것이다.

04

선 긋기는
건강한 대화로 시작

건강한 대화를 통해 우호적 관계의
꽃을 피우게 된다.

선 긋기 대화법을 연습해야 하는 이유

월트 디즈니 애니메이션 영화인 〈라이온 킹〉에는 Circle Of Life라는 주제가 있다. 영화 전체를 관통하는 이 곡은 '생명의 순환'을 노래한다. 대지에서 태어난 생명들이 삶과 죽음 사이 무수한 순환을 거쳐 살아간다는 의미가 담겼다[10]. 위대한 자연 속에서 삶의 의미를 찾아가는 이야기의 노래는 매우 아름답고 과학적이다[11]. 영화에서 아들 심바는 아버지 사자에게 우리가 가장 힘이 센데 왜 모든 걸 다 잡아먹지 않느냐고 묻는다. 바로 '생명의 순환'에 관한 대목이다.

동물의 세계에 존재하는 먹이사슬에 따라 생명의 순환이 이루어진다. 그런데 만약 가장 힘이 센 사자가 모든 걸 잡아먹는다면 모든 순리가 깨져 버린다. 내가 살기 위해 모든 걸 잡아먹었지만 결국은 모두가 살 수 없는 결과를 만든다. 아무리 큰 힘을 가졌더라도 꼭 필요한 범위까지만 사용해야 함께 살 수 있다. 상대방도 살고 나도 살게 되는 것, 그게 바로 생명의 순환이다.

앞에서도 이야기했지만 선 긋기는 '共 Zone(공존)'이다. 선 긋기 대화법을 연습해야 하는 이유는 모두 함께 살기 위한 것임을 늘 기억해야 한다. 건강한 관계 속에서 지혜로운 조직 생활을 하기 위해서는 연습이 필요하다.

공존을 위해서는 먼저 선의를 베푸는 일도 필요하다. 반드시 엄청난 일이 아니더라도 괜찮다. 내 자리와 가까운 복사기에서 출력된 용지를 대신 챙겨 동료에게 건네는 일, 출장 다녀온 동료에게 안부를 묻는 일 정도면 충분하다. 작고 사소하지만, 평소에 상대와의 관계를 쌓아 놓자. 그것이 현명한 선 긋기를 가능하게 만드는 초석이다. 함께 일하면서 분명하게 선을 그을 일도 생기겠지만 도움을 받아야 할 일도 있다. 조직 생활에서는 당연하다. 만약 도움을 받았다면 그 사람에 대한 감사의 인사를 잊지 말자. 공개적이면 더 좋다. 나에게 선의를 베푼 상대도 어깨가 으쓱하며 도와주길 잘했다고 생각할 것이다. 이것도 공존을 위해 관계를 쌓아가는 일이다. '개인적인 일로 요청하는 것도 아니고 어차피 업무 때문에 그런 건데, 그렇게까지 인사를 해야 하나?'라고 생각할 수도 있다. 하지만 생각을 바꾸자. 이런 생각으로는 선순환이 불가능하다. 마음가짐을 새롭게 하고 현명한 대화법을 통해 공존할 수 있어야 한다.

관계의 꽃을 피우는 대화

인간관계에 관한 책도 많지만, 대화법에 관한 이야기도 많다. 요즘은 자기 계발이나 처세술 관련 영상도 많다. 누구나 주변 사람에게 좋은 사람으로 인정받고 싶어 하기 때문이다. 누구나 좋은 관계로 지내고 싶어 한다. 업무적인 영역이나 개인적인 영역 가릴 것 없이 상황에 맞는 대화를 잘하고 싶어 한다. 중요성을 느끼고 노력을 기울이는 사람이라면 휴대전화 메모장에 이런저런 상황에 맞는 대화 방법과 내용을 적어 놓기도 했을 것이다. 그런데 바로바로 기억해 내서 적용하기가 쉽지 않다. 기억력 문제 때문일 수도 있지만 그 상황에 100퍼센트 딱 들어맞기 어렵기 때문이다.

곰곰이 생각해 보자. 가장 중요한 것은 생각의 방향이다. 우리는 생각의 방향대로 선택하고 말하고 행동한다. 대화 방법에 초점을 맞추기보다 생각의 방향을 우호적 관계에 두는 것이 중요하다. '이럴 때는 이렇게 이야기해야지' 메모장에 적어 놨던 대화 스킬이 머릿속에 바로 떠오르지 않더라도 반대 방향으로 흘러가지는 않을 것이다.

직장에서의 모든 대화가 중요하겠지만 특히나 선 긋기에 있어서 '말'은 신중해야 한다. 의도와 다르게 전달될 수도 있고 오해가 생길 수도 있다. 감정적인 상황이 되어 버리면 싸움이 될 수도 있다. 감정대로 내뱉은 말은 다시 담을 수가 없다. 꼭 명심해야 한다. 남는 것은 오직 상처뿐이다. 직장에서 일하다 보면 매일 웃을 일만 있는 것은 아니다. 그렇다고 해도 하루긴 시간을 함께 있는 사람들과 서로 상처주는 일은 하지 말자.

이렇게 아주 짧은 시간에도 사람 관계를 잃게 만드는 것이 '말'이다. 반대로 결정적인 말 한마디 때문에 인생의 큰 기회를 얻거나, 경험을 하게 되는 일도 있다. 이루고 싶은 목표가 있다면 꼭 말로 선언하라는 이야기도 있지 않은가? 말의 무게, 말의 영향력을 늘 기억해야 한다.

조직의 성장을 위해 대화는 필수다. 상대방의 특성을 잘 파악하고 인정할 수 있어야 한다. 특히 조직 안에서 리더나 선배의 입장이라면 구성원에게 업무를 가르쳐 줄 일이 많다. 또 면담해야 할 일도 많다. 그럴수록 '말조심'에 대한 생각을 놓치지 말고 말할 때는 늘 신중함을 기울여야 한다. 상대방을 위한 말이지만 의도와 다르게 전달될 수 있기 때문이다. 무엇을 말했는지보다 어떻게 말했는지가 관계에 더 큰 영향을 미친다. 상황에 따라서는 단호하지만 부드럽게 말해야 한다. 말은 우리의 생각이다. 말을 곱게 사용하면 나와 상대방의 귀에는 고운 말이 들린다. 그것이 다시 고운 말이 되어 나오게 된다. 그렇게 건강한 대화를 통해 우호적 관계의 꽃을 피우게 된다.

서로에게 건강한 관계

진정한 의미의 선 긋기가 되려면 '적정한 지점'에 바르게 그어야 한다. 그래야 모두가 살 수 있다. 그게 바로 공존이다. 진정한 공존을 위해서 적정한 지점에서 바르게 선을 긋는 일은 꼭 필요하다. 그리고 어떤 상황에서는 융통성을 발휘해서 선을 살짝 지워야 하는 순간도 분명 발생한다. 이렇게 모든 순간과 상황이 중요하겠지만, 늘 기억해야 할 것은 예의와 태도를 잘 갖춰야 한다는 것이다. 맞는 말도 얄밉게 하는 사람이 있는가 하면 허술한 내용으로도 정감 있고 호감 있게 말하는 사람도 있다. 말의 내용도 중요하겠지만 말하는 사람의 태도가 정말 중요한 것이다. 모두가 공존할 수 있는 선 긋기를 위해 예의와 태도를 갖추자. 그리고 건강한 대화를 통해 서로에게 건강한 관계가 되어 주자.

동료를 이해하는
공감 대화법

공감은 현대사회에서 중요한 역량으로 급부상하고 있다. 진짜 공감을 하기 위해서는 상대를 이해할 수 있어야 한다. 상대를 이해하고, 진심으로 소통하는 방법을 알아보자.

01

대화의 목적은
상대를 이해하는 것

직장에서는 서로를 존중하는
관계가 필요하다.

행복한 삶을 위해 필요한 '관계'

"행복하고 건강하게 나이 들어갈지를 결정짓는 것은 지적인 뛰어남이
나 계급이 아니라 인간관계이다. 즉, 행복의 조건에 인간관계는 필수다."
행복 연구의 대가이자 하버드 의과대학 교수인 베일런트 박사가 75년간
진행한 하버드 그랜트 연구에서 한 말이다. 또한 "성인 발달연구 대상자
들에게 배운 점이 무엇인가?"라는 인터뷰 질문에는 "인생에서 가장 중요
한 것은 바로 다른 사람들과의 관계라는 사실이다."라고 답했다[1]. 성공한
사람들의 인터뷰에서 성공 요인을 묻는 말에 대한 답으로 '원만한 인간관
계'가 언급되는 것을 자주 볼 수 있다.

이처럼 인간관계는 삶에서 꼭 필요한 요소이며, 관계를 연결하기 위해

서는 커뮤니케이션이 필요하다. 커뮤니케이션 강의에서는 "커뮤니케이션에서 중요한 2가지는 무엇일까요?"라는 질문들이 많이 나온다. 대부분의 학습자들은 "공감이요." "경청이요."라고 이야기한다. 기본적으로 커뮤니케이션이 잘되기 위해서는 듣기와 말하기를 잘해야 한다. 잘 듣고 잘 말하기 위해서 공감이 필요하고, 경청이 필요한 것이다.

'벼룩시장구인구직'에서 직장인 1,225명을 대상으로 '직장인과 스트레스'에 대해 조사한 결과 전체 응답자의 86.7%가 '직장생활을 하면서 스트레스를 받은 적이 있다'고 답했다. 나아가 스트레스의 주요 원인으로는 '상사·동료와의 인간관계'가 25.2%로 가장 많았다[2]. 직장생활에서도 인간관계가 중요하게 작용하고 있음을 확인할 수 있다.

그중, 2022년 12월 기준 우리나라 전체인구의 37.4%를 차지하고 있는 MZ세대는 '직장에서 불행하다'는 응답을 가장 많이 한 것으로 확인되었다. 직장에서 불행한 이유를 찾아보고 해결하기 위해, 기업들은 여러 방면으로 회사 내 HR 프로그램을 새로이 마련하고 있다. 그중 하나가 '기업 내 조직원 간 소통 강화'이며, 국내 주요 대기업은 경영진-MZ세대 소통 이벤트를 시작했다[3]. 구성원들 간의 공감대 형성을 위해 많은 CEO가 '쌍방향 커뮤니케이션'을 시작하며, 구성원들의 공감을 끌어내기 위해 앞장서고 있다. 직원들과 소통하기 위해 만든 채널은 삼성전자의 위톡, LG에너지솔루션의 엔톡이 대표적이다.

직장에서 필요한 '관계'

'매드타임스'에서 직장 내 인간관계와 관련된 흥미로운 설문조사를 진행했다. '회사에서의 폭넓은 인간관계, 득일까? 실일까?' 설문조사 내용을 살펴보면, 직장 내 인간관계 확장 필요 이유에 대해서 52.8%가 '업무 등을 할 때 조금 편할 것 같아서'라고 답했다. 그 외 답변을 살펴보면, 회사 생활이 재밌어질 것 같아서, 좀 편해질 것 같아서, 회사 생활에 의미를 부여하고 싶어서 등의 답변이 있었다[4].

직장 내 원만한 인간관계의 의미 및 이점

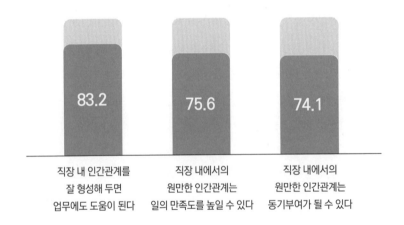

(Base: 전체, N=1,000, 단위: 동의율 %)

[그림 10-1] 직장 내 원만한 인간관계의 의미 및 이점

*출처: 채성숙(2022.11.05). '회사에서의 폭넓은 인간관계' 직장생활에서 득일까 실일까?. 매드타임스

직장 내 인간관계의 중요성과 이점을 이미 알고 있는데, 왜 직장 내 인간관계가 어렵고 스트레스가 되는 걸까? 직장에서 인간관계가 어려운 이유는, 한마디로 '내 맘 같지 않아서'이다. 직장에서는 서로 이해관계로 이루어져 있고, 신뢰를 형성해야 한다. 그러기 위해서는 서로를 잘 이해하려는 생각과 마음 그리고, 배려도 필요하다. 내 맘 같지 않기 때문에, 말이 잘 안 통하고, 서로의 경험과 생각, 가치관이 다르다는 것을 알아야 한다. 먼저 다름에 대해 알아야, 다름을 받아들일 마음의 준비가 가능하기 때문이다. 동료들의 느낌도 다양하고 서로 생각이 다르다는 것을 알고 이해해야지만 비로소 제대로 소통할 수 있다.

잡코리아 설문조사 결과, 직장에서 필요한 능력들을 살펴보면, '업무 관련 능력'과 '관계 관련 능력'으로 나눠 볼 수 있다. '관계 관련 능력' 항목에는 경청과 소통이라는 단어들을 확인할 수 있었고, 슬기로운 직장생활을 위해 좋아하는 동료 유형에서는 인성이 좋고 협력이 잘되는 동료를 선호했다[5]. 결국 직장에서 우리가 함께하고 싶은 동료는 '상호 협력이 잘되고 말이 통하는 동료'라는 것을 확인할 수 있다.

직장에서 필요한 대화의 핵심

'MIT 슬론 매니지먼트 리뷰'에서는 직장평가 사이트인 글래스 도어에 올라온 약 400만 건에 이르는 조직문화에 대한 평점과 주관식 리뷰를 분석했다. 분석결과를 바탕으로 조직문화의 요소 10가지를 발표했는데, 그중 '존중'이 1위를 차지했다[6]. 조직문화 안에서 '존중'이 어떻게 작용하는지 알아보자.

'아폴로 신드롬'이라는 말이 있다. 영국의 헨리 경영대학에서는 1960년
대 말부터 약 10년에 걸쳐 팀 역할 이론에 대한 연구를 진행하며 다양한
형태로 팀을 구성하고 성과를 평가했다.

'아폴로팀'은 아폴로 우주선에서 이름을 딴 것으로, 어렵고 복잡한 일
일수록 뛰어난 성과를 내는 사람들로 구성해야 한다는 가설하에 연구를
진행한 프로젝트이다. 사람들은 당연히 이 팀의 우승이 유력하다고 생각
했다. 하지만, 아폴로팀은 대개 꼴찌를 기록했다. 아폴로 팀원들은 서로
자기 생각을 다른 팀원에게 설득하려고 쓸데없는 논쟁을 벌이면서 많은
시간을 소모하고, 누구도 설득당하지 않았다. 경영학자 메러디스 벨빈은
이러한 현상을 '아폴로 신드롬'이라고 규정했다[7].

결국 조직에서는 뛰어난 능력보다 서로의 유대감과 협동심을 기반으로
한 시너지가 더욱 중요하다. 다양한 사람들이 맡은 역할을 나눠서 책임지
고 팀워크를 발휘할 때, 그 집단은 가장 큰 성과를 보인다. 즉, 팀워크를 발
휘하기 위해서는 서로를 존중하며 소통해야 한다는 것이다.

존중은 '높이어 귀중하게 대한다'는 의미를 담고 있다. '공감'과 '경청'
이라는 두 가지 커뮤니케이션 역량 안에 존중하는 태도가 바탕이 되어야
조직에서 원활한 소통과 원하는 성과를 낼 수 있다.

'너는 너, 나는 나' 그렇게 따로 생각하는 마음이 아닌 공생을 선택하는 '공감'과 소통을 위한 최고의 역량인 '경청'을 알아보자.

02

대화의 맥을 짚어라!
공감

성과를 위해서도 공감이 필요하다.
나에게 맞는 공감 솔루션을 찾아보자.

공감을 배워야 하는 이유

미시간 대학은 '1970년대 후반부터 해마다 10대에서 20대 중반 청년들의 공감 능력 측정'을 하면서 변화추이를 살폈다. 1979년부터 2009년까지 30년 사이에 청년들의 공감 능력은 48%나 감소했다. 공감 능력은 서서히 줄지 않았다. 1990년대 후반까지 70~80년대 수준을 유지하다가 2000년대 중반 이후 급격히 추락했다. 다시 말해, 공감 상실은 2000년대 중반 이래 발생한 최근 현상이다. 불과 한 세대 만에 절반으로 줄어든 것이다[8]. '공감 상실의 시대'라는 이야기와 함께 현재 비대면 연결의 증가 때문에 공감이 더욱 줄어들고 있다는 이야기가 계속되고 있다.

온라인기사들의 댓글을 보면, 긍정적인 댓글보다는 부정적인 악성 댓글들을 쉽게 접할 수 있다. 공감을 제대로 배우지 않아서, 기사에 대한 이해와 대상자에 대한 공감 없이 본인들의 판단만으로 댓글을 작성하는 경우다. '두핸즈'의 창업자 박찬재 대표는 2011년 서울역 노숙인 강제 퇴거 조치 기사에 '자업자득이다' '당연한 결과다'라는 혐오 섞인 댓글을 보고 서울역으로 나가서 노숙인들과 함께 생활하기 시작했다고 한다. 이틀 동안 밤새워 그들과 이야기를 나누며 박 대표는 노숙인에 대한 편견을 지워갔다. 노숙인들의 이야기를 들으며, 특별히 게으르거나 정신적인 문제가 있는 것이 아닌 당장 거처가 없고 세상에 나설 용기가 없을 뿐 똑같은 사람이라는 것을 알게 되었다. 박 대표는 이날 노숙인을 고용하는 회사를 만들겠다고 다짐했고, 창업하게 되었다[9]. 이처럼, 공감은 관계에서도 꼭 필요하지만, 현시대를 살아가면서 새로운 생각을 하게 해주는 동기가 되어주기도 한다. 현대사회에서는 공감에 대한 배움이 필요하다.

현대사회의 필요 덕목 '공감'

복잡하고 다양한 이해관계가 엮인 현대사회에서 공감이라는 능력은 '없으면 말고'가 아니라 '꼭 지녀야 할 덕목'이 되었다. 서로의 다양성을 존중하는 문화가 자리를 잡으면서, '감수성'이라는 단어가 많이 거론된다. '인권 감수성' '환경 감수성' 등 감수성에도 공감이 필수적이다.

공감은 '똑같이 내가 상대방을 느끼는 상태가 아니라 상대가 가지는 감정이나 느낌이 그럴 수 있겠다고 수용하고 이해하는 상태'를 뜻한다[10]. 문명이 시작된 이후부터 공감의 중요성을 이야기했고, 그 내용은 여러 책에서도 찾아볼 수 있다. 끊임없이 공감에 대한 이야기가 계속되고 있는데, '왜 또 공감인가?'에 대한 이야기를 해 보려고 한다.

오늘날은 비난이나 편협한 생각 등 여러 가지 분노로 가득 찬 사회 문제들이 많이 발생하고 있다. 학교폭력이라든가 노인 무차별 폭력 등이 있는데, 서로 다른 이해관계를 가진 집단이 자석의 N극과 S극처럼 밀어내기만 한다면, 이러한 문제들은 더욱 심각해질 것이다. 현재 상황에서 필요한 것은 '나하고 다르구나!'라고 서로 다름을 인정하고 상황을 이해하고 노력하는 과정이 들어간 공감이다. 인공지능으로 인해 인간이 점점 소외되는 현상이 일어나고, 인간은 인공지능이 하지 못하는 인간만이 잘할 수 있는 일을 찾아야 한다. 인공지능이 아닌 인간만이 할 수 있는 일 중의 하나가 바로 '공감'이다[11].

공감 능력은 성과를 위한 필요 역량

하버드의대 헬렌 리스(Helen Riess) 교수 연구에 따르면, "공감 능력이 부족한 사람일수록 조직에서의 업무 수행 능력이 부족하다는 평가를 받았다."라고 한다. 실제로 적절한 피드백을 주고받지 못하는 관계는 업무에서 좋은 성과를 내지 못했다. 반면, 공감 능력이 뛰어난 사람은 인간관계뿐 아니라 업무 수행 능력 부분에서도 좋은 평가를 받았다고 한다. 공감 능력은 어려운 일도 구성원 간의 이해와 협력을 통해 달성할 수 있는 가능성을 높이며, 일의 성과를 만들어 내는 데 큰 역할을 한다. 공감은 단지 다른 대상이 느끼는 감정을 반사적으로 이해하고 아는 것에 그치는 것이 아니라, 함께 느낀 감정을 공유하는 활동이라고 할 수 있다[12].

이제는 조직에서도 내적 역량을 중시하는 사회로의 전환점에 와 있다. 공감형 인재에 대한 기업들의 관심이 높아지면서 AI 인공지능 기반 채용 문화에도 반영이 되고 있다. 확산하고 있는 AI 채용 트렌드에서도 구직자로부터 가장 중요하게 보는 역량은 '소프트 스킬'. 직무 수행에 필요한 구성원 개개인의 성격이나 특성에 대한 이해, 소통역량, 경청 등 타인과 상호작용을 잘 끌어내는 '공감 능력'이 핵심이다. '공감 능력'을 갖춘 기업 인재상의 변화는 20세기 외적 역량을 중시했던 사회에서, 21세기 내적 역량을 중시하는 사회로의 전환을 의미한다[13].

지금이야말로 공감에 대해서 다시 생각해 보고 나의 공감 능력을 키워야 할 시기이다.

장자는 약 2300년 전에 이미 "진정한 공감이란 마음을 비우고 존재 전체를 듣는 것이다."라고 이야기했다. 상대방의 상황과 입장을 이해하고 존재 자체를 듣겠다는 마음으로 대화한다면, 공감이 잘 이루어진다. 하지만 상대방을 향한 답변 속에 나의 판단 기준이 들어 있다면 상대방은 나의 감정을 그대로 느끼기 어렵다. 그래서 오히려 내 이야기를 들으면서 이해 받지 못하거나 수용받지 못한다고 느끼게 된다. 공감이라는 건 상대가 아닌 나의 입장에서 위로하게 되면 내가 공감하려 했다는 의도와 다르게 전달될 수 있다는 걸 기억해야 한다. 다음의 공감 사례들을 보면서, 공감이 잘되었는지 한번 알아보자.

사례1)

나울적: "나 있잖아. 요즘 팀장님이 무슨 일을 시키면, 했던 일인데도 자꾸 헷갈리고, 이게 맞나 싶기도 하고... 요즘 자꾸 이상하네. 왜 이러지?"

노공감: "너 지금 몇 년 차지? 원래 그땐 좀 헷갈리기도 하고 다 그런 거야."

사례2)

나울적: "이번에도 승진이 안 되었네. 나는 도대체 왜 이렇게 운이 없을까?"

노공감: "맞아. 진짜 너는 운이 없는 것 같아."

사례3)

나울적: "나 오늘 어때? 이 옷 이쁜데, 나한테는 안 어울리지?"

노공감: "진짜 그러네. 옷은 이쁜데, 너한테는 진짜 안 어울린다."

직장에서 볼 수 있는 노 공감 사례

상대방의 이야기를 평가하며, 조언이나 충고하는 것을 공감이라고 할 수 있을까? 나는 공감했다고 생각하지만, 조언이나 충고가 들어가 있는 공감은 제대로 된 공감이 아니다. 그러면 공감이 무엇인지, 어떻게 해야 제대로 하는 공감인지 알아보자.

공감의 2가지 정의

인지적 공감

타인의 관점에서 상대를 이해하는 것.
상대방이 처한 상황에서 그 사람이 되
어봄으로써 상대방의 입장을 이해하고
타인의 감정 상태를 알아차리는 것

정서적 공감

타인이 처한 상황을 이해함으로써 상대
방이 느끼는 감정과 동일하지는 않더라
도 그의 상황에 부합한 정서를 경험하
는 것

공감의 2가지 정의

인지적 공감은 따뜻한 사고의 힘이고, 정서적 공감은 따뜻한 감정의 힘
이다. 아무리 감정이 불꽃처럼 일어나도 차분히 사고하지 않으면 상대의
상태를 정확히 이해할 수 없다[14].

울고 있는 사람을 보고 나도 자동으로 따라 울게 되었다면 공감이 잘된
것일까? 거기에 한 발 앞서 왜 우는지 이유를 알아야 한다. '왜 우는지' 이
유까지 이해하기 위해서는 인지적 공감에 대한 이해와 연습이 필요하다.

공감의 솔루션 '2T공감'

직장에서 내 편을 만들 수 있는 2T 공감법을 알아보자.

첫 번째는 Together이다. 함께하는 공감으로, 자기 공감과 동료 공감의 방법이다.
두 번째는 True이다. 진짜 공감으로 마음을 중심으로 서로 연결되는 공감 방법이다.

가장 중요한 것은 '공감은 눈높이를 맞추는 것'부터 시작된다는 것이다.
공감이 잘되면 상대방은 따뜻해지는 마음, 연결되는 느낌이 든다고 한다.

Together(함께하는 공감)

신경과학자 빌라야누르 라마찬드란(Vilaynur S. Ramachandran)은 거울 신경세포 네트워크가 타인과 공감할 수 있게 해 준다는 사실과 함께 타인과 나를 분리해서 인식하게 된다는 사실을 규명했다. 스트레스가 발생하면 뇌를 비롯한 온 신경계가 그에 대응하기 위한 태세를 갖추면서, 공감 능력이 발휘될 틈이 없어진다. 자신의 단단해진 신경회로를 토대로 사고하고 행동하며 자기가 그러는 줄도 모르고 '나밖에 모르는 사람'이 된다는 것이다[15]. 그렇기 때문에, 첫 번째 솔루션 '함께하는 공감'에서 '자기 공감'을 먼저 실행해야 한다. 운동으로 몸에 보이는 근육을 키우는 것처럼 자기 공감을 하면서 내 마음의 공감 근육을 만들어야 한다. 내가 힘들 때 여러 가지 감정들이 나타나는데, '분노'라든가 '서글픔' '불안함' 같은 부정적 감정들이 있으면 정확한 공감을 하기 어렵다. 자기 공감을 할 수 있어야 동료를 왜곡되지 않은 시선으로 바라볼 수가 있다.

자기 공감이 안 된 상태에서 동료를 보게 되면 별것도 아닌 상황에도 남 탓을 하게 된다. "김 사원은 항상 저렇게 모든 일을 자기가 했다고 하더라. 혼자 한 것도 아니면서, 본인만 인정받고 싶나 봐. 저건 좀 아니지 않아?" 라는 말 속에는 나의 어떤 마음이 숨어 있을까? '나도 인정받고 싶은데 항상 저 친구만 저렇게 인정받네' 또는 '나도 이 일을 했는데, 이건 왜 아무도 몰라주지'라는 마음이 들었을 거다. 그런 생각이 들었다면, 왜 내가 그런 생각을 하게 되었는지에 대한 원인을 한번 찾아보자. 남 탓이 아닌 내 안에서 일어나는 생각들을 바라보고, 어떤 감정인지를 찾으면서 객관적으로 상황을 바라볼 힘을 키우는 것이다.

'자기 공감' 방법은 다음과 같다.

1단계, 먼저 내 현재 상태 파악하기

시간상으로 또는 정신적으로 여유가 있는가? 내가 지금 다른 사람에게 공감할 수 있는가?

2단계, 그다음 내 감정 인식하기

감정 단어를 찾아보면서 감정에 이름을 붙여 주는 것이다. 감정에 이름을 붙이는 것만으로도 현재 내 상황을 객관적으로 볼 수 있다. 감정 중에는 긍정 감정이 있고 부정 감정이 있다. 하지만, 어떤 감정도 나쁜 감정은 없다. 감정은 날씨와 같다. 비 오는 날, 햇빛 좋은 날, 바람 부는 날, 구름 낀 날씨가 있듯이 어떠한 날씨는 좋은 날씨고 어떠한 날은 나쁜 날씨라고 이야기하지 않듯이, 감정도 나쁜 감정은 없다. 편안하게 내 감정을 찾아 주면 된다. 내 감정을 인식했는데 부정적인 감정일 때는 '자기조절'을 꼭 해 줘야 한다. 각자 스트레스 관리할 방법을 활용해도 좋고, 간단한 스트레칭이나 명상도 도움이 된다.

"나는 진짜 ○○팀장 너무 공감해 주기 싫어."와 같은 표현 안에는 무슨 의미가 담겨 있을까? 말 그대로 공감을 해 주기 싫다는 이야기다. 조금 더 자세히 살펴보면, 팀장을 좋아하지 않거나 잘 이해하지 못하고 하는 말일 수도 있다.

동료를 공감하기 위해서 가장 먼저 우리가 해야 할 것은 상대를 아는 것이다. 상대를 알고 있다는 것을 바탕으로 동료 공감 방법 3단계를 알아보자.

1단계, '동료를 먼저 이해하면서 관심 두기'이다. 어떤 사람인지 어떤 생각을 하고 있는지 파악해 보려는 마음이 필요하다.

2단계, '동료의 감정을 파악해 보기'이다. 함께 이야기하면서 '현재 이런 감정 상태인 것 같은데'라고 파악을 해 보는 것이다.

3단계, '동료의 욕구를 파악하기'이다. 어떤 욕구를 충족하고 싶은 것인지 파악해 보는 것이 필요하다.

'팀장님은 나한테 일을 왜 이렇게 많이 주는 걸까?' '이 사람의 욕구는 뭘까?'라고 생각해 보는 것이다. 팀장님의 욕구를 살펴보면, '쉬고 싶다'는 휴식의 욕구가 있을 수도 있고, '잘해내고 싶다'는 성취의 욕구가 있을 수도 있다. 쉬고 싶어서 나에게 일을 주거나, 잘해 보고 싶어서 믿을 만한 나에게 일을 줄 수도 있다. 이처럼 어떤 욕구를 충족하기 위해 나에게 일을 많이 주는 것인지 파악해 보자. 동료를 공감하는 방법 3단계를 순서대로 하다 보면, 동료에 대한 이해가 높아지고, 공감이 조금 더 쉬워진다.

〈공감 연습〉

질문: "요즘 회사 생활이 너무 힘들어. 내가 존재감도 없는 것 같고, 계속 이렇게 생활하는 게 맞을까?"

답변: "어떤 부분에서 그런 생각이 들었어?"

우리가 아무리 이해하려고 해도 타인의 전부를 이해할 수는 없다. 따라서 질문을 통해 상대방이 무엇을 원하고, 어떤 것을 잘해내고 싶었는지, 욕구를 찾아주는 것이 공감에 도움이 된다.

True(진짜 공감)

1. Try Hard

진짜 공감을 잘하기 위해서는 꾸준한 노력이 필요하다. 관계를 연결하고, 내 편을 만드는 방법이기 때문에, 한두 번 만에 습득하기 어렵다. 공감에 대한 방법들을 잘 숙지하고 꾸준하게 연습해 보기를 추천한다.

2. Recognize

동료에 대해서 알아주는 것이 중요하다.

1) 내 입장에서 판단하지 않고 동료의 마음을 알아주기. '나도 했던 경험인데', '나는 그랬지'와 같이 판단해서 이야기하는 것이 아니다. "혹시 네 마음은 이런 거야?"라고, 물어 주면서 동료의 마음을 알아주어야 한다.

2) 그대로의 인정이다. 마음을 토닥토닥해 주며 가만히 함께 있어 주거나 바라봐 주는 것만으로도 공감이 되는 상황들이 있다. 그리고 공감을 시작할 때는 동료를 바라보아야 한다. 그래야 현재 어떤 상황인지 어떤 감정인지 이해하려는 노력을 시작할 수 있다.

3) 사람 자체를 공감하기이다. 정서적인 편이 되어 준다. "네가 만약에 그랬다면 뭔가 이유가 있었을 거야."라고 이야기를 해 주며 그 사람 자체를 인정하자.

3. Understand

공감을 키우기 위해서는 동료를 이해하는 모습이 필요하다. '왜 저러지?'가 아니고 '무엇 때문에 저러는 걸까?' '저러는 이유가 있을까?'라고 이해해 보는 것이다. 동료의 입장을 이해하기 위해서는 역지사지로 상상하는 방법이 도움이 된다. 만약에 내가 그런 상황이었다면 '나는 어땠을까?'라고 입장을 바꿔서 상상해 보는 것이다.

4. Empathize with

마음으로부터 공감해야 한다. 동료에게 관심을 두고 그 사람의 표정을 보면서 '어떤 감정이겠다.' '어떤 정서겠다'라고, 파악해 보면 좋다. 공감

할 때는 공감 표현을 먼저 사용하고 객관적으로 상황을 볼 수 있는 질문을 활용해 보자. "그랬구나! 그런 마음이 들게 했던 일이 구체적으로 어떤 거야?" '내가 지금 너에게 공감하고 있고 네 이야기에 조금 더 잘 공감하기 위해서 이야기를 한번 들어 보고 싶어'라고 전달해 주는 것. 이것이 바로 진짜 공감의 핵심이라고 할 수 있다.

진짜 공감을 한 창의적 아이디어 사례를 보자.

더그디츠는 GE 헬스케어팀에서 첨단 영상 의료시스템 설계와 개발을 도맡아 일하며, MRI 개발로 산업 디자인상을 받았다. 그는 자신이 개발한 장비가 잘 운용되는지 확인하기 위해서 병원을 들렀다가 부모 손을 꼭 잡고 겁에 질려 있는 7살 여자아이가 MRI를 보며 우는 장면을 목격했다. 더그는 수년 동안 의료기기 장치를 개발하기 위해서 노력했지만, 아이들이 어떻게 느낄지에 대해서는 한 번도 생각한 적이 없다는 것을 깨닫고, 온전히 아이들의 입장에서 공감해 보았다. 아이들이 기술과 어떻게 교감하고 경험하는지 고려한 결과, MRI 검사실을 어린이를 위한 모험 공간으로 바꿨다. 해적선과 같은 테마로 재구성해 아이들의 두려움을 줄였다[16].

마지막으로, 우리가 2T 공감을 하면서, 활용할 수 있는 문장들을 연습해 보자.

- ✅ "아~ 그런 마음이었구나."
- ✅ "이런 상황이라면 누구나 다 그렇게 화가 날 거야. 지금은 그냥 네 감정에 충실해도 돼."
- ✅ "요즘 일 때문에 힘들어 보이던데, 오늘은 기분이 어떠세요?"
- ✅ "덕분에~ 잘 마무리된 것 같아요."
- ✅ "좋은 아이디어입니다."
- ✅ "저도 똑같이 느꼈을 거예요."
- ✅ "감사합니다" "이야기해 주셔서 감사합니다."
- ✅ "맞아. 그래서 어떻게 하는 게 좋을 것 같아?"
- ✅ "그렇게 이야기해 주니, 정말 쉽게 이해가 되었어요."
- ✅ "아까 부장님이 빨리빨리 말하라고 할 때, 나라면 엄청나게 당황했을 텐데 그런 상황에서도 말도 잘하고~ 대단해요!!"
- ✅ "요즘 힘든 일은 없어?"
- ✅ "밥은 잘 먹고 다니지?"
- ✅ "아픈 곳은 없지?"

이렇게 간단한 문장으로 마음을 알아주거나, 안부를 묻는 것만으로도 누군가와 연결될 수 있다. 동료의 마음에 관심을 두는 것만으로도 동료는 공감받고 있다는 느낌을 받을 수 있다.

03

대화의 길을 지켜라!
'경청'

동료에게 존중을 표현하는
나만의 경청 방법이 필요하다.

대화의 필수요소 '경청'

조직에서 효과적인 의사소통은 구성원들 간의 상호 유대감을 높이면서 창의적인 생각들을 표출하게 해 주는 원동력이 될 수 있다.

세계 최대 호텔 기업 메리어트 인터내셔널의 빌 메리어트 회장은 「어떻게 사람을 이끌 것인가」라는 책에서 인간 중심 경영을 이야기하며 경청의 중요성을 언급했다. "직원들과 소통하는 것도 중요합니다. 그동안 우리 회사에서 사람을 중시하지 않는 간부들은 결코 성공하지 못했습니다. 그들은 대체로 다른 직원의 말을 경청하지 않습니다. 이미 자신이 답을 알고 있다고 생각하기 때문입니다." 메리어트는 1980년대 말에 비싼 대가를 치러 가며 이 교훈을 얻었다고 한다. '선택적으로 듣는 것은 아예 듣지 않는 것만큼이나 나쁘다. 나쁜 소식을 차단해 버린다면 스스로에게나 다른 모든 사람에게 좋을 것이 없다. 메리어트는 "자네 생각은 어떤가?"라는 질문을 자주 하고 다녔다고 한다[17].

데일 카네기는 "다른 사람의 이야기를 잘 들어 주면 인생의 80%는 성공한다."라고 이야기한다. 기본적인 대화에서 '경청'이 얼마나 중요한가에 대해 다시 한번 생각하게 해 주는 이야기다.

연습이 필요한 '경청'

국제경청협회에서는 경청을 '메시지를 받아들이고 메시지로부터 의미를 구성하고 언어적이거나 비언어적인 메시지에 반응하는 것'이라고 정의한다. 듣기만 하는 것이 아니고, 전체적인 맥락을 언어, 비언어에서 찾아내는 것이라는 뜻이다.

'이청득심'(以聽得心). 귀 기울여 경청하는 일은 사람의 마음을 얻는 최고의 지혜라는 말이 있다. 이청득심을 실행해 사람을 살렸던 사례를 기사에서 종종 볼 수 있다. '들어 주기만 했는데, 사람 생명을 구했다.' 자살을 시도하는 사람과 대화를 시작하고, 끝까지 설득한 경찰의 이야기다. 2시간이 흘러서야 자살 시도를 포기하고 난간에서 내려왔다는 한 아주머니가 이렇게 말했다고 한다. 그 경찰은 "빨리 내려오세요."가 아닌, "무엇을 도와드릴까요? 저희에게 이야기해 보세요."라고 말을 시작했다는 것이다. 이렇게 자기 얘기를 잘 들어 주는 사람은 처음이라며, 오히려 감사하다는 이야기를 전했다고 한다. 경청이 얼마나 중요한지를 알 수 있는 대목인 것 같다.

경청이라는 것은 소리를 듣는 것과 의미를 이해하는 것으로 구분된다. 예전에는 가족 구성원들이 많았기 때문에 가족들이 서로 소통하는 것만으로도 듣기 말하기 훈련이 가능했지만, 최근에는 핵가족화가 진행되면서 훈련이 어려워졌다. 듣기는 배울 필요가 없는 자연적인 과정이라 오해하는 사람들이 많지만 '소리'를 듣는 것과 '의미'를 이해하는 것은 엄연히 다르다. 인간이 1분 동안 귀로 들을 수 있는 단어는 125단어에 그치지만 1분 동안 뇌가 처리할 수 있는 단어는 800단어라는 점만 봐도 그렇다. 의사소통의 구조를 뜯어 보면 항상 오해와 왜곡의 위험이 따르므로 교육을 통한 훈련이 필요하다[18].

경청을 어렵게 하는 '인지적 방해꾼'

인간관계가 힘든 사람일수록, 경청하며 마음의 소리를 들어야 한다. 상대방의 생각과 의견을 존중하고 인정해 주는 것이 중요하다. 진심으로 들어 주고 공감해 주는 것이 필요한 것이다[19]. 경청의 중요성을 잘 알고 있지만, 경청을 어렵게 만드는 '인지적 방해꾼'이 있다. 어떤 것들이 있는지 한번 살펴보자.

1. 추측하기
'내가 생각하기에~ 지금 그 말은 ~~'

2. 선택적 듣기

내가 듣고 싶은 이야기만 듣는 것을 말한다. 같은 드라마를 보더라도, 각자 기억나는 장면이나 대사가 다를 수 있다. 전체를 다 보지 않고, 우리는 선택적으로 보거나 듣는 것들을 하고 있다.

3. 내가 할 말 준비하기 '나는 어떤 말을 해 줄까?'

상대방의 이야기가 끝나기도 전에, 내가 할 말을 먼저 준비하게 되면 그 순간부터 상대방의 이야기가 잘 안 들리게 된다. 우선은 상대방의 이야기가 끝날 때까지 들어만 주자.

4. 편견을 가지고, 내 기준으로 판단하며 듣기

'나는 저 이야기를 어떻게 생각하는가?' 이야기를 듣고 나서 내 경험으로 인한 기준으로 판단하게 되면, 온전히 상대방의 입장을 이해하는 경청이 어렵다.

나에게 다른 사람의 이야기를 들으면서 나타나는 '인지적 방해꾼'이 있는지 체크해 보자.

집중 경청 3단계

경청하는 내 모습을 살피고 행동을 바꿔 볼 방법을 알아보자.

1단계, 상대방에게 먼저 집중하기 – 나는 너의 말에 집중할 준비가 되어 있어! 전달
1) 몸 맞추기 – 행동미러링(상대방의 표정이나 몸짓을 따라 하기)
2) 눈을 맞춰 주고, 맞장구해 주기("그랬구나" "정말?")

'나는 지금 네 말에 집중할 준비가 되어 있어'라는 것을 행동으로 전달하는 방법이다. 상대방의 비언어적 커뮤니케이션을 따라 하면 쉽게 활용할 수 있다. 상대방이 웃으면 같이 웃고 고개를 갸우뚱하면 함께 갸우뚱하고 손을 올리면 듣는 나도 같이 움직이는 것이다. 이렇게 따라 하기를 하다 보면, 상대방에게 집중하는 훈련이 저절로 된다.

2단계, 자제력 기르기

상대방의 말을 중간에 끊지 않고 끝까지 듣는다. 상대방의 말이 끝나자마자 내 이야기를 하기 위해 준비하거나, 내 이야기를 바로 시작하는 것이 아니고, 상대방의 말이 잘 끝났는지 혹시 더 이야기할 것은 없는지 기다려 주는 것이 직장에서는 꼭 필요하다. '내가 만약에 조금 더 높은 직위에 있다'라고 하면 더 필요한 스킬이다. 내 부하 직원이 이야기하는데 끝나자마자 내 이야기를 한다면, 더 이야기할 것이 있어도 이야기를 못 하게 되는 상황들이 발생하기 때문에 이야기가 잘 끝났는지 조금 기다려 주는 여유를 갖는 것이 중요하다.

3단계, 상대방의 말을 요약하기 '패러프라이징(Paraprazing)' 기법

김팀장: "그러니까 이게 ○○○ 아니고 ○○○였는데 내 생각엔... ○○○○인데.. 그러니까~"

나직원: "아 그렇다면 팀장님의 말씀은 ○○○보다는 ○○○○이라는 말씀일까요?"

이야기가 좀 길어질 때는 정확하게 내가 들은 말이 맞는지 요약해 주는 기법이다. 요약을 해주면 내가 전달받은 이야기가 정확한지 확인할 수 있다. 나도 만족스러운 경청이 되고, 이야기를 하는 사람도 만족하는 경청이 된다.

공감 경청 3단계

공감적 경청은 오감을 모두 사용해서 언어적 메시지와 비언어적 메시지에 집중해서 듣는 것 이상을 의미한다. 상대방의 입장이 되어봄으로써 바탕에 깔린 의미를 객관적으로 평가하는 과정까지 포함하는 개념으로 공감하는 능력을 요구한다[20]. 단순히 이야기만 듣는 것이 아니라 '평가나 판단 배제하기, 상대방의 사실 감정 의도 존중하기, 자신의 이해 정도 공유하며 듣기'를 말한다.

1단계, 반응 경청

1) 말하는 사람의 말 속에 있는 감정과 상황을 이해하고 들으며 반응하기
   ("그랬구나~!" "그래서 어떻게 되었어?")
2) 굳이 말이나 대화가 아니라, 고개를 끄덕이거나 또는 더 잘 듣기 위해 몸을 앞으로 숙이는 몸짓으로 '나는 네 말을 듣고 이해하고 있어'를 비언어적으로 표현하기

2단계, 맥락적 경청

1) 상대방의 말을 귀 기울여 듣는 것에서 나아가 적극적으로 말의 내용 파악하기
2) 몸짓, 표정, 그리고 음성에서 섬세한 변화를 알아차리고 그 이면에 깔린 메시지 감지하기
3) 상대방이 말하지 못한 내용까지도 직감적으로 느끼기

3단계, 3단계 듣기 연습

1) 내용 듣기, 감정 듣기, 의도 듣기. 3단계로 내 해석을 섞지 않고 들어 보기
2) 상대가 자기 생각을 알아차리고 자기감정을 이해하고 욕구를 발견하도록 듣기

여기서 감정을 들을 때는, 그냥 가만히 듣고 있는 것이 아니라 감정을 알려 주면서 들으면 더 효과적이다. 들으면서 "정말 진짜 속상했겠다." "진짜 기분 나빴겠네"라고 말이다[21].

공감적 듣기가 말하는 사람의 말을 분석하거나 비판하는 것이 목적이 아니라 '말하는 사람의 감정을 이해하고 배려하는 듣기'라는 사실을 기억하며, 공감적 경청의 중요성을 꼭 기억하자.

지금까지 소개한 '집중 경청 3단계' '공감 경청 3단계'를 꾸준히 연습하길 바란다.

04

대화의 맘을 살펴라!
진심

직장에서 내 편을 만들기 위한,
방법을 알아보자.

함께하면서 중요하게 생각해야 할 '관점'

「언젠가 고요한 숲속의 씨앗 하나를」이라는 동화책을 보면, 함께하는 세상에서 중요한 것이 무엇인가에 대한 이야기가 나온다. 한 송이 꽃을 보면서, 서로 자기가 입은 옷의 색깔대로 바라보고, 본인 말이 옳다고 우기며 이야기가 시작된다. 자신과 생각이 같지 않으면 "제정신이 아니다." "바보 멍청이다." "머리가 이상한 거야."라고 화를 낸다. 꽃 한 송이로 인해 전쟁이 시작되기 직전 상황까지 벌어진다. 상대방의 말엔 귀를 막고 마음을 닫은 채 자기만이 옳다고 외치는 사람들의 이야기. 보고 싶은 것만 보고 믿고 싶은 것만 믿는 사람들이 다투는 사이에 한 아이가 꽃 주위를 맴돌면서 꽃을 살피기 시작한다. 그러고는 모두에게 꽃을 다시 봐 달라고 이야기한다. 그 꽃은 잎마다 각각 다른 색깔을 가지고 있었다.

사람들은 지난 자기 행동과 말을 하나하나 되짚어 보며, 다른 사람이 본 색깔도 맞는 색깔임을 알게 된다. 어떻게 바라보는가에 따라 우리가 진실이라고 믿었던 사실도 달라진다는 것을 깨닫는다. 그 순간, 이미 꽃은 시들어 간다. 아름다움에 감사하지 않아서 꽃의 소중함을 몰라줘서 시들어버린 것으로 생각하며 사람들은 슬퍼하고 후회한다. 아이는 시든 꽃을 다시 심고 정성껏 가꾸어 다시금 꽃이 피게 만든다. 이 책의 작가는 언젠가부터 세상의 많은 사람들이 남의 말을 전혀 듣지 않는다는 것에 주목하면서 이 책을 썼다고 한다[22].

같은 꽃이지만 내가 어떤 경험이 있는지, 어떤 생각을 하고 있는지에 따라서 내가 보는 것과 다른 사람이 보는 것이 다를 수 있다는 것을 알아야 한다. 그것이 바로 관점이다. 내 위주의 관점이 아닌 상대방을 이해하려는 의도가 담긴 관점이 필요하다. 이미 시들어 버린 관계라도, 다시 한번 노력한다면 연결되는 관계를 만들 수도 있지 않을까?

'일 잘하는 직원은 방법을 찾고 일 못하는 직원은 핑계를 찾는다'는 말이 있다. 관계도 마찬가지이다. 직장에서 힘들 때 내 편이 되어 주고 어려움을 함께 나눌 수 있는 동료를 만드는 방법은 무엇일까? 그 방법을 찾아보자.

내 편을 만들기 위한 방법, '공감과 경청'

인간관계를 3단계로 정리하자면, 1단계는 서로 인사를 하고, 스몰토크를 진행할 수 있는 관계다. 2단계는 그보다 좀 더 나아가, 정보를 교환하는 단계이다. 직장에서도 필요한 대화만 하며 정보를 교환하는 비즈니스 관계를 유지하기도 한다. 비즈니스 관계로만 지내다 보면, 진짜 힘들고 외로워 누군가의 공감이 필요할 때 혼자 외롭게 견뎌야 하는 경우가 생긴다. 따라서 2단계에서 멈추지 않고 3단계로 가는 노력을 해야 한다. 3단계는 정보도 교환하지만, 서로를 조금 더 이해하려는 마음을 갖는 단계다. 서로의 이야기를 충분히 공개할 수 있는 친한 단계를 이야기한다. 이 단계에서는 상대방의 이야기를 충분히 들어 주고, 내 입장이 아닌 상대방의 입장에서 이해하려는 마음이 필요하다. 이해하려는 마음에는 '공감과 경청'을 빼놓고 이야기할 수 없다.

내가 생각하는 내 느낌과 상대방의 입장 차이를 충분히 이해하려고 노력해야 한다. 하지만, 때로는 아무리 노력해도 타인을 온전히 이해할 수 없는 경우들이 있다. 그래서 이해하려고 노력하고 이해한 것이 정확히 맞는지 확인할 수 있는 '공감 문장'이 필요하다. 공감 문장은 2장에 설명이 되어 있다. 진심을 담아서, 공감 문장을 활용해 주길 바란다.

경청은 '내가 지금 당신의 이야기를 잘 듣고 있어요.'라고 존중을 나타내는 표현을 할 수 있어야 한다. '경청 존중'을 표현하기 위해서는, 이야기를 들을 때 '눈'을 꼭 마주쳐야 한다. 눈을 마주치지 않으면 상대방이 오해할 수 있다. '내 이야기가 듣기 싫은가?' 하고 말이다. 내용에 맞는 표정과 고개를 끄덕이며 "맞아." "그렇지."라고 호응을 표현해야 한다. 공감과 경청은 다른 사람이 어디로 가야 할지 고민하고 있을 때 도움을 줄 수 있고,

관계를 연결하는 열쇠가 된다.

제대로 된 '공감과 경청'을 하기 위해서, 먼저 자기 공감이 필요한 것을 잊지 말자. 내가 먼저 편안한 상태가 되기 위해서, 간단하게 할 수 있는 심호흡을 연습하자. 코로 천천히 들이마시고, 입으로 '후' 하면서 내뱉는다. 들이마신 숨보다 내쉬는 숨을 조금이라도 더 길게 하려고 노력하면서, 다섯 번을 해보자. 어깨가 들썩이지 않게, 복식호흡으로 하는 것이 더 도움이 된다. 천천히 다섯 번 호흡을 하면서, 내 몸 안에 편안함이 자리 잡고 있음을 기억하자.

자기 공감 후에는, 동료에게 공감하는 방법을 연습해 보자. 다른 사람에게 공감하고 경청하는 것이 연습으로 가능하다는 것을 잊지 말자. 이 책을 통해 조직에서 어떻게 대화하는 것이 좋을지에 대한 해답을 찾을 수 있길 바란다.

에필로그

Epilogue

직장에서 똑똑(talk-talk)하게 소통하는 방법을 쉽고 재미있게 전달할 방법이 있을까?

같은 생각을 가진 저자들이 만났다. 싱그러운 초여름, 함께 힘찬 첫발을 내디뎠던 '똑똑'한 저자들과의 여정이 제법 코끝을 시리게 하는 계절이 되니 끝나가서 아쉽기만 하다. 함께 간다는 것은 든든하기도 하지만, 아름다운 협업을 이루는 것에 대한 두려움도 있었던 것이 사실이다. 첫 만남에서 잘 짜인 여정 지도를 보며, 이 여행의 마무리가 기대보다 더 멋질 것이라는 예감이 들었고, 그 예감은 틀리지 않았다.

여행은 누구와 함께 가느냐에 따라 그 시간이 짧게도, 지루하게도 느껴질 수 있다고 했던가. 혼자 했다면 자칫 지루할 수도 있었던 책 쓰기라는 여행을 서로 응원하며 함께해 준 멋진 저자님들과 진심으로 교류하고 즐기다 보니 어느덧 이 여정의 종착역이 바로 눈앞에 왔다.

"커뮤니케이션은 배울 수 있는 기술이다. 마치 자전거를 타거나 타자를 치는 것과 같다. 기꺼이 노력한다면 삶의 모든 부분의 질을 빠르게 향상시킬 수 있다." - 브라이언 트레이시

커뮤니케이션을 이해하고 자신의 수준을 올리는 것은 삶의 수준을 올려 주는 가장 가성비 좋은 방법이다. 그러나 아직도 많은 사람이 일상의 언어와 일의 언어가 같을 것이라는 오해를 한다.

직장의 언어와 일상의 언어는 무엇이 다른 것일까? 확실한 것은 일상의 언어와 일의 언어를 혼동하면 삶이 힘들어질 수 있다는 것이다. 그렇다면, 일을 잘하는 사람들은 회사에서 어떻게 생각하고 소통을 할까?

직장에서 성과를 올리기 위해 따로 시간을 내어 배우는 외국어나 엑셀 같은 업무기술처럼 일의 언어도 익혀야 하는 기술이다. 소위 '일잘러'들이 쉽게 일이 풀리는 이유를 궁금해하기도 하는데, 사실 그들은 이미 이 차이점을 이해하고 잘 활용하는 사람들이다.

일의 언어를 이해하지 못하면 시간과 노력을 많이 투입해도 성과는 자신의 기대에 미치지 못하는 경험이 반복된다. 처음 입사할 때 반짝거리던 눈동자와 두근거리던 마음은 사라지고, 퇴근시간 이후만 기대하는 똑딱

이가 되어 가는 자신을 발견한다. 하루 8시간, 일주일에 40시간 정도를 직장에서 보내는 직장인에게 이 40시간이 무의미하고 퇴근시간만 기다린다면 얼마나 삶이 힘들 것인가? '일과 삶의 균형'의 의미를 다시 생각해 보게 된다.

일의 언어에서 신경 써야 할 것들은 눈에 보이지 않는 것을 포함하여 생각과 다른 것들이 많다. 논리적으로 완벽하게 준비했는데, 이해가 되지 않는 결정, 고객과의 만남에서 예상과 다른 반응으로 당황할 때도 있다. 이럴 땐 어떻게 해야 하는지 막막했던 경험이 있다면 이 책이 도움이 될 것이다.

일을 잘하고 인정받는 일잘러들의 소통엔 어떤 비결이 있을까? 일을 시작하기 전, 상대의 긴장을 풀고 협업을 위한 소소하지만 결과는 소소하지 않은 스몰토크는 어떻게 해야 하는지, 프로젝트의 담당자로서 협상을 위한 언어는 어떻게 하면 좋을지, 직장 내 연차가 쌓이며 선배로서, 때로는 부하직원으로서 적합한, 관계를 돈독히 하는 언어와 회의를 진행하거나 보고를 위한 언어, 상사를 설득하기 위한 언어 등 이 책이 직장 생활에 꼭 필요한 팁을 몰래 알려 주는 고마운 선배 같은 역할을 해 주기를 기대한다. 이 책을 읽으며 당신이 그동안 놓치고 있던 것들을 발견하는 재미를 느끼고 기뻐하는 모습을 상상해 본다.

참고문헌

01챕터

1) 김명희(2022.03). 직장 내 소소한 잡담, 업무 효율을 높인다. DBR동아비즈니스리뷰.

2) 임철웅(2022). 대화가 쉬워지는 말의 공식 스몰토크 Small Talk. 서울: 42미디어콘텐츠.

3) 양형남(2013.08.06). [에듀윌 칼럼] 스몰토크를 즐기자. 천지일보.

4) 김인수(2022.03.14.). '직친(직장 친구)' 있어요?. 정신의학신문.

5) 리즈 포슬린, 새라 고틀립-코헨(2023.05.18.). 원격 근무자가 느끼는 불안감을 낮추려면. HBR하버드비즈니스리뷰.

6) 박미진(2020). 스몰토크의 언어학적 위상에 대한 소고. 89(0). 한국독일어문학회. 155-175.

7) 디지털뉴스국(2016.08.27). 직장인, 10명 중 9명 직장에서 '이것' 실수로 곤란. 매일경제.

8) 스즈키유(2019). 오늘부터 나는 최고의 컨디션(정세영 역). 경기: 토마토출판사.

9) 곽유진, 민현기, 박현정, 신영원, 윤란, 윤혜진, 이수정, 이정미(2020). 슬기로운 소통생활. 경기: 출판이안.

10) 데브라 파인(2022). 잡담 말고 스몰토크(김태승, 김수민 역). 서울: 일월일일.

11) 전경우(2012). 문제는 리액션이다. 서울: 비전코리아.

12) 요시다유코(2020.06.15). 말 잘하는 사람은 잡담부터 합니다(부윤아 역). 경기: 다신북스.

13) 최강욱(2023.03.18). '과몰입'이 하나의 트렌드인 시대. 정신의학신문.

14) 오대석(2020.10.08). 한국인 '국민앱'은 유튜브? 83%가 사용…카카오 제쳐. 매일경제.

15) 박진영(2023.06.10). [박진영의 사회심리학] 낯선 칭찬의 소중함. 동아사이언스.

16) 최선주(2023.02.12). 칭찬과 지적의 기술. 충북일보.

17) 박소연(2023). 일 잘하는 사람은 단순하게 말합니다, 서울: 더퀘스트.

18) 이승연(2016.01.27). [사무실 생존 보고서] 센스 있는 오지라퍼로 거듭나기. 매일경제.

19) 김경일(2022.07.21). [CEO 심리학] 장기적 관점의 긍정적 조직, 직원이 행복감 느껴야 가능. 매일경제.

20) 이재훈, 김충현, 이도형(2012). 직장 내 프렌드십 수준과 조직유효성 간의 관계에 관한 연구=호텔 종사자를 대상으로. 호텔경영학연구회. 21(6). 85-104.

02챕터

1) 이원희(2023.06.23.). "일잘러가 되고 싶은 MZ, 무엇을 위하여?". 바이브컴퍼니 생활변화관측소.

2) 이성인(2021.05.27.). [스토리뉴스 #더]우리 회사의 '일잘러'와 '일못러'들⋯나는 어느 쪽?. 뉴스웨이.

3) 고용노동정책팀(2023.01.31.). 100대 기업 인재상 보고서. 대한상공회의소.

4) 주충일 외(2023). 밀레니얼워커십. 서울: 북인사이트.

5) 존 클리프턴(Jon Clifton)(2022.11.23.). 일터에서 우정을 쌓아야 하는 이유. 하버드비즈니스리뷰.

6) 엄동욱 외(2011.03.16.). 조직 내 소통 활성화를 위한 제언. 삼성경제연구소.

7) 장영락(2016.10.24.). [다시 보는 그림뉴스] 신입사원이 가장 많이 하는 실수. 머니S.

8) Liu, W., & Gal, D. (2011). Bringing us together or driving us apart: The effect of soliciting consumer input on consumers' propensity to transact with an organization. Journal of Consumer Research. 38(2). 242-259.

9) 애덤 그랜트(2013). Give and Take(기브앤테이크)(윤태준 역), 경기: 생각연구소.

10) Brooks, A. W., Gino, F., & Schweitzer, M. E. (2015). Smart people ask for (my) advice: Seeking advice boosts perceptions of competence. Management Science, 61(6), 1421-1435.

11) 서광원(2019.09.22.). [서광원의 인간과 조직 사이(21) 상사에게 호감 받는 몸 사용법(1)] 사장의 썰렁한 농담에 임원과 대리 중 누가 크게 웃을까. 이코노미스트.

12) 차재서(2014.04.10.). 직장 선배가 후배에게 가장 듣고 싶은 말 1위는?. 전자신문.

13) 이윤정(2017.10.10.). 직장 후배가 선배한테 가장 듣기 싫은 말? "생각 좀 하고 일해라"..2위는?. 조선일보.

14) 김민정(2016.03.16.). 직급별, 회사서 '듣기 싫은 말 vs 듣고 싶은 말' 1위는. 이데일리.

15) 배점모(2015). 사회적 지지의 효과에 대한 이론적 고찰. 한국자치행정학보. 29(4). 49-70.

16) 조용철(2012.06.26.). 직장인, 소통 잘하려면 "잘 들어라". 파이낸셜뉴스.

17) 전은주(2015). 분야별 화법 분석 및 향상 방안 연구 –직장 내 대화법–. 국립국어원.

18) 류리나(2019). 하버드 100년 전통 말하기수업(이에스더 역), 경기: 리드리드출판(주).

19) 야마모토 아키오(2019). 일 잘하는 사람은 짧게 말한다(박재영 역), 서울: 메가스터디.

20) 권오현, 김성근(2018). 초격차, 경기: 쌤앤파커스.

21) 마크 허윗, 사만다 허윗(2019). 완벽한 팀(이종민 역), 경기: 플랜비디자인.

22) 천유경(2017.12.20.). [리더의 고민 타파를 위한 아이디어]〈147〉부하 직원에게 맡긴 일 꼼꼼하게 관리해야 할까, 믿고 맡겨야 할까?. 전자신문.

23) 마쓰이 타다미쓰(2014). 무인양품은 90%가 구조다(민경욱 역), 경기: 푸른숲.

24) 이정수(2023.04.17.). "요즘 신입들 인사 안해" vs "꼰대냐, 먼저 해라" [넷만세]. 서울신문.

25) 반가운 외(2021). AI 시대, 미래의 노동자는 어떠한 역량이 필요할까?. 한국직업능력연구원.

26) 데일 카네기(2023). 데일카네기 인간관계론(유광선, 장비안 역), 대전: 와일드북.

03챕터

1) 안용호(2023.04.04.). '이상적 직장 상사 1위는 피드백이 명확한 상사, MZ세대 직장인이 꼽았다!'. 문화경제.

2) 문충용(2013.08.08.). '직장인, 가장 듣기 싫은 말 1위로 그냥 시키는대로 해.(49.7%)'. 시사포커스.

3) 유수란, 정재일 외(2023). 터칭. 서울: 북인사이트.

4) 이치민(2021). 긱 이코노미 시대의 리더와 찐 팀이 일하는 방식, 협업. 서울: 피플벨류HS.

5) 김난도, 전미영 외(2023). 트렌드 코리아 2024. 서울: 미래의창.

6) 류랑도(2022). 성과코칭 워크북. 서울: 쌤앤파커스.

7) 류랑도(2023). 일하기 전, 일하는 중, 일하고 난 후. 서울: 쌤앤파커스.

8) 양다연, 조윤직(2019). 조직의 목표명확성이 조직구성원의 태도와 행동에 미치는 영향: 업무 자율성, 상사피드백의 조절효과를 중심으로. 한국인사행정학회보, 18(3), 67~96.

9) 윤준호(2023.06.05). 직장인 60% 퇴근해도 업무 연락, 연결되지 않을 권리, 멀었다. 세계일보.

10) 최훈(2021). '연결되지 않을 권리'도 지켜져야 할 소중한 권리. 경기연구원.

11) 신중섭(2021.12.31). 삼성전자 인사제도 개편안 과반 동의.... 내년 본격 시행. 이데일리.

12) 허민(2023.6.8). '혼자'가 더 편한 외동... 부당함에 즉각 반응 '피드백 세대'. 문화일보.

13) 에이미 에드먼슨(2019). 두려움 없는 조직(최윤영 역). 파주: 다산북스.

14) 제임스 홍(2021.04.21). MZ와의 대화법. 글로벌이코노믹스.

15) 나카시마 이쿠오(2016). 꾸짖는 기술(정선우 역). 파주: 다산북스.

16) 주충일, 이미영 외(2023). 밀레니얼 워커십. 서울: 북인사이트.

17) 이호건(2023). 조용한 퇴사. 서울: 월요일의 꿈.

18) 김미애, 김선영 외(2022). 굿 피드백. 화성: 플랜비디자인.

04챕터

1) 박지원(2015.10.21) 할 말 다 하는 회의 화끈한 '창조적 마찰'. 동아일보.

2) 성유진(2023.02.24) "회의 왜 하는지…" 직장인들 불만 이유 1위는. 조선일보.

3) 유지한(2019.06.24) "내 시간도, 남의 시간도 귀중"… 회바회바 프로젝트 실시. 조선일보.

4) 최한나(2012.02.23.). 이루고 싶다면… '가장 간절한' 목표 세워라. 동아일보.

5) Ingham, A.G., Levinger, G., Graves, J., & Peckham, V. (1974). The Ringelmann effect: Studies of group size and group performance. Journal of Experimental Social Psychology, 10(4), 371-384.

6) 피터 드러커(2017). 피터 드러커의 최고의 질문(유정식 역), 경기: 다산북스.

7) 오시마 사치요(2021). HOW TO 맥킨지 문제해결의 기술(공보미 역), 경기: 경영아카이브(도스트).

8) 권형일, 최미화(2019). 스포츠 스폰서십에서 노출순서와 노출의 시간적 간격에 따른 이미지 전이 효과: 초두효과와 최신효과의 검증. 2019년도 체육과학연구. 30(2). 318-331.

9) 유석재(2014.09.15). 각개전투(各個戰鬪)·제식훈련(制式訓鍊)·유격(遊擊)… 한자 알면 軍생활도 쉬워진다. 조선일보.

10) 문광수(2023.07.26). 직원의 성장과 발전을 위해 부정적 피드백도 필요하다. 월간 HR Insight.

05챕터

1) 최인철(2022). 프레임: 나를 바꾸는 심리학의 지혜. 파주: 21세기북스.

2) 모연화(2022.12.14). 모연화의 관점: 미뤄 짐작하는 고맥락 문화사회의 대면소통. 데일리팜.

3) 강원국(2020). 나는 말하듯이 쓴다. 서울: 위즈덤하우스.

4) 김양훈(2020). '감성'을 활용한 커뮤니케이션에 대하여. 한국학연구, 56, 365-399.

5) 문종대(2021). 이성과 언론자유 언론자유의 이성적 실천에 대한 성찰. 지역과 커뮤니케이션, 25(1), 114-140.

6) 한승곤(2023.07.15). [직장생활백서] "싹싹한 김 대리가 더 좋지" '회사어' 잘하시나요.아시아경제.

7) 김아름(2016.10.31). 인사담당자가 선호하는 면접 스타일은? 파이낸셜뉴스.

8) 주충일, 이미영, 김유리, 이진아, 한유정, 유미선, 정수경, 최지혜(2023). 밀레니얼 워커십. 서울: 북인사이트.

9) 송용진(2023). 수학자가 들려주는 진짜 논리이야기. 파주: 다산북스.

10) 이우빈(2023.08.24). 오펜하이머라는 미지에서 놀런이 당도하려는 곳은 어디인가. 씨네21.

11) 조셉 맥코맥(2015). 브리프: 간결한 소통의 기술(홍선역 역). 서울: 더난출판.

12) DeVito, J. A.(2009). Human communication—The basic course(11th ed.). Pearson Education, Inc.

13) 여은호, 박경우(2009). "말하기"의 중요성에 대한 한국인들의 인식에 관한 탐색적 연구. 언론과학연구 9(4), 435-463.

14) 최영인(2022). '목표 청중(target audience)'을 경험하는 대중 설득 화법 프로그램 개발 -대학 교양 화법 강좌를 중심으로-. 화법연구, 57(0), 115-155.

15) 조성은(2022). 어떻게 말해야 할까. 서울: 트러스트북스.

16) 김남인(2016). 회사의 언어: 직장 언어 탐구생활. 서울: 도서출판 어크로스.

17) 에단 라지엘(1999). 맥킨지는 일하는 방식이 다르다(이창현 역). 서울: 김영사.

18) 류리나(2020). 하버드 100년 전통 말하기 수업(이에스더 역). 고양: 리드리드출판.

19) 손형주(2023.08.10). [태풍 카눈] 부산 해안가 태풍 피해 '가짜 사진'확산. 연합뉴스.

20) 우지은(2015). 스피치시크릿. 서울: 스피치카우.

21) 나쓰요 립슈츠(2020). 한 문장으로 말하라(황미숙 역). 서울: ㈜비즈니스북스.

22) 이철영(2020.08.08). '신언서판(身言書判)'과 '즉선덕행(則先德行)'의 교훈. 뉴데일리.

23) 완자오양(2021). 일잘러의 무기가 되는 심리학(이지은 역). 서울: 현대지성.

24) 사쿠라이 히로시(2015). 직장인의 말공부(박선영 역). 서울: 도서출판 예문.

06챕터

1) 고영복(2005). 철학사상과 사회과학의 만남, 사회문화 연구소, 56.

2) 김양훈(2020). '감성'을 활용한 커뮤니케이션에 대하여, 한국학연구, 56.

3) 다니엘 핑크(2012). 새로운 미래가 온다(김명철 역), 서울: 한국경제신문 한경BP.

4) 최수진(2016). 커뮤니케이션 연구를 위한 네트워크분석. 서울: 커뮤니케이션북스.

5) DePaulo, B. M. (1994). Spotting lies: Can humans learn to do better? Current Directions in Psychological Science, 3.

6) Jones, S. E., & LeBaron, C. D. (2002). Research on the relationship between verbal and nonverbal communication: Emerging interactions. Journal of Communication, 52.

7) 조 내버로, 마빈 칼린스(2010). 말보다 정직한 7가지 몸의 단서, FBI 행동의 심리학(박정길 역). 서울: 리더스북.

8) 박현주(2006.07.19). [왜 아무도 NO라고 말하지 않는가] 눈치로 움직이는 조직, 오늘은 'NO'를 외쳐라.

9) 로널드 B 아들러, 러셀 F 프록터(2021). 인간관계와 의사소통의 심리학 15th Edition(정태연 역), 서울: 박영사.

10) Capella, J. N., & Schreiber, D. M. (2006). The interaction management function of nonverbal cues. In V. Manusov & M. L. Patterson (Eds.), The Sage handbook of nonverbal communication. Thousand Oaks, CA: Sag.

11) 토니야 레이맨(2010). 속마음을 읽는 신체언어 해독의 기술: 몸짓의 심리학(김혜정 역). 경기도: 21세기북스.

12) 이해나(2020.12.17.) 당황하면 '동공지진' 생기는 과학적인 이유. 헬스조선.

13) 심영섭(2009.1) 후광효과의 함정에 빠지지 말라, DBR. Issue1.

14) 조 내버로(2018). FBI 관찰의 기술; 몸의 신호로 상대를 꿰뚫어 보는 실전 매뉴얼(김수민 역). 경기도: 리더스북 ㈜웅진씽크빅.

15) 바바라 피즈(2023). 거짓과 진실을 가려내는 행동의 심리학: 당신은 이미 읽혔다(황혜숙 역). 서울: 흐름출판.

16) 유용하(2020.12.24.)[달콤한 사이언스] 마스크 때문에 친구 못 알아볼만 하네...감정 파악도 어려워. (미국 위스콘신대 실험연구 인용). 서울신문.

17) 한스 게오르크 호이젤(2019). 뇌, 욕망의 비밀을 풀다(강영옥 역) 서울: 비즈니스북스.

18) 김정우(2010.4). 한국인이 혼동하기 쉬운 글로벌 에티켓 1. 글로벌 스탠더드, 출발은 예절이다. 월간조선 뉴스룸.

19) 이성엽(2021). 변화와 성장을 위한 NLP 원리 1, 서울: 박영사.

20) 전우영(2012). 내 마음도 몰라주는 당신, 이유는 내 행동에 있다, 경기도: ㈜북이십일21세기북스.

21) 재닌 드라이버 외(2011). 우리가 미처 몰랐던 몸짓과 표정의 행동심리학: 당신은 생각보다 많은 것을 말하고 있다(황혜숙 역). 서울: 비즈니스북스.

22) 이재권(2019). 비즈니스 매너. 서울: 도서출판 따비.

23) 김선희(2017.4.2). 트럼프의 독특한 손버릇...영역 표시? YTN뉴스.

07챕터

1) 김정유(2023.10.07.). '넵' 대신 '이모지'로 통한다⋯오늘의집·배민의 소통방식은?. 이데일리.

2) 김우연(2023.10.06.). 농협생명, 온라인보험 1호 AI 설계사 '코대리' 오픈매일경제TV.

3) 마이크로소프트(2023.05.10.). 업무동향지표(Work Trend Index) 2023 발표.

4) 오동현(2023.06.22). 직장인 70% "생성 AI 써봤다"⋯일상에 파고든 AI 서비스. 뉴시스.

5) 김동원(2023.06.19). 생성형 AI 실질적 사용, 韓 중소기업이 이끈다. THE AI(더 에이아이).

6) 김창동(2022.06.27). 한국EAP협회, 직장인 대상 '직장 내 무례함 실태' 설문조사 실시. 뉴스와이어.

7) 기시미 이치로. 고가 후미타케(2020). 미움받을 용기(전경아 역). 서울: ㈜인플루엔셜.

8) 리처드 헤이만, 준 패리스(2012). 소통수업: But I Didn't Mean That!. 서울: 팬덤북스.

9) 마르틴 부버(1998). 나와 너. 서울: 문예출판사.

10) 한승곤(2023.07.15). [직장생활백서] "싹싹한 김 대리가 더 좋지" '회사어' 잘하시나요. 아시아경제.

11) 이상원(2020.10.27). 직장인 96% "직장생활에서 대화 기술 중요". 중소기업뉴스.

12) 장하용(2013). 조직원의 성격유형에 따른 갈등관리 방식의 차이가 조직 커뮤니케이션 만족에 미치는 영향에 관한연구. 한국언론정보학회.

13) 래리킹(2015). 대화의 신(강서일 역). 고양: 위즈덤하우스.

14) 차성경(2023.06.07.). 'MBTI, 심오피스' 활용 조직소통&관계개선 전문가. 뉴스메이커.

15) 장연영, 張燕嬰(2010). 논어. 북경: 중화서적.

08챕터

1) 조민준(2023.2.1). '회장님 대신 재용님이라 불러줘' 삼성전자 경영진도 수평 호칭. 워크투데이.

2) 김경민(2023.2.10). "MZ세대 잡는다" 계급장 떼고 '수평 호칭'. 매일경제.

3) 에이미 에드먼스(2019). 두려움 없는 조직(최윤영 역). 파주: 다산북스.

4) 권도경, 문재연(2016.10.17). 팀 쿡 "삼성과 애플 파트너이자 라이벌… 특허소송 끝까지 간다". 헤럴드경제.

5) 김용근(2020). 직원의 정치적 기술, 협상, 정신적 피로간 관계연구 : BLM 리더십의 조절효과를 중심으로. 인적자원개발연구, 23(3), 79-98.

6) 스튜어트 다이아몬드(2011). 어떻게 원하는 것을 얻는가(김태훈 역). 파주: 세계사.

7) 알렉산드라 카터(2021). 원하는 것을 얻는 10가지 질문법(한재호 역). 파주: ㈜북이십일 21세기북스.

8) 이태석(2023.1.31.). [이태석의 경영 전략] 이직시 연봉 협상에서 이기는 방법. 매겨진한경.

9) 우동기, 장영두(2022). 협상 주고받기. 경북: 열린시선.

10) 오명호(2020). 협상이 이렇게 유용할 줄이야. 서울: 애드앤미디어.

11) 애덤 그랜트(2013). 기브앤테이크(윤태준 역). 파주: 생각연구소.

12) 로잔 토머스(2018). 태도의 품격(서유라 역). 파주: 다산북스.

13) 스튜어트 다이아몬드(2011). 어떻게 원하는 것을 얻는가(김태훈 역). 파주: 세계사.

14) 강흥민(2023.8.21). "직장생활 만족도 '인간관계 vs 근무환경 vs 연봉' 중 원픽은?. 매겨진한경.

15) 김인수(2022.03.14). '직친(직장 친구)' 있어요?. 정신의학신문.

16) Survey Talk. LG화학인에게 신뢰란? LG화학 공식 블로그. 케미토피아.

17) 도키 다이스케(2018). 왜 나는 영업부터 배웠는가(김윤수 역). 파주: 다산북스.

18) 류석(2022.5.1). 자투리 시간 자기계발 하는 직장인들의 필수 앱은. 서울경제.

19) 켄 블랜차드 외(2013). 신뢰가 답이다(정경호 역). 서울: 더 숲.

20) 박석원(2023.4.4). [뉴스큐] 비대면에서 벗어나니 '콜포비아(Call Phobia)' 전화가 무서워요. YTN.

09챕터

1) 김강한(2020.10.27). 2030의 필수 회사어 1순위는 "거절의 지혜". 조선일보.

2) 김경일(2020.06.18). [CEO 심리학] 따돌리고 편 가르는 직원에겐 상사의 채찍과 당근이 특효약. 매일경제.

3) 이슬기(2022.10.13). 거절해도 괜찮아 거절에도 연습이 필요하다. 정신의학신문.

4) 정성훈(2011). 사람을 움직이는 100가지 심리법칙. 서울: 케이앤제이.

5) 송영민, 강준수(2017). 서비스감정 노동자의 자기방어 기제에 대한 고찰. 관광학연구. 41(9). 57-74.

6) 이준호(2011). 우리나라의 관계 중심 문화에서 영업 사원들에게 지각된 조직 공정성이 조직 동일시 형

성 과정과 조직 몰입에 미치는 영향. 서비스경영학회지. 12(5). 213-246.

7) 문요한(2021.06.09). 마음상담소 왜 저는 평범한 연애를 못하고 불행한 연애만 하는 것일까요?. 문화일보.

8) 신소영(2023.05.04). 나는 왜 '거절'이 힘들까? 정신과 의사가 말하는 해결법. 헬스조선.

9) 임영주(2023). 이쁘게 관계 맺는 당신이 좋다. 서울: 메이트 북스.

10) 이지훈(2022.01.25). '라이온 킹' 동물 이야기? 사람 이야기!. 동아일보.

11) 주철현(2023.03.27). '엔트로피 법칙' 거스르는 광합성...생명 순환의 시작이다. 한겨레.

10챕터

1) 조지 베일런트(2010). 행복의 조건(이덕남 역). 서울: 프런티어.

2) 벼룩시장구인구직(2020.07.15.). 직장인 스트레스 원인 1위는 '업무량, 연봉' 아닌 '인간관계'. 직장인 1,225명 대상.

3) 길박(2023.6.26). MZ세대와 효과적으로 협업하는 방법. 모비인사이드.

4) 채성숙(2022.11.05). '회사에서의 폭넓은 인간관계' 직장생활에서 득일까 실일까?. 매드타임스.

5) 잡코리아(2021.07.17). 슬기로운 직장생활 위해 선호하는 동료유형 1위 '익준이형'. 잡코리아 취업뉴스.

6) 도널드 설과 찰스 설(2021.09.16)10things your corporate culture needs to get right,MIT sloan management review.

7) 메러디스 벨빈(2012). 팀이란 무엇인가(김태훈 역). 서울: 라이프맵.

8) SAGE journals.(2010.08.05),Changes in Dispositional Empathy in American College Students Over Time:A Meta-Analysis.

9) 조지윤(2023.04.19). 두핸즈는 왜 노숙인을 고용했을까?. 동아일보.

10) 정혜신(2018). 당신이 옳다. 서울: 해냄출판사.

11) 전윤서(2020.09.24). '공감하지 않는 사회에 미래는 없다'. 라이프인.

12) 브레인(2023.06.18). 기업은 왜 공감지능 높은 인재를 원하는가. 브레인미디어.

13) 장래혁(2023.05.11). 공감과 소통역량, 인재 채용의 새로운 변화. 충청일보 충청칼럼.

14) 장대익(2022). 공감의 반경. 서울: 바다출판사.

15) 노형철(2023.06.18). 공감능력을 키우는 브레인트레이닝. 브레인미디어.

16) 톰 켈리, 데이비드 켈리(2014). 유쾌한 크리에이티브(박종성 역). 서울: 청림출판.

17) 빌 메리어트, 캐시 앤 브라운(2015). 어떻게 사람을 이끌 것인가(이지연 역). 서울: (주)제이콘텐트리 엠앤비.

18) 진명선(2008.07.27). 얘들아, 제대로 듣고 있는 거니?. 한겨레.

19) 김수현(2023.08.18). 인간관계 힘든 사람이라면 꼭 지켜야 할 3가지. 코메디닷컴.

20) 백미숙(2006). 의사소통적-치료적 과점에서 듣기와 공감적 경청의 의미. 독일언어문학. 0(34), 35-55.

21) 조은영, 김민경 외(2021). 소통이 힘든 당신에게. 서울: 북인사이트.

22) 키티 오메라(2022). 언젠가 고요한 숲속에 씨앗 하나를(최현경 역). 서울: 사파리.

저자소개

최지혜

안드라고지랩 지안 대표. 고려대학교 HRD정책연구소 연구원. 서울대학교에서 고고미술사학을 전공하고 고려대학교 대학원에서 평생교육학 석사, 고려대학교 일반대학원 교육학과에서 인적자원개발 및 성인계속교육 전공 박사과정을 수료했다. 시민 단체, 제조업, 해외 취업, 컨설팅 회사 등 다양한 경력을 기반으로 리더십, 경력개발 및 업무몰입의 관계를 연구하고 있다. 기업과 공공기관에서 미술사를 접목한 인문학 강의와 다양한 조직 경험과 연구를 바탕으로 리더십과 직무역량과 관련된 교육을 진행하고 있다. 저서로는 「밀레니얼 워커십」과 「화가의 시선: 인상주의 화가들에게 배우는 변화관리 리더십」과 변혁적 리더십과 멘토링기능, 프로티언 경력태도, 직무역량과 관련된 논문 등이 있다.

배원진

공감리더십연구소 대표이자 한국ESG경영개발원 전문교수. 중앙대학교 사범대에서 가정교육학과, 동 대학원에서 심리학을 전공하며 리더의 완벽주의 성격이 부하직원의 업무성과에 미치는 영향을 연구, 심리학 석사학위를 취득하고, 숭실대학교 일반대학원 경영학과에서 인사조직을 공부했다. 리더십과 조직문화에 관심을 두고 교육학과 심리학, 그리고 경영학 이론과 실제를 잘 융합하여 현장에서 가장 효과적인 교육프로그램을 설계하고 개발하는 일에 몰두하고 있다. '나다움을 아는 리더가 가장 아름다운 리더'라는 비전으로 행복한 조직의 'SHIP'을 디자인하고, 리더의 언어(커뮤니케이션), 조직문화와 다양성, 코칭, 리더십 등의 주제로 연구 중이다.

심규정

한국실버코칭그룹 대표. 기획재정부 소관 한국 공유 경제 진흥원 원장으로 조직 안에서 행복한 성장을 돕는 길잡이가 되기 위해 끊임없이 기업과 사람을 연구하고 실무 중심 콘텐츠를 개발하는 전문강사로 활동하고 있다. 현대자동차에서 전문 강사, 현대해상 하이인재원에서 교육연구원을 역임했다. 서강대학교 언론대학원 미디어교육학을 전공했으며 기업에 도움이 되는 의미 있는 강의를 만들기 위해 노력하고 있다. 소통, 관계관리, 갈등관리, 민원 예방 교육 등 다양한 주제로 끊임없이 연구 중이다.

지미옥

리딩에지컨설팅 대표. ICF ACC(Associate Certified Coach) 인증 코치. 사람과 조직에 대한 관심으로 한양대학교 경영전문대학원에서 조직인사를 전공했다. 컨설팅펌에서 직장생활을 하며 기업, 정부기관 등 HRD(Human Resource Development)분야에서 인재육성을 지원하기 위한 컨설팅과 교육하는 일을 해 왔다. 직무분석, 역량모델 개발, 조직문화 개선 등 다양한 조직에서 HRD프로젝트를 진행한 경험과 노하우를 기반으로 강의를 하고 있다. 개인, 팀, 조직 차원에서 일하기 좋은 문화를 만드는 데 도움이 되기 위한 워크스마트, 강점, 레고시리어스플레이를 활용한 핵심가치 내재화, 미션·비전 수립 등 더 나은 콘텐츠를 만들기 위해 연구하고 있다.

성연주

더인컴퍼니 교육이사로서, 공주대 교육대학원에서 평생교육을 전공했다. 평생에 걸친 교육필요성에 따라 세대별, 분야별로 필요한 교육프로그램을 설계하고 개발하는 일에 힘쓰고 있다. 감정코칭전문강사, KAC코치로서 '부모교육' 또는 '리더 코칭프로그램'에 참여하며 교육을 하고 있다. '가족 간의 대화' '동료와의 대화' '고객과의 대화'라는 프로그램을 가지고, 다수의 기업, 공공기관, 학교에서 강의를 진행하고 있다. '성장에 도움을 주는 사람이 되자!'라는 신념을 가지고 관계관리, 커뮤니케이션, 관계 대화법, 코칭, 스트레스 등의 주제로 끊임없이 연구 중이다.

김현아

THE성장과나눔 대표, 현아마녀의 중국어사냥 대표이며 ㈜대교 차이홍중국어 동대전지국 사내강사 및 교육팀장, 문화체육관광부 산하 하얼빈 세종학당 총괄실장을 역임했다. MBTI, 심오피스와 같은 성향 진단 도구를 활용하여 조직 내 성격유형별 스트레스 관리 기법, 갈등관리 기법, 성장 비법, 성과 창출을 위한 협업 커뮤니케이션 기법, 조직 활성화 워크숍 및 팀빌딩, 조직 관계 개선 컨설팅을 활발히 진행하고 있다. '마음이 열린 소통으로 관계가 개선되고, 개인 성장 및 조직성과 도출로 직결되는 교육'을 핵심 가치로 여긴다. 충남대학교 대학원 어학박사 수료, 중국 흑룡강대학교 국제중국어교육 석사과정을 마쳤고 중국 유학과 방송 경험을 통해 원어민 수준의 중국어 실력으로 현재 가능한 모든 기업 강의를 통역 없이 진행한다.

이윤희

스피치 비전 대표. 아나운서와 강사로 활동하며 고려대학교 미디어 대학원에서 관련 분야를 연구하고 있다. 다년간의 방송과 뉴스 진행을 통해 핵심을 전달하고 신뢰감 있는 말하기에 관한 실무 경험을 쌓았다. '말하기 실력을 높이면 개인과 조직에 긍정적인 변화를 가져온다'고 믿으며 '말하기를 꾸준히 배우면 반드시 성장한다', '대화법이 바뀌면 관계가 살아난다'는 가치 아래 개인의 능력을 이끌어 낼 수 있도록 진심을 담은 코칭과 강의를 하고 있다. 삼성전자 한국총괄 인사팀 사내 강사로 조직 활성화를 위한 컨설팅 프로젝트에 참여한 바 있다. 현재는 '커뮤니케이션 전문 강사'의 길을 걷고 있으며 스피치와 프레젠테이션 교육에 주력하고 있다.

황윤희

유니즈교육연구소 대표. 현대자동차 상용국내판촉전략팀에서 사내 교육 기획 및 사내 강사로 재직했다. 현재는 기업교육 전문 강사로, 개인의 성장과 조직문화 개선을 위해 다양한 기업체 및 공공기관의 교육현장에서 학습자들을 만나고 있다. '교육을 통해 선한 영향력을 전한다'는 신념으로 학습자 맞춤형 사례와 생동감 있는 교육을 위해 끊임없이 연구하고 개발하는 데 힘쓰고 있다. 주요 강의 분야는 조직커뮤니케이션, 조직활성화, 리더십, 관계관리, 스트레스관리 등으로 개인 스스로 일의 의미를 찾아 직무 역량이 향상 될 수 있는 실질적 교육을 진행하고 있다.

송아라

굿피플교육컨설팅 대표. 삼성물산(전 제일모직)에서 직장생활을 시작으로 카드사, 제조업 등 다양한 조직에서 경력을 쌓으며 조직 내에서의 일의 몰입과 조직 소통에 대해 관심을 가졌다. 이 관심이 업으로 이어져 현재는 개인과 조직의 연결을 돕는 조직 커뮤니케이션 전문가로 여러 기업에서 강의를 하고 있다. 일하기 좋은 조직 문화 형성을 위해 자기 이해를 바탕으로 한 소통 전략, 팀 단위 소통 워크숍 및 조직문화 동반성장 워크숍 등의 프로그램을 개발, 운영하고 있다. 동덕여자대학교 교육대학원에서 교육컨설팅을 전공하며 회복탄력성 및 경력 탄력성을 연구, 교육학 석사학위를 취득했다.

김용현

자기설계연구소 대표이자 커리어코치협회 상임이사. 아주대학교 경영대학원에서 인사조직을 전공했다. 삼성전자 반도체 부문에서 20년간 IT 개발자로서 스마트 팩토리 구축과 인사조직 담당자로서 IT 개발팀의 인적자원 개발/관리, 이렇게 2가지 업무를 병행하며 인문과 기술을 접목했던 독특한 경력을 갖고 있다. 이와 같은 조직에서의 경험을 살려 현재 다수의 기업과 기관에서 리더십과 인력 채용을 주제로 다양한 강의를 진행하고 있으며, '개인과 조직의 함께성장을 돕습니다'는 비전을 가지고 인적자원개발의 3대 영역인 개인개발(ID), 경력개발(CD), 조직개발(OD) 분야에 대한 연구를 계속 이어가고 있다. 저서로 「나는 인정받는 팀장이고 싶다」, 「반퇴시대 나침반」외 다수가 있다.

똑똑(talk-talk)한 대화법

초판 2쇄 인쇄 2024년 03월 08일
초판 2쇄 발행 2024년 03월 15일

지은이 최지혜 · 배원진 · 심규정 · 지미옥 · 성연주
        김현아 · 이윤희 · 황윤희 · 송아라 · 김용현

편집 이다겸
디자인 박나경
마케팅 안용성, 이홍석
기획 민현기(로젠탈 콘텐츠 랩)

펴낸이 하혜승
펴낸곳 ㈜열린길
출판등록 제2020-000047호
주소 서울특별시 성북구 보문로 37길 15, 201호
전화 02-929-5221
팩스 02-3443-5233
이메일 gil-design@hanmail.net

ISBN 979-11-977140-8-5 03190